全国创新创业"十四五"
新形态系列教材

U0647165

创业管理

概论

INNOVATION AND
ENTREPRENEURSHIP

李合龙 谭鹏程◎主编　　**张润洋 马诗韵**◎副主编

人民邮电出版社

北京

图书在版编目（CIP）数据

创业管理概论 / 李合龙，谭鹏程主编. -- 北京：
人民邮电出版社，2023.4
全国创新创业"十四五"新形态系列教材
ISBN 978-7-115-61149-9

Ⅰ. ①创… Ⅱ. ①李… ②谭… Ⅲ. ①创业—企业管理—高等学校—教材 Ⅳ. ①F272.2

中国国家版本馆CIP数据核字(2023)第016911号

内 容 提 要

本书结合国家关于创新创业教育的政策导向，从创业者的视角来阐述创业管理的相关内容。本书内容涵盖创业活动过程中所涉及的相关方面，编写主线清晰易懂，内容全面、新颖。

本书共 13 章，包括：创业概述、创业条件和创业准备、商业模式确定、商业计划书的撰写与演示、股权结构设计与股权激励、创业企业管理、企业决策机制管理、企业文化塑造、创业融资、创业收益与退出、创业风险防范、创业常见误区等。

本书提供教学课件、习题答案、教学大纲等资源，方便用书教师教学。用书教师可在人邮教育社区（www.ryjiaoyu.com）注册账户后下载使用（部分资料仅限选用了本书的教师下载）。

本书可作为高等院校创业管理相关课程的教材，也可作为企业的培训用书，还可作为创业者、期望了解创业管理的读者的学习参考用书。

◆ 主　　编　李合龙　谭鹏程
　　副 主 编　张润洋　马诗韵
　　责任编辑　刘向荣
　　责任印制　李 东　胡 南
◆ 人民邮电出版社出版发行　　北京市丰台区成寿寺路 11 号
　　邮编　100164　　电子邮件　315@ptpress.com.cn
　　网址　https://www.ptpress.com.cn
　　天津翔远印刷有限公司印刷
◆ 开本：787×1092　1/16
　　印张：13.5　　　　　　　　　2023 年 4 月第 1 版
　　字数：361 千字　　　　　　　2023 年 4 月天津第 1 次印刷

定价：49.80 元

读者服务热线：(010)81055256　印装质量热线：(010)81055316
反盗版热线：(010)81055315
广告经营许可证：京东市监广登字 20170147 号

前言 ———————————————————————————— FOREWORD

党的二十大报告指出，全面提高人才自主培养质量，着力造就拔尖创新人才，聚天下英才而用之。

改革开放以来，创新创业（双创）推动了我国经济迅猛发展，大幅提高了居民生活水平。2014年以来的双创活动更是深入人心，每年数以百万计的创业公司成立，高校师生也纷纷加入双创活动。创新创业的蓬勃发展引发了学者对创业学的兴趣和研究。凭借鼓励性政策、日新月异的技术和无限创意前景，众多人员投身创业热潮。推行创新创业教育的意义不仅在于促进就业，还在于进一步构建我国未来的人才体系与推动社会经济可持续发展。

一直以来，创业管理能否成为一门独立学科存在争议，2021年，教育部把创业管理列入普通高等学校本科专业目录，终结了争议；同时，"深化高校创新创业教育改革"被纳入教育部高等教育司2022年工作要点，体现了新部署与新要求。

创业并不只是靠一股冲劲和不怕失败的闯劲，而是需要长时间理论和实践的积累。对于什么是创业、创业该如何起步、需要了解哪些创业的知识、创业需要什么样的态度和精神、如何追求创业成果、如何面对创业失败等问题，本书进行了比较系统的介绍，为读者展现了一幅内容全面丰富、色彩绚丽的创业画卷。

本书共13章，系统地介绍了创业管理的基本理论和应用实践。

第1章是创业概述。本章主要介绍了创业的基本内涵、创业学发展动态，并简单概括了创业实战的六个阶段。

第2章是创业条件和创业准备。本章主要介绍了创业所需要具备的各项条件，并介绍了创业者在创业前所需要做好的各项准备。

第3章是商业模式确定。本章主要介绍了商业模式的内涵与类型，并层层递进地讲述了商业模式的设计方法，即全盘复制、借鉴提升、整合超越、全面创新。

第4章是商业计划书的撰写与演示。本章主要介绍了商业计划书的作用、内容、撰写技巧和路演技巧。

第5章是股权结构设计与股权激励。本章首先概述了股权结构与股权激励，介绍了股权问题的重要性；其次较为详细地介绍了设计股权结构的原则、股权分配计算公式和股份预留与成熟机制，展示了典型的问题型股权结构；最后介绍了股权激励的方式、选择以及实施。

第6章是创业企业管理。本章主要介绍了企业宏观的目标管理、中观的战略管理和微观的项目管理的一般理论和实务操作。

第7章是企业决策机制管理。本章主要介绍了企业组织形式分类及选择、管理权结构分层、组织结构设计和决策机制建立。

前言

第 8 章是企业文化塑造。本章对企业文化的基本内涵进行了概述，介绍了企业文化的层次和功能，并着重介绍了创业企业文化的特点和建设，提供了企业文化的分析方法。

第 9 章是创业融资。本章介绍了融资准备、融资渠道类型和融资渠道选择。

第 10 章是创业收益与退出。本章介绍了创业收益中的公司与个人收益、政府与社会收益，并分析了创业退出原因和创业退出方式，为创业活动的理性退出提供了具体思路。

第 11 章是创业风险防范。本章对创业风险进行了概述，着重介绍了经营管理风险和法律风险的具体防范措施。

第 12 章是创业常见误区。本章就创业前期、创业中期和创业后期常见的创业误区进行了分析，提出了应对方法。

第 13 章是综合案例：半导体行业的兴衰。本章以英特尔的创业历程为分析样本，将前述章节的内容融合在一个案例里，以便读者将所学知识融会贯通。

编者以理论与实务相融合为目标，充分借鉴国内外相关优秀教材和文献中的内容，更加注重全面性、实操性、工具性。本书具有以下特色。

（1）视角独特。本书参编者包括高校教授、投资人及创业者、律师等，让读者能够多角度地看待并发现创业过程中不易察觉的问题与机遇，可以从创业管理理论、投融资和企业管理及法律等角度看待创业活动。

（2）内容全面。本书系统地介绍了创业管理的相关内容。而且，本书包含了创业管理教材中较少出现的创业收益与退出、创业风险防范等内容，特别强调了决策机制管理、企业文化塑造等重要内容。

（3）实操性强。本书对一些具体问题提出了可操作的方法或可参考的模型，特别是针对涉及数学运算的股权结构和股权激励等，均提出了实务模型。每章包含了"开篇引例""本章习题"等内容，"开篇引例"可引发读者思考，"本章习题"可对读者所学知识予以测验。

本书由李合龙、谭鹏程担任主编，由张润洋、马诗韵担任副主编。李合龙是华南理工大学教授、博士生导师，谭鹏程既是投资人也是创业者。本书由李合龙和谭鹏程负责统稿工作。此外，本书的编写还得到了柳欣茹和邵佳瑞的大力帮助，在此表示衷心感谢。

本书兼顾系统性、学术性、实用性和趣味性，书中内容建立在编者对创业本质的深刻理解基础上，特别是关于创业过程中涉及的管理问题的内容，相信读者读后一定会受益匪浅。

由于编者水平有限，书中难免存在疏漏之处，由衷希望广大读者朋友拨冗提出宝贵的修改建议，修改建议可直接反馈至编者的电子邮箱：hlongli@scut.edu.cn。

编者
2022 年冬于广州

目录 —————————————————— CONTENTS

目录

目录

第1章
创业概述

开篇引例

何小鹏：永远
燃烧的创业热情

本章导读

创业是创业者对自己拥有的或通过努力能够拥有的资源进行优化整合，从而创造出更大经济或社会价值的过程。创业学是对创业的整个流程进行系统研究的学问。当今社会，越来越多的人选择创业，那么选择创业究竟意味着什么呢？本章将为读者介绍创业的基本内涵以及创业学发展动态，帮助读者培养创业需要的基本素养并了解"创业道路"的全貌。

知识结构图

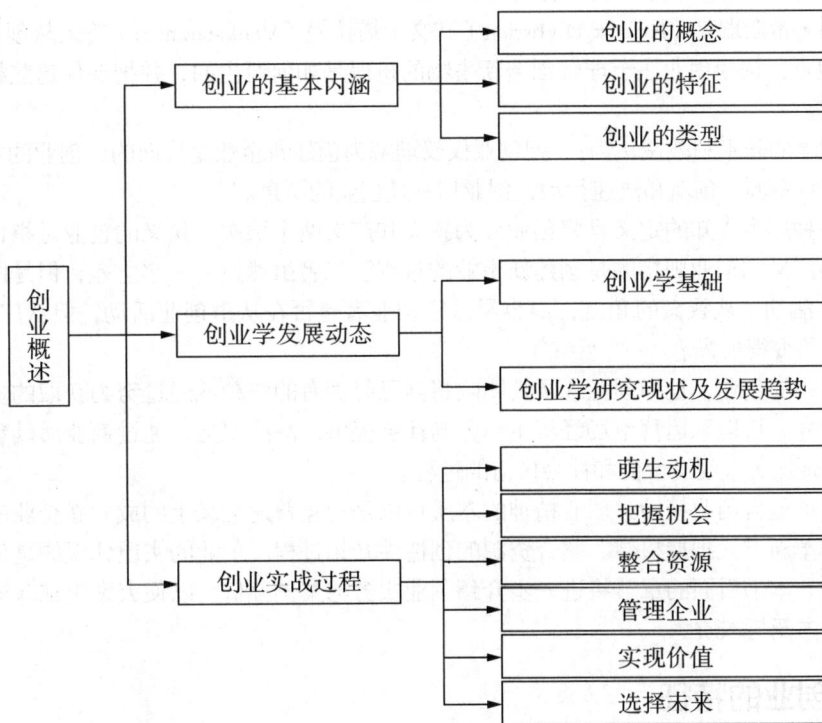

1.1 创业的基本内涵

创业是一个很模糊的概念，不同的人或从不同的角度来看都会对其有不同的理解。本节内容将综合多位学者的观点来阐述创业的概念，并列举创业具备的主要特征和不同类型的创业形式，方便读者更好地理解何为创业以及创业的意义。

1.1.1 创业的概念

随着全球创业的趋势越发明显，学术界对创业的研究也越发深入。关于创业的归属与源头，有观点将创业研究归于管理学的一部分，也有观点将其作为一门单独的学科进行研究。两种观念在长期的学术碰撞中又在下级学科中诞生了一些各具特色的分支。不同观念之间不存在绝对的对与错，定义创业更多地取决于我们看待创业的角度。

- 从机会视角来看，创业是分析市场、把握机遇的过程。
- 从创新视角来看，创业是开创新业务、创建新组织的一系列创新性活动。
- 从风险视角来看，创业是认识风险、规避风险、化解风险。
- 从管理视角来看，创业是整合资源、合理分配及最大效用地使用资源。

不同的学者对创业的定义赋予了其个人理论的色彩。杰弗里·蒂蒙斯（Jeffry A.Timmons）认为创业已经超越了传统的创建企业的概念，在各种形式、各个阶段的企业和组织中都存在创业活动，并提出了一个很宽泛的创业定义：创业是一种思考、推理和行动的方法，它不仅要受机会的制约，还要求创业者有完整、缜密的实施方法和讲求高度平衡技巧的领导艺术。

经济学家约瑟夫·熊彼特（Joseph Schumpeter）认为创新是创业的本质和手段。创业者创业的过程是其整合新资源、开创新事业的过程。他认为彻底的创业是从生产原料、组织形式、商业模式、面向的市场等全方位创新的一场"革命"。

罗伯特·希斯瑞克（Robert D.Hisrich）和文卡塔拉曼（Venkataraman）等人从创业机会的角度提出了观点，认为创业在于理解创造新事物的机遇是如何诞生的，并把握住这些机遇，由此创造出价值。

南开大学的张玉利教授认为："把创业仅仅理解为创建新企业是片面的，创业的本质在于把握机会、整合资源、创新和快速行动，创业精神是创业的源泉。"

还有一种广为人知的定义是将创业分为狭义和广义两个层次。狭义的创业是指创建新企业的过程，而广义的创业则指的是创建新事业的过程。二者虽然只有一字之差，但是两种完全不同的创造性活动。从狭义的角度，很容易区别创业者是否在从事创业活动，但从广义的角度，创业的界限将变得模糊。

本书所指的创业，是指创业者及其团队将其已经拥有的资源或通过努力获取的资源进行优化整合，设立、管理和运营市场经济主体，向社会提供产品或服务，通过商业活动参与市场竞争，从而创造出更大经济价值和社会价值的过程。

创业活动蕴含创业精神。创业精神的本质可以是超越普遍意义上的成立新企业的行为，也可以是使用革新方式把握机会、整合资源的创造性开拓过程。创业的实质体现的是创业者个人的创业精神，本书后面的章节将进一步介绍创业实务与案例分析，以便大家更加深刻地认识到创业精神的内涵与本质。

1.1.2 创业的特征

1. 创新

创新是创业最显著、最直接的特征之一，有的学者直接将创业的过程等同于创新的过程。

创新的含义可以指新的产品、新的策略、新的顾客、新的市场以及创业过程中任一环节的创新，但其实质是创业者思维的创新与创造。创新是创业中颠覆性的从 0 到 1，而不是模仿性的从 1 到 N。彼得·蒂尔（Peter Thiel）在他的著作《从 0 到 1》中提到，只有"破坏性的创新"才能打开市场新格局，为顾客带来全新的体验并从中获得创新的利润。他还认为，脱离了创新的初创企业并不能在严格意义上称作创业企业，只有创新性的企业才能获得持续经营发展的机会而不必被束缚于竞争的泥潭中。

提起创新，人们往往将其与科技联系在一起，如近年来得到蓬勃发展的 5G、人工智能、元宇宙等新型技术。科技型创业铺天盖地的宣传在社会上营造了一种只有科技产品创新才能算作创新的氛围。但事实上，创新可以是产品链上某一阶段的革新，也可以存在于管理制度、销售渠道、评估方式等多个领域的改革中，并且依然会为企业带来巨大的效益空间。

2. 风险

创业活动的另一个特征是创业过程中所必须面临的风险。在投资与创业中，越高的收益即对应着越高的风险。创业风险主要来自法律的约束、市场的不确定性以及创业者的决策失误等。特别是大学生这样缺乏经验的创业者，在创业初期，其极有可能因为自身的局限性而掉入创业陷阱。因此，拥有沉稳、谨慎的风险意识是对创业者的基本要求之一。

成功的创业能改善创业者的生活状况，甚至促进整个社会的进步；相对应的，创业者也承担着极高的风险。创业的高风险性要求创业者拥有常人不具备的决心与魄力。从踏上创业之路的那一刻起，便代表着创业者愿意投入自己的时间与金钱、承担创业的风险。

3. 价值

价值实现是创业活动的特征以及创业成果的具体表现。创业活动所创造的价值是一种多向价值，而不仅仅是指创业者为自己创造的财富。它可以是新创产品对世界运转方式的颠覆，可以是新创事业对社会和普通人民生活与就业的帮助，也可以是政府的税收来源，甚至可以是影响后人对当今时代评价的关键因素。

价值是创业成功的一把量尺，大多数时候社会和个人对某项创业活动是否成功的评判标准就是其所创造的价值。创造的价值越丰厚，意味着创业者的投入越多、承担的风险越大，同时也意味着新创事业对社会和个人创造的福利更多。只有始终将价值创造放在核心地位的创业活动，才能最终走向成功。

4. 机会

创业是一项与机会紧密相连的事业，发现机会、把握机会、实现机会，创业的每一步都是对出现机会的二次创造，创业机会则是创业过程的依据。根据市场情况，创业机会可以分为两种。

第一种创业机会来自产品数量需求大于供给的市场。这样的市场往往可以通过一些复杂的数据分析或者聘请专业人士进行调研等方式来寻找。发现市场供给缺口后，创业者需要的便是投入人力、物力来复制该市场现有的商业模式进行生产经营，直到新的进入者让市场达到饱和。

第二种创业机会产生于产品质量需求大于供给的市场。这样的市场意味着现存企业要为顾客提供更好服务的机会。这种更好的服务有一定的技术壁垒，不能通过简单的复制进入市场，而需要创业者的技术突破。但同时，高要求的创业机会也就意味着这样的市场存在高额的利润，需要创业者拥有独具一格的眼光、敏锐的直觉以及超越常人的魄力。

一般的创业者识别到的更多是第一种类型的创业机会，而被社会所欣赏的创业则更多是对第二种创业机会的把握与创造。识别创业机会是创业的开始，正所谓"万事开头难"，创业机会往往是稍纵即逝的。正因如此，创业者在面对机会时应该果断，在实践中不断探索改进，这样才能将机会转变为价值。

5. 回报

创业回报是创业活动对创业者个人具有直接吸引力的特点。创业者愿意投入大量时间与金钱并承担巨大的风险去利用创业机会来创造价值，其直接原因大部分是创业活动的高收益、高回报。

创业回报可以是各个方面的。首先是经济上的回报。在人类历史中，诸如比尔·盖茨（Bill Gates）等知名的富豪无一不是新事业的开创者。创业回报也包括创业者名誉的提升。例如，沃伦·巴菲特（Warren E.Buffett）被誉为"股神"、史蒂芬·乔布斯（Steve Jobs）被奉为"苹果之父"。创业的回报也可以是精神上的，就像埃隆·马斯克（Elon Musk）一直宣传的那样，为了实现全人类的进步而创业，为了坚守创业精神而创造。

创业回报与整个社会的创业密集度、创业类型、社会发展水平密切相关。无论怎样，对现状的不满、对理想的追求都能为创业者提供足够的动力，促使潜在的创业者踏上创业的道路、追求丰厚的创业回报。

1.1.3　创业的类型

1. 基于创业动机的分类

按照创业动机对创业进行分类是常见的分类方式之一。一般地，将创业分为以下两种。

（1）生存型创业。这一类创业是迫于生存压力而进行的创业，往往由刚毕业的大学生、失业青年发起。生存型创业是创业者识别到市场数量上的空缺机会从而进行的创业，生存型创业一般起点低、发展潜力小、风险低、规模小、对创业者能力要求低、难以扩大经营、对社会做出的贡献少。街边常见的餐饮店、服装店等都可以被归于生存型创业。

（2）机会型创业。机会型创业从不同角度来看都与生存型创业相反。这一类创业者没有生活的忧虑，创业行动是由于其识别到了市场质量空缺的机会而自然形成的结果，体现的是创业者对价值实现的强烈诉求。这样的创业有较高的起点，通常由一些在创业之前就有一定成就且工作经验丰富的人发起。这一类创业在一开始就具有远大的目标和清晰的规划，一旦成功就能取得大量市场份额并且对社会做出巨大贡献。与之相对的，这一类创业者必须具备更高的素养和创业精神，承担更大的风险。

除了取决于创业者的个人条件，生存型创业和机会型创业还取决于创业者所在的地区、所受到的教育、时代背景、政治文化等多种客观因素的影响。因此，改善社会的创业环境，为创业者提供更多的机会型创业机会也是衡量一个国家发展水平的标准之一。

2. 基于创业资源的分类

创业资源可以分为技术拥有、资金拥有、人脉拥有三种类型。识别不同创业资源的过程实际上也是识别自身创业优势的过程。利用自身优势，寻求互补的合伙人来弥补缺陷是创业过程中极为重要的一点。

（1）技术拥有。技术拥有是指创业者拥有将想法转变为现实的技术条件。在这种情况下，创业者需要将其技术实现的结果转变为经营销售的产业链，也就需要从外部获得资金和人力资源的支持。大量的高新技术创业都由技术拥有型的创业者发起，其中包括一些高校的教授和研发团队或是从事某一方面研究的公司。

（2）资金拥有。资金拥有指的是创业者拥有充足的资金来支持其创业行为，这时候创业者欠缺的可能是一个好的想法，或者是将想法转变为现实的技术手段。这类资源拥有者在创业大环境中更多地选择担任另一种特殊的角色：投资人。

（3）人脉拥有。创业者拥有丰富的人力资源，能够迅速地获得大量市场资源。这一类创业者更适合作为技术拥有型创业者的合伙人，利用自身优势帮助他们将技术推销到市场并共享其成果。

上述三种类型的资源拥有者只有特点上的区别而并没有优劣之分。只有清楚地认识到自身特点并最大限度地发挥自身优势，创业者才可能合力实现创业的成功。

3. 基于创业效果的分类

克莱顿·克里斯坦森（Clayton M.Christensen）依照市场对社会和个人的影响大小将创业分为四种类型，如图1-1所示。

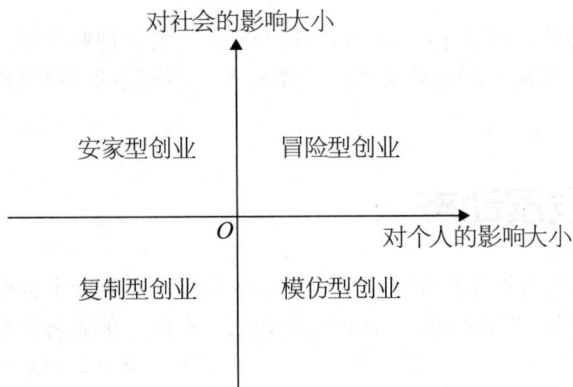

图1-1 基于创业效果分类的创业类型

（1）安家型创业。这类创业是对创业者创业精神最大限度的体现。此时的创业者所从事的活动往往不是单纯地创立企业，而是一项纯粹的创新活动。其旨在为社会提供新价值而不仅仅追求个人的回报。相对来说，这类创业承担的风险较小，创业者所获得的回报低，往往与其投入不成正比，且创业难度高，但其成果会为社会带来巨大的效益。

（2）复制型创业。复制型创业是十分简单的创业类型，这类创业没有为社会带来新价值，对个人的回报往往也不是太高。例如，小王见自己小区旁的便利店营收不错，便复制该便利店的规模、产品类型和定价方式等要素，在附近开了一家类似的便利店。这样的创业缺乏创业精神，通常不属于创业学所研究的对象。

（3）模仿型创业。模仿型创业与复制型创业相似的一点在于两者都是对现有经营方式的模仿。不同的是，模仿型创业的模仿对象往往是具有更大挑战性、更高回报的行业，并且具备一定的创新性。这类创业虽然也不能为社会带来科技价值，但是却有可能为创业者自身带来可观的经济回报，同时也让创业者承担高风险与高试错成本。这种创业相对来讲也是低难度类型，创业者只要经过一定的积累和学习，就有机会获得不错的回报。

（4）冒险型创业。冒险型创业就是在安家型创业的基础上，将研究的成果用于自身企业的经营并从中追求利润。冒险型创业意味着高风险、高收入、高难度。这类创业一旦成功，将对社会带来颠覆性的影响，并且也将完全改变创业者的个人生活。

整理分析以上四种类型的创业，不难发现以下规律。

个人回报越高意味着承担的风险越高，投入的时间与精力越多；而创业者越想为社会带来新的价值，相应对创业者创业精神与综合素质的要求越严格。因此，在开始创业之前明确自身想要实现的创业效果并据此培养相应的能力是一项重要的准备工作。

4. 其他分类

以上三种分类标准分别对应了创业初期创业者所面临的几个关键问题。

·为什么创业？

·该怎样创业？

·会得到怎样的创业成果？

有了这些认识再做相应的准备会使创业者的创业思路更加清晰。但创业的划分远不止于此，下面再简单地介绍几种常见的分类标准。

·基于创业项目的分类：依据该标准可以将创业分为传统技能型、高新技术型、知识服务型。

·基于创业主体的分类：依据该标准可以将创业分为个体创业和公司创业。

·基于创业风险类型的分类：依据该标准可以将创业分为依附型、尾随型、独创型和对抗型。

了解不同的创业类型，对创业者充分利用自身资源、解决创业初期遇到的问题起着至关重要的作用。创业者理应掌握不同创业类型的分类标准、不同创业类型的特点以及适用的情况，并最终用于实践。

1.2 创业学发展动态

创业学发展至今已有数百年历史，了解创业学的发展动态有助于创业者认识到不同时代背景下创业发展的特点并从中吸取经验。认识创业现状，有助于创业者调整创业思路，与时俱进并更好地理解创业所需要具备的理论知识。同时，正确认识创业学的发展趋势也将从理论层面支撑创业者对创业热潮的持续时间与规模做出准确判断。

1.2.1 创业学基础

不同于一般人的理解，创业学并不是指创业或者教人创业。事实上，创业学和创业是两个截然不同的名词。创业学指的是专门研究创业活动的学问，这一内容起源于西方经济学的研究，20 世纪80年代才逐渐发展完善。不同派别的学者还在争辩是应该将创业学视为一门独立的学科，还是应该将其归于管理学研究中。一般地，在创业研究中更偏重将创业学视为一门单独的学科。如果说经济学是研究财富的生产、交换、分配和消费的学科，管理学是研究人类社会管理活动现象及规律的学科，那么创业学则是研究基于财富创造的活动及规律的专门学问。创业学研究是跨越多个学科的研究，其内容包含了经济学、管理学、统计学、心理学、法学、金融学等理论基础，同时又涉及对投融资关系、股东关系、职业操守、企业管理、产品开发、变革创新等多个实践性极强的领域的研究，是一门综合理论与实践的复杂学科。

创业学的具体研究对象是创业的具体过程，创业者、创业环境、创业机会、创业风险等关键因素围绕着创业过程这一主体展开，共同构建出了创业学的基本框架。

1.2.2 创业学研究现状及发展趋势

1. 创业学研究现状

创业学的研究仍有争议。其中最大的辩题便是是否应该将创业学作为一门单独的学科。对于将创业学理解为一门单独的学科这一观点，重要的依据是创业学研究中具有的独立性和创新性。在学术研究中，如果要将一项研究列为一门新的学科，那么它需要拥有独有的研究模型与视角。而如今，创业学的研究为学术界带来了很多新的问题，如机会的识别、有关市场永远达不到均衡的假设等。这一系列的问题诞生于创业活动之中，创业学不同于以往学科从事的研究，如果全部利用过去知识所建立起的模型来解决创业中的问题，那可能永远都找不到一套完善的体系来指导、帮助创业者。创业学研究的核心主旨在于创新，其研究过程本身就是创造新学科的过程。因此，只有将创业学作为一门单独的学科去挖掘开发，创业者才可能在未来的研究中取得有意义的突破。

2. 创业学发展趋势

创业学是否归为专门的学科丝毫不影响持有不同观点的学者对创业学的研究兴趣。过去二十年来，新技术的出现使得创业学领域的研究数量呈爆发式增长，并获得了一些相当大的成果。

首先，经过数十年的摸索，学者的研究焦点逐渐不约而同地统一到创业风险、创业者素质、创业的社会结果、创业的类型、创业的本质、创业与资本等问题。研究问题的统一意味着研究的目标逐渐明确，来自不同学派学者的研究在本质上趋于同一化，但有人能为其研究加入其个人特色。

其次，创业学的研究为其他学科提供了反馈。不同学科之间的交互作用能同时推动双方的进展。而经过长年以其他学科为基础进行研究，创业学的研究也开始收获了一些对其他学科有意义的新成果，或者是对其他学科既往的研究成果提出了质疑，丰富了经济学、管理学等学科的内涵。

最后，创业学的研究逐渐使创业活动广为人知，其健全的研究体系有助于激励人们从事创业活动，提高机会型创业的比率，最后从各个方面推动整个国家的发展。

以上成果表明，创业学已经愈加趋向于一个专门的学科，并且近年来科技在数量和质量两方面飞速增长，将催生大量充满活力的创业企业，这一局面有助于促进学者对创业学的研究；而创业学的研究将使得创业体系不断稳固、清晰，这又会鼓励更多人进行创业，为社会带来新的创业活力。这种双向的循环促进对整个人类社会的发展具有重大意义，因此未来创业学的研究将会更加深入和细化，将更多地与其他学科互动，同时从实证的角度建立起创业研究模型。目前，创业学的研究还停留在初期阶段，通过世界各地学者和创业者的努力，最终将会建立起一套可操作的创业模型供创业者使用。

1.3　创业实战过程

本节从创业实战的整体过程中挑选出六个关键节点，分别是萌生动机、把握机会、整合资源、管理企业、实现价值、选择未来，让读者能够从全局的角度了解创业实战过程，形成简单的创业实战框架，为之后的学习打下基础。

在正式开始创业之前，了解创业过程的全貌、自己需要做什么、怎么做，对于创业者来说非常必要。创业流程如图1-2所示。

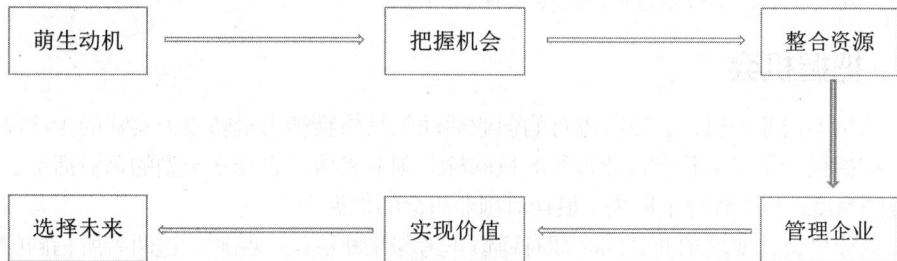

图1-2　创业流程

1.3.1　萌生动机

一切创业都是从萌生动机这一步开始的。创业并不是"天上掉馅饼"的事情，如果从未有过创业的想法，那么即使机会出现，也未必能抓住它。

创业的动机可以有无数种，如对枯燥生活的厌倦、经济压力，或者仅仅是不愿意替他人工作。创业动机往往随着创业者的个体特征以及所处背景的不同而不同。

值得一提的是，在国家政策以及高速发展的互联网的推动下，大学生创业人数近年来不断攀升，如图1-3所示。

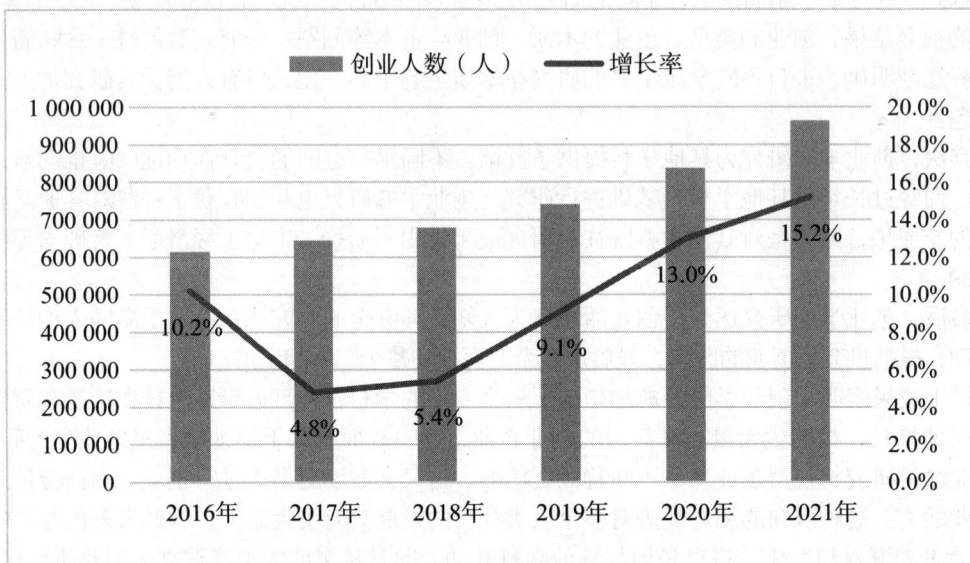

图1-3 大学生累计创业人数变化趋势

由图1-3的数据可以看出，自2017年以来，我国大学生累计创业人数增长率不断攀升，2021年增长率已达2017年的三倍之高。在创业人数显著增加的同时，大学生创业成功率却持续维持在1%～2%的低水平。大学生创业成功率如此低，很大程度上归结于大学生创业动机不明确、缺乏稳定性与持久性等原因。

多数大学生创业既没有清楚认识自己也缺乏专业知识储备，仅仅是跟随社会发展大流，为了创业而创业。这样的创业动机缺乏精神支持，创业者很难坚持长期创业，也很难对社会做出贡献。

对于所有创业者来说，创业动机是其创业活动的支柱。萌生创业动机并不是随口做出创业的决定，而是产生于个体决心改变某个问题或实现某个理想时的精神支撑。拥有这种精神支撑的创业者，才真正具备了成功创业的必要条件。

1.3.2 把握机会

一旦萌生了创业动机，之后所进行的创业活动就是将精神力量转变为实际的生产以及最终的利益。把握机会是贯穿整个创业过程的风向标。创业者将从事什么类型的创业活动、最终将达到怎样的高度，很大程度上取决于最初对创业机会的把握。

把握创业机会，要求创业者同时拥有谨慎思考与果断决策的品质，这两者所指向的行为并不矛盾。谨慎思考要求创业者在把握创业机会时不能追求"快刀斩乱麻"，而要经过全面的分析与评估。同时，面对创业机会时创业者也需要具备一锤定音的魄力。在创业领域里，如果等到万事俱备时再行动，那么将错失良机。

相比怎样把握机会，创业者更早面对的难题是在哪里寻找机会。创业机会并不是大多数人以为的灵光一现、可遇不可求。事实上，创业机会也是创业者可以主观把握的。创业机会主要来自两个方面：问题与社会的变化。

日本实业家田所雅之认为：一个真正好的创业想法一定是来自一个好的问题，而不是一个好的解决方案、一个好的产品。只有当创业者的创业构想有了问题基础，之后优化解决方案以及提高产品品质的行为才是有意义的。具体来说，回答"用怎样的方式解决怎样的问题"这个问题的过程实际上就是创业者对产品实现手段、目标群体、产品效用的解答，是对整个创业产品框架的梳理。

阅读资料 1-1：

Levi's 牛仔裤

Levi's 牛仔裤是最有名的问题导向创业的例子之一。在美国西部淘金的过程中，其品牌创始人李维·斯特劳斯（Levi Strauss）发现，由于跪地采矿，许多淘金者裤子的膝盖部分容易磨破。这对淘金者的身体健康和淘金效率都产生了极大的影响，但没有人尝试解决这一问题。细心的李维发现，矿区有许多被人丢掉的帆布帐篷，他就把这些旧帐篷收集起来洗干净，做成裤子销售，"牛仔裤"就这样诞生了。借此，李维创立了全世界最早的牛仔裤生产公司 Levi's，开启了自己辉煌的创业道路。

创业机会的另一个来源，是社会的变化。当今世界正在经历百年未有之大变局，而变化，也就意味着机遇。无论是工业革命时期，还是现在的互联网时代，以及即将到来的人工智能时代和已经初见萌芽的元宇宙时代，任何一次时代的变化都将造就一批创业者。他们正是抓住了变化与发展的机遇，才能在人才荟萃的创业领域中异军突起。

愚者惧怕改变，智者顺应改变，创业者带来改变。譬如当下最具个人魅力的创业者之一马斯克，便是证明这一道理的最好代表。事实上，马斯克正是抓住了时代变化的特征，创顺应时代之业。创业者应该了解变化、接受变化、预测变化、掌握变化，许多创业的成功并不是偶然的，而是创业者把握住创业机会的结果。

1.3.3　整合资源

整合资源是创业道路上的另一个重要节点，同时也是创业初期创业者将会遇到的最大困难之一。创业是一个烦琐复杂的过程，哪怕是开一家便利店，创业者也需要拥有一定的经济基础，同时还需要处理进货渠道、店铺租赁、客户来源、员工管理等一系列问题，甚至有人直接认为创业的本质就是资源整合的过程。

整合资源是对创业者个人魅力、业务能力的考验。理论上将整合资源定义为创业者或企业对不同来源、不同层次、不同结构、不同内容的资源进行识别与选择、吸收与配置、激活和有机融合，使其具有较强的柔性、条理性、系统性和价值性，并创造出新的资源的一个复杂的动态过程。简单来说，资源整合的过程就是实现"1+1>2"的过程。

在整合资源之前，创业者需要对自己拥有的资源进行分类与评估。认识资源类型与各项资源需求能为之后的整合阶段打下坚实的基础。不同的学者对于创业资源有不同的看法。一般地，创业资源分为资本资源、人力资源、技术资源、社会资源四类，创业者可以以此为依据进行评估。

创业者需要认识资源拼凑的作用及其对于企业的意义。"拼凑"是法国学者克洛德·列维-斯特劳斯（Claude Levi-Strauss）于1967年提出的概念，其自诞生以来就被广泛运用于社会心理学、创业研究等领域。资源拼凑被视为初创企业突破资源约束的重要途径之一，其定义为利用手中一切可利用资源完成任务。创业者的最终目的就是实现资源最优配置以达到甚至超越目标，如何进行资源配置则依赖于创业者所处的行业、时代以及其自身品质等因素。换句话说，资源配置并没有标准答案，而是需要创业者在实践中不断尝试与创新来建立并完善其体系。

创业企业的资源整合体系彰显的是创业者的个人创业思维以及对创业企业未来高度的预测，是企业走向成功的关键。

1.3.4 管理企业

创业者在把握机会、整合资源之后，需要建立一套系统的企业运转体系，将之前的活动丰富、加强并模式化。管理企业就是创业到达中后期的首要目标之一。在创业前期，企业规模小、意外状况多，企业不需要也不适合遵循一套严谨的系统运转方式，但当企业发展到一定规模时，管理企业就显得至关重要。

对于优秀的创业者来说，建立企业不是创业的目标，而是创业成功的开始。彼得·德鲁克（Peter F.Drucker）认为管理是赋予企业生命、为企业注入活力的要素，管理的职能包括对企业经济、企业发展、企业内部员工的管理。企业管理是对创业企业发展到一定阶段而自然形成的要求，从实际角度出发，企业管理的内涵包含两个方面：一是创造出大于企业各部分总和的真正整体，二是协调每个行动并决策其长远的需求和眼前的需求。创业者可以将以上两条作为管理企业的总体准则和目标。企业管理的内容包罗万象，创业者需要认真对待。

企业管理对创业企业意义非凡，其主要作用体现在以下几点。

- 提高企业运作效率，提高生产率。
- 明确企业发展方向。
- 使企业不同部门发挥其最大效用。
- 使企业的效用、经济框架完善。
- 建立更好的企业内外部环境。

创业者如果希望自己的企业能够持续稳定地发展，就应该建立一套结合时代背景与企业所处行业状况的管理体系。如果把萌生动机、把握机会比作建房时的地基，那么管理企业就是建造万丈高楼的开始。

1.3.5 实现价值

创业者整合资源、管理企业的最终目标是实现价值，这不仅包括实现创业企业价值，也包括实现创业者个人价值。实现企业价值的过程也就是企业生存和发展的过程，而实现个人价值是创业者最初创业动机的体现。

维持企业生存是实现企业价值的过程中所有企业必须面对的问题，许多创业者也将其视作初创企业价值实现的最终目标。事实上，初创企业与成熟企业在存在一定程度同质性的基础上也保持着各自的差异性，在价值实现层面上这种差异则体现为初创企业对成长的要求。只有不断成长，初创企业才能获得市场并维持生存。创业者需要了解企业发展规律，在不同的阶段做出正确的决定，使企业回报社会、促进经济进步，并长期为社会生产与发展提供动力。这样的企业才能称作实现了自身价值、对社会有意义的初创企业。

实现个人价值相对更具有多样性，其最终成果直接体现了创业者的创业动机。其内容可以包含实现经济回报、实现社会地位提高，甚至是实现儿时梦想等。在创业过程中不求回报是不被提倡的，对个人价值实现的追求有助于创业者对事业的执着与长期追求。在这一阶段中，创业者需要警惕"情感陷阱"，即在创业过程中对企业或创业产品注入了太多的个人情感，导致对创业企业拥有过多的"占有欲"。在企业能够进一步发展时，有的创业者因为不想分享自己的成果，拒绝外部的帮助。这样的创业者只能止步于小规模的创造，且其企业最终也难以扩大规模和持续经营。

实现价值可以被视为初创企业的终点以及成熟企业的起点，创业者满足了其最初创业动机之后的价值选择将是创业事业的另一个转折点。在实现了个人的价值后，部分极富创业精神的创业者将着眼于诸如实现人类进步的崇高的价值追求。这种崇高的价值追求是对创业精神的完全体现，是创业者的终极目标。但是这并不应该作为评判创业者成功与否的标准，大部分普通创业者的创业动机都是实现自身价值、追求更好的物质与精神生活，因此，不能因为创业者停止继续探索而否定其之前取得的成果。

1.3.6　选择未来

创业企业发展到一定的成熟阶段后，就会面临在实现企业流动性的两种机制之间做出选择的问题，也就是上市和被并购。因此，创业者需要充分认识这两种选择的利弊。

创业企业的第一种选择是通过上市成为一家成熟企业，进一步获取利润。创业企业在具备以下两个条件时可以考虑上市。

· 企业在可持续盈利、维持收入稳健增长或其他重要方面取得了重大进展。

· 企业现有的投资者、创始人和员工希望套现并更愿意通过有更高估值的二级市场获得更多的融资。

创业企业选择上市，其根本原因是创业团队想要寻求进一步发展，需要大量资金，而较高的估值使得创业企业很难再在私人市场获得投资，这时创业者需要将目光转向二级市场，IPO就成了企业募集资金的有效策略。创业企业上市的优劣势如表1-1所示。

表1-1　创业企业上市的优劣势

优势	劣势
能在二级市场融得更多的资金	需要承担更严格的法律义务
可使用股票进行企业收购以及内部激励	上市过程中，企业消耗大、承担的风险高
企业曝光度大，有利于进一步融资	需要披露的信息更复杂
企业可信度将增加	上市后股票销售受限
企业资金将更具流动性	股权稀释，创始人控股能力减弱

除了上市以外，创业企业的第二种选择是通过被并购而成功退出。企业并购是兼并和收购的统称，即M&A，是企业法人在平等自愿、等价有偿的基础上，以一定的经济方式取得其他法人产权的行为，是企业进行资本运作和经营的一种主要形式。

不少创业者在起步阶段都有一种错误的认知，即被收购就是创业失败的标志，只有企业上市才能被称为成功创业。事实上，初创企业能够被成熟企业收购也是对创业成果的一种认可，如UC浏览器、摩拜单车等知名创业企业都选择了以被企业收购的方式退出。创业企业被并购的优劣势如表1-2所示。

表1-2　创业企业被并购的优劣势

优势	劣势
企业能在现金并购中获得大量现金流	并购价格往往低于在二级市场的估值
能获得并购母公司的运营支持	企业未来发展受并购公司影响大
避免运营上市企业的监管和行政负担	优先清算权给创始人带来的好处变少
相较上市的潜在市场风险小	创始人可能丧失对企业的控制权

创业者需要慎重权衡上市与并购的优劣势，结合企业实际运营状况与自身理想做出合适的选择。

此外，一些成功的创业企业可能既不选择上市，也不选择并购，而是持续自主独立经营。德国学者赫尔曼·西蒙（Hermann Simon）把在某一细分领域处于绝对领先地位、年销售额不超过50亿美元且隐身于大众视野之外的中小企业定义为"隐形冠军"。全球范围内，"隐形冠军"众多。

课堂阅读

党的十八大以来，党中央高度重视培育和践行社会主义核心价值观，要把社会主义核心价值观融入社会发展的各个方面。为了符合我国国情、加快经济建设的步伐，我国高校积极开展大学生创业教育课程，最大限度地去帮助大学生树立正确的人生观、价值观和世界观，再从这三个观念去进行创业方面的引导。当代大学生应找准自身定位，对未来有精确的规划，不冲动、不盲从，在紧跟经济发展潮流的同时能够找到适合自己的创业方向。在对大学生进行创业实践的引导后，他们能够用发展的眼光去看待事物，学会举一反三，树立积极、正确的创业理念，在学习中找到前进方向，在实践中发挥自我价值，把个体与集体有机地结合起来，重视市场发展，了解经济动态，明白创业实践的现实意义。

本章习题

一、单选题

1. 广义的创业是指（　　）。

A. 整合资源　　　　B. 创新　　　　　C. 创立新企业　　　D. 创立新事业

2. 获得利润是创业特征中的（　　）。

A. 回报　　　　　　B. 价值　　　　　C. 风险　　　　　　D. 机会

3. 对社会影响大，而对个人影响小的创业被称为（　　）。

A. 安家型创业　　　B. 复制型创业　　C. 冒险型创业　　　D. 模仿型创业

4. 初创企业面临的最终问题是（　　）。

A. 把握机会　　　　B. 实现价值　　　C. 选择未来　　　　D. 整合资源

5. 以下哪一项不属于创业学研究的主要内容？（　　）

A. 创业学研究是不是一门单独的学科　　　B. 相关的经济学、统计学理论

C. 如何有效识别市场机会　　　　　　　　D. 投融资关系、企业管理与产品研发

二、多选题

1. 基于创业资源的创业类型包含（　　）。

A. 资金拥有　　　　B. 人脉拥有　　　C. 技术拥有　　　　D. 创业经验

2. 以下说法正确的有（　　）。

A. 创业只是对创业者个人素质的考验

B. 约瑟夫·熊彼特认为创新是创业的本质和手段

C. 从广义创业的角度更能区分创业活动与其他活动的区别

D. 创业是一个灵活性的概念，其定义取决于研究的角度

3. 以下说法正确的有（　　）。

A. 只有技术型创业才具有创新性

B. 创业价值可以作为评判创业成功与否的标准

C. 创业机会来自市场产品质量或数量上的短缺

D. 创业过程中提倡不求回报的品质

4. 以下有关创业类型的说法有误的有（　　）。

A. 生存型创业只能是小规模创业，无法进行扩大生产

B. 创业资源可以分为技术拥有、人脉拥有、资金拥有三种类型

C. 安家型创业是对创业者个人有极大回报的创业类型

D. 创业个人影响对应更大的风险承担，创业社会影响对应更高的能力要求

5. 以下有关创业过程的说法正确的有（　　）。

A. 创业动机往往来自创业者的灵光一现

B. 创业机会来自问题和社会的变化

C. 整合资源是创业者或企业对不同来源、不同层次、不同结构、不同内容的资源进行识别与选择

D. 创业者应该做到跳出"情感陷阱"，追求更高的价值

三、名词解释

1. 创业。2. 创新。3. 生存型创业。4. 创业学。5. 资源整合。

四、简答及论述题

1. 结合文中内容，简述你对创业定义的理解。

2. 写出创业五大特征并描述其含义。

3. 你认为创业学是一门单独的学科吗？请说明理由。

4. 结合第 1.3 节内容，简述创业实战过程。

5. 比较企业上市与企业被并购两种选择的优点。

第 2 章
创业条件和创业准备

开篇引例

从创业青年到
酒店行业领军人物

本章导读

　　在正式创业之前，首先要考察是否具备合适的创业条件、是否已经做好充分的创业准备。本章主要从创业条件及创业准备出发，介绍了创业前应考察的国际环境、国内政策、社会需求、市场容量、产业协同及行业竞争等条件，以及创业者个人应具备的素质、思想、资源和知识等条件。通过对本章的学习，读者可以系统地了解在何种条件下可以开启创业活动，应提前为创业活动做好何种准备。

知识结构图

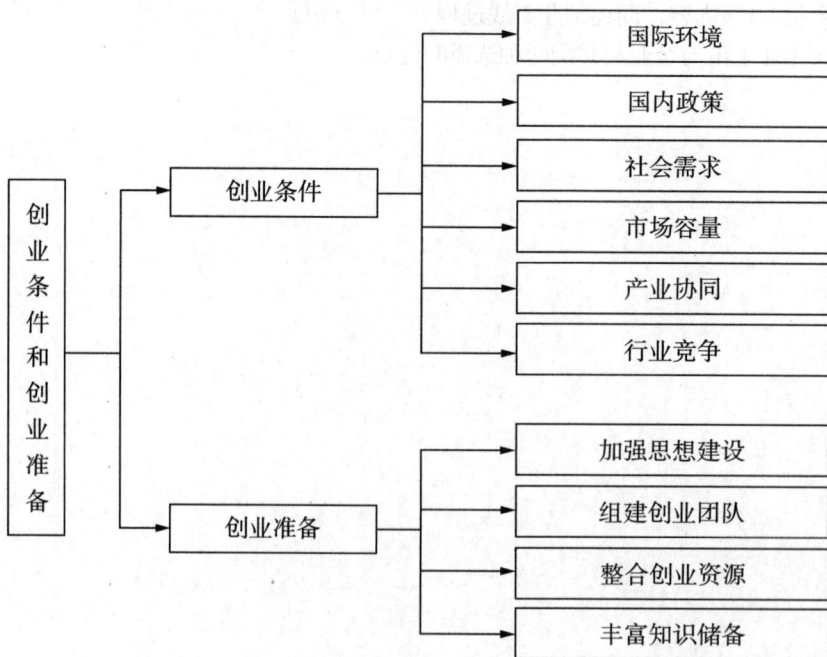

2.1　创业条件

在正式创业之前，考察和论证创业条件是否成熟是非常重要的一步。创业条件会从根本上影响创业的难度和成功的可能性，在创业者创业之路上起到至关重要的作用。创业者需从以下六个层面考察创业条件。

2.1.1　国际环境

国际环境是指一个国家与其他国家之间在政治、经济、文化、自然、地理方面的相互关系和交往关系。它体现了国与国之间的相互联系、相互作用、相互制约、相互促进的关系。

当前，错综复杂的国际环境深刻影响着科学技术的发展。据《中国社会科学院国际形势报告（2022）》，国际力量对比持续朝着有利于新兴市场和发展中国家的方向发展。同时，全球主要大国或国家集团之间的竞争与合作关系也处于深度调整期，各方都在积极推进或调整战略以应对新的国际局势。

创业虽然受国际形势的影响较深，但凡事都具有两面性，危机也为创业者带来了机遇。集成电路、生物医药、智能制造和新材料等行业，就因为国际环境的复杂形势而具备更多的创业机会。

2.1.2　国内政策

国内政策是我国法律、法规、规章等文件，以及政策性文件和行业规范性意见的集合。国内政策既影响创业的宏观政策环境，也对创业的具体行业进行规范、鼓励和约束，直接影响创业活动。

创业者需从以下三个方面考察国内政策：①考察国内宏观政策对创业活动的规范、鼓励和约束，研究自己的创业活动会获得哪些政策支持，需要关注哪些具体事项；②考察拟创业项目所属行业的行业政策，是鼓励类、允许类还是禁止类，是否有科研扶持、人才扶持和税收优惠等具体条件；③考察拟落地省、区、市的地方性政策和工业园区的配套性政策，多进行横向对比，尽可能择优落地，以便获得更大的支持。

2.1.3　社会需求

社会需求是指一个国家在一定时期内（通常为1年）由社会可用于投资和消费的支出所实际形成的对产品和劳务的购买力总量。社会需求包括两个部分：①国内需求，包括投资需求和消费需求；②国外需求，即产品和劳务的输出。创业活动主要考察消费需求。

需求是商业的基础。创业者应当根据创业活动所提供的产品或服务，考察与产品或服务相关的消费需求。消费需求包括两个部分：①既有的消费需求，即存量的消费需求；②潜在的消费需求，即增量的消费需求。

在考察需求时，创业者还应当同时考察同类产品或服务的供给情况。产品或服务的价格总是围绕供需关系而波动。供不应求时，产品或服务的价格提高，利润率也高，创业活动的成功率提高；供大于求时，产品或服务的价格下降，利润率也下降，甚至亏损，创业活动的成功率降低。

2.1.4　市场容量

市场容量是指在不考虑产品价格或供应商的前提下，市场在一定时期内能够吸纳某种产品或服务的单位数目。在创业活动中，市场容量还指具体的货币数值，其计算方法是将产品或服务的单位数目乘以当前同品类产品或服务的单价，并计算出总和。

从表面看，社会需求与市场容量密切相关，但考虑价格因素和购买力因素，社会需求并不会立即全部转化为市场容量。在计算市场容量时，需要考虑经济发展带来的消费能力的变化、规模效应带来的产品或服务的成本降低而导致的价格降低等因素带来的市场容量的变动。

创业者应选择市场容量较大且持续增长的领域进行创业，或者选择门槛较高、已经建立或可能建立技术护城河、品牌护城河或模式护城河的领域进行创业，以提高创业成功率。

2.1.5 产业协同

产业协同即产业链协同，是指通过在产业链的不同环节间进行流程、价格、信息等一系列要素的设置，实现产业链的高效运转。

任何创业都离不开采购与销售，创业者应该考虑产品或服务在整个产业链中所处的位置，并着力处理好与上下游的关系。以新能源汽车整车厂为例，其下游是终端消费者、汽车租赁、汽车保险服务等，其上游包括汽车轮胎、玻璃、座椅、系统、锂离子电池等，而锂离子电池的上游又包括电池材料、电池生产设备、电池测试仪表及服务等。

认清创业项目在产业链所处的位置，秉持产业链协同共赢的理念，有助于创业者快速高效地与产业链上的各供应商、客户建立良好的协同关系，创业者通过价值链、企业链、供需链和空间链的优化配置和提升，使产业链中上下游间形成提高效率、降低成本的多赢局面，实现企业竞争力的提升。

2.1.6 行业竞争

每一家创业企业都可以归类为某一个行业或者某几个行业。因此，在创业前对行业竞争格局进行分析十分重要。主要分析两个层面：一是行业内的竞争程度及变化趋势，二是行业所处的生命周期。如果行业竞争已经十分激烈，进入壁垒高或已经处于衰退期，那么创业成功的概率不高。

美国学者迈克尔·波特（Michael Porter）的五力分析模型较好地反映了创业企业的行业环境因素。该模型认为行业中存在着影响竞争规模和程度的五种力量，这五种力量综合起来影响着产业的吸引力。五种力量分别为潜在进入者的威胁、替代品的威胁、买方的议价能力、供方的议价能力以及产业竞争者之间的竞争。波特五力分析模型如图2-1所示。

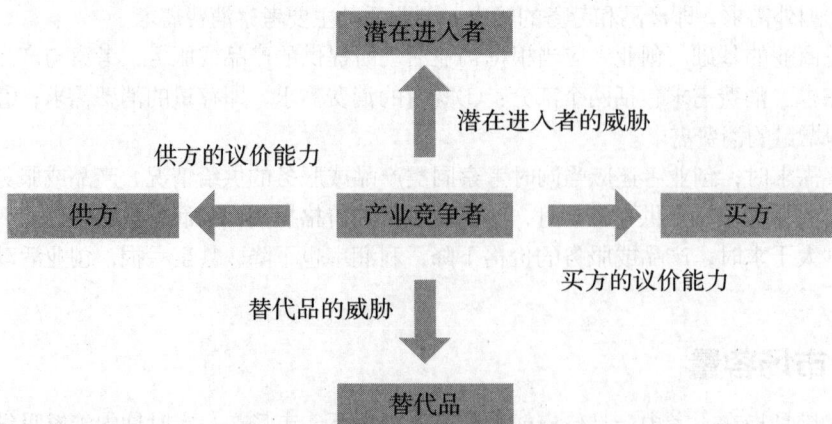

图2-1 波特五力分析模型

阅读资料 2-1:

波特五力分析模型

迈克尔·波特提出的五力分析模型将大量不同的因素聚集在一个模型中，以此分析一个行业的基本竞争态势。五力分析模型确定了竞争的五种主要来源，即供方的议价能力、买方的议价能力、潜在进入者的威胁、替代品的威胁和产业竞争者之间的竞争。企业战略的提出应该包括确认并评价这五种力量，不同力量的特性和重要性因行业和企业的不同而变化。

（1）供方的议价能力。供方主要通过提高投入要素价格与降低单位价值质量的能力，来影响行业中现有企业的盈利能力与产品竞争力。供方力量主要取决于其提供给买主的是什么投入要素，当供方所提供的投入要素的价值构成了买主产品总成本的较大比例、对买主产品生产过程非常重要，或者严重影响买主产品的质量时，供方对于买主的潜在讨价还价的能力就大大增强。

（2）买方的议价能力。买方主要通过压价与要求提供较高的产品或服务质量的能力，来影响行业中现有企业的盈利能力。

（3）潜在进入者的威胁。潜在进入者在给行业带来新生产能力、新资源的同时，希望在已被现有企业占据的市场中赢得一席之地，这就有可能会与现有企业发生原材料与市场份额的竞争，最终导致行业中现有企业的盈利水平降低，严重的还有可能危及这些企业的生存。潜在进入者威胁的严重程度取决于两方面的因素，即进入新领域的难度与预期现有企业对进入者的反应情况。

（4）替代品的威胁。两个处于同行业或不同行业中的企业，可能会由于所生产的产品是互为替代品，从而使彼此产生相互竞争行为。这种源自替代品的竞争会以不同形式影响行业中现有企业的竞争战略。替代品价格越低、质量越好、用户转换成本越低，其所能产生的竞争压力就越强；而这种来自替代品生产者的竞争压力的强度，可以具体通过考察替代品销售增长率、替代品厂家生产能力与盈利扩张情况来加以描述。

（5）产业竞争者之间的竞争。大部分行业中的企业之间的利益都是紧密联系在一起的。作为企业整体战略一部分的企业竞争战略，其目标在于使自己的企业获得相对于竞争对手的优势，所以，在实施中就必然会产生冲突与对抗现象，这些冲突与对抗就构成了现有企业之间的竞争。现有企业之间的竞争常常表现在价格、广告、产品介绍、售后服务等方面，其竞争强度与许多因素有关。

2.2 创业准备

在正式创业前，创业者除了要对创业条件进行谨慎的考察和论证外，还需要做好充分的创业准备，包括加强思想建设、组建创业团队、整合创业资源和丰富知识储备等。

2.2.1 加强思想建设

思想建设无论在何时都至关重要。优秀的思想意识是成功的先决条件，创业者应从认识自我特质、培养创业素质、树立风险意识、坚定目标愿景四个角度加强思想建设。

1. 认识自我特质

创业者要树立正确的创业观，要辩证地看待创业。创业者既要看到创业成功之后的收益和荣誉，也要充分评估创业的风险，实事求是地分析自己所具备的创业能力，做好承受挫折和失败的心理准备。

（1）理性认识自我

并不是每个人都适合创业，在决心创业时必须找准自己的定位，客观冷静地分析自己，深刻清醒地认识自己。几乎每一个成功的人，都是在自己喜欢或擅长的领域里，把自己的优势发挥得淋漓尽致。

成功的创业者具有相似的人格特质，包括强大的自我驱动力、强烈的领袖欲望、坚毅执着的精神、承担风险的勇气、持续学习的习惯等。有创业理想的创业者应在这些方面进行自我甄别，并有意识地培养自己。

（2）明确创业动机

按照亚伯拉罕·马斯洛（Abraham Maslow）的需求层次理论，现实中创业者的创业动机可以分成以下五类。

① 生存的需求：为了不依赖他人独立地生存；对工作现状不满，想要另谋出路；等等。

② 安全感的需求：为了拥有永远不会失业的安全感；想拥有自己的事业；想拥有有形的资产和无形的资产，获得对人和事的主控权等。

③ 归属感的需求：为了拥有更广的发展空间和人脉。

④ 受尊重的需求：放弃高薪而去创业，为了过一种更加受人尊重的生活。

⑤ 自我实现的需求：本身创业欲望强烈，喜欢追求行动独立的自由。

不论属于哪一类，在创业之前，创业者都应先考虑自己的实际条件。如果想要创业成功，就应具备坚定、坚持、果断以及自信等品质，善用自己的资源，克服一切困难。

2. 培养创业素质

创业者在正式创业之前要培养自身的综合素质，兼顾思想与个人能力的提升。增强个人综合能力后，抵抗创业风险的能力也会大大提升，从而提高创业成功概率。

（1）创业素质内容

创业素质包含心理素质、思想素质和能力素质等方面。

① 心理素质。创业者需要具有创业精神，这种创业精神来源于欲望、追求、理想、进取心、改变自我状况或改变世界的激情。创业者需要非常自信且执着，拥有较强的能力和丰富的经验，并能够感染他人。创业者需要具有非凡的胆识和冒险精神，具备关键时刻做出决断的勇气与魄力。创业者需要信念坚定、意志顽强，遇到困难迎难而上。创业者需要积极乐观，能屈能伸，临危不乱。创业者需要具备兼收并蓄的胸怀，能吸引各类人才为己所用。

② 思想素质。创业者需要具有市场竞争意识、效率效益意识、开拓创新意识、服务客户意识、诚信经营意识、遵纪守法意识等思想素质。

③ 能力素质。创业能力是创业成功的基本保证。能力素质包括：开阔的眼界、前瞻性的眼光和预见市场的能力；敏锐的洞察力，捕捉商业机会的快速反应力；对市场趋势和个人机遇的把握力；守正出奇的商业谋略；知人善用、组织协调和应对矛盾、解决冲突的能力；高效的执行力；善于自省、终身学习、吸收新事物的能力。

阅读资料 2-2：

创业活动中的意志品质和家国情怀

一些优秀的创业者不仅具有优秀的意志品质，还具有深厚的爱国情怀，中微半导体设备（上海）股份有限公司（以下简称"中微半导体"）的尹某某就是代表之一。

尹某某于 1944 年在北京出生，18 岁考入中国科学技术大学化学物理系，36 岁获北京大学化学系硕士学位，后赴美国加州大学洛杉矶分校攻读物理化学博士。博士毕业后，尹某某先后在英特尔、泛林、应用材料等半导体巨头企业工作。在应用材料企业，尹某某曾担任该企业的副总裁。

在工作中，尹某某发现半导体行业华人特别多，他相信中国的集成电路领域也能达到世界先进水平。2004 年，年届 60 岁的尹某某放弃高薪回国创业，在上海创办了中微半导体设备公司。公司成立后，他始终专注于半导体设备的研制，先后投入了 20 多亿元开展研发工作，并相继推出了从 75 纳米到 5 纳米工艺的刻蚀机，技术与美国巨头企业处于同一水平。随着中微半导体的成功，美国政府取消了刻蚀机对华出口限制，因为这个限制已经失去意义。

尹某某具有优秀的意志品质，包括自觉、果断、坚持、自制和实事求是等优秀品质。他在家国情怀的驱动下，将中微半导体推到了新的高度。

（2）创业素质提升

创业素质的提升一方面来自系统的学习和培训，另一方面则来源于实践经验，即"干中学"和"事中练"。仅凭看书无法学会游泳、仅凭听课无法学会开车，创业者要注意在实践中摸索，有意识地培养创业所需的必备素质。创业者可采用的方法如下。

① 系统学习。通过课程、专项培训、自学和参加专业知识考试，系统地学习创业所需要的知识。

② 与成功者交流。寻求机会与成功创业人士交流，向成功的企业家学习。做成功创业者的助手或学徒，学习成功创业者的品质、能力和为人处世的方法。

③ 参加创新创业比赛。无论是学生还是在职人员，都可参加各项创新创业比赛，接受投资人、创业导师和企事业高管等评委的评审，以提升综合能力。

④ 突破性锻炼。有些创业者在创业前，为克服自己的社交障碍、懦弱心理、严重自卑或自负等问题，尝试做推销员或摆地摊。

⑤ 创业练习。在正式创业前，投入少量资金和较短的时间，就某个风险和损失均可控的小项目进行试验性的创业练习。

3. 树立风险意识

创业具有一定的风险性，创业的过程就是对抗风险的过程。经过一系列的市场调研后，原始的创意可能被无情地否定；从技术到产品的过程，小试、中试到量产都可能失败；在市场竞争中，产品的营销、对手的竞争等，任何一个环节的失败都可能使企业受挫。任何一种风险都会造成物质和精神上的损失，很多风险和损失需要创业者个人来承担。资料表明，在初创企业开业后的第二年，约有 50% 的企业会倒下；到了第三年，存活下来的企业只有 30%；到了第八年，存活下来的企业仅有 3%。如此高的失败率证明了创业的艰难度和风险性。

阅读资料 2-3：

从 ZCOM 的溃败看创业的风险性

ZCOM 电子杂志网站是中国最早的电子杂志平台开发商之一，更是新一代数字娱乐的倡导者。2006 年 4 月，ZCOM 在获得了 SIG 领投、凯雷跟投的千万美元投资后，公司的重点调整到发行渠道上来。为了加大电子杂志发行渠道的力度，ZCOM 还在同期全资收购了知名的共享下载软件网际快车（FlashGet）。

接下来，ZCOM 内部业务方向一分为二：ZCOM 专注于电子杂志发行平台建设，即制定电子杂志的发行标准、广告投放标准等；而 FlashGet 则专注于用户端电子杂志的下载。与此相适应，ZCOM 原来为增强阅读平台黏性而增加的视频等资源，也被平移到了 FlashGet 平台上。此次调整也意味着：ZCOM 将"下载"作为了其主要的数字发行平台。在电子杂志免费的时代，ZCOM 和杂志社一开始互相并不付费。只有当交易产生后，ZCOM 才和上下游进行分成。

按照传统的做法，ZCOM 通过对在线阅读、下载的人群进行分析，针对其属性，寻找合适的广告主，并有针对性地进行广告传播。但是，广告主并不是特别认同电子杂志这种媒体形态。而且，用户对电子杂志的黏性并不高，在大量投入之下增加的用户，其流失速度也是相当惊人的。那么，究竟是内容问题，还是形式问题？或者说，电子杂志始终只是创业者和投资方基于主观意识的乐观规划？

ZCOM 在 2007 年鼎盛时期员工达 200 多人，但在高层出走和屡次裁员之后，所有员工加起来只有不到 30 人。ZCOM 仅仅是维护形态，业务仍然集中在电子杂志上，主要收入来源是品牌广告、效果广告等合作渠道。至于盈利，已经不能达到能够正常维系公司发展的程度。

创业常见的具体风险如下。

① 项目选择太盲目，缺乏前期市场调研和论证。

② 创业技能缺乏，创业者不具备解决核心问题的能力。

③ 资金短缺，现金流不足以支持创业企业正常运营。

④ 社会资源贫乏，供应链不顺畅，业务拓展困难。

⑤ 管理不当，导致决策随意、信息不通、用人不当、忽视创新、人才流失等问题。

⑥ 竞争风险。在面对商业竞争时，缺乏必要的准备和行之有效的竞争策略。

⑦ 团队产生分歧的风险。在产生分歧时不能心平气和地妥善解决问题，导致争权斗势或团队解散。

⑧ 核心竞争力缺乏，缺乏自主性强的产品或服务。

⑨ 人力资源流失风险，缺乏有效招揽人才和留住人才的机制。

以上创业风险可能单独出现，也可能同时出现。只有树立了风险意识，才可能识别出具体风险，才可能提出应对措施和解决方案。

4. 坚定目标愿景

如果说创业动机更多是从创业者自身需求出发，是个人的内在激励，那么目标愿景则需要创业者立足未来、站在整个团队和创业企业的角度，去思考创业的初心。目标愿景是未来企业愿景使命和企业文化的最初蓝图。目标愿景的确立有助于企业顺利组建价值观一致的创业团队，吸引长期而优质的投资机构，为同一目标共同奋斗，并肩作战。

2.2.2 组建创业团队

"一人智谋短，众人计谋长"。个人力量有限，因此组建优秀的创业团队是创业过程中必不可少的一部分。组建创业团队，需要关注团队组成要素、创业团队类型、团队组建原则和团队管理和激励等内容。

1. 团队组成要素

创业并非个人的行为表现，要建立一个没有团队且具有高潜力的企业几乎不可能。创业团队需具备以下五个重要的团队组成要素（称为 5P）。

（1）目标（Purpose）。创业团队应该有一个既定的共同目标，为团队成员导航。目标在创业企业的管理中以创业企业的远景、战略等形式体现。

（2）创业成员（People）。人是构成创业团队核心的要素。在一个创业团队中，人力资源是创业资源中最活跃、最重要的资源之一，创业者应充分调动各种资源和力量，将人力资源进一步转化为人力资本。目标是通过人员来实现的，所以人员的选择是创业团队中非常重要的一个部分。

（3）创业团队的定位（Place）。创业团队的定位包含两层意思。①创业团队的定位。例如，创业团队在企业中处于什么位置，由谁选择和决定团队的成员，创业团队最终应对谁负责，创业团队采取什么方式激励下属。②个体的定位。作为成员在创业团队中扮演什么角色，是制定计划还是具体实施或评估；是大家共同出资，委派某个人参与管理，还是大家共同出资，共同参与管理，或是共同出资，聘请职业经理人管理。

（4）权力（Power）。创业团队中领导人的权力与其团队的发展阶段和创业实体所在行业相关。一般来说，创业团队越成熟，领导者所拥有的权力相应越小，在创业团队发展的初期阶段，领导权相对比较集中。高科技企业多数实行民主的管理方式。

（5）计划（Plan）。这里有两层含义：①目标最终的实现需要一系列具体的行动方案，可以把计划理解成实现目标的具体工作程序；②按计划进行可以保证创业团队的进展顺利。只有依靠计划，创业团队才会一步一步地贴近目标，最终实现目标。

2. 创业团队类型

从不同的角度、层次和结构来看，创业团队可以划分为不同类型。依据创业团队的组成者来划分，创业团队有星状创业团队（Star Team）、网状创业团队（Net Team）和从网状创业团队中演化而来的虚拟星状创业团队（Virtual Star Team）。

（1）星状创业团队

在团队中有一个核心人物（Core Leader）充当领队角色。团队在形成之前，核心人物已产生创业的想法，并就团队组成进行过仔细思考。核心人物根据自己的想法选择相应人员加入团队，大多数时候团队成员在企业中是支持者角色。

星状创业团队的特点：①组织结构紧密，向心力强，核心人物在组织中的行为对其他个体影响巨大；②决策程序相对简单，组织效率较高；③容易形成权力过分集中的局面，从而使决策失误的风险加大；④当其他团队成员和核心人物发生冲突时，因为核心人物的特殊权威，其他团队成员在冲突发生时往往处于被动地位，在冲突较严重时，其他团队成员一般都会选择离开团队，因而对组织的影响较大。

阅读资料 2-4：

太阳微系统公司的创立

太阳微系统公司（Sun Microsystem）是 IT 及互联网技术服务公司。太阳微系统公司创建于 1982 年，主要产品是工作站及服务器，1986 年在美国成功上市。1992 年太阳微系统公司推出了市场上第一台多处理器台式机 SPARCstation 10 system，并于 1993 年进入《财富》世界 500 强。

创业初期，维诺德·科尔斯勒（Vinod KhMla）确立了多用途开放工作站的概念，接着他找了乔伊（Joy）和本其托斯民（Bechtolsheim）两位在软件和硬件方面的专业人士，以及具有实际制造经验和人际交往技巧的麦克尼亚里（McNeary），组成了创业团队。太阳微系统公司的创业团队是星状创业团队，其核心人物是维诺德·科尔斯勒。

（2）网状创业团队

网状创业团队的成员一般在创业之前都有密切的关系，比如同学、亲友、同事等。在交往过程中，数名熟人共同认可某一创业想法，并就创业达成了共识，开始共同创业。在创业团队组成时，没有明确的核心人物，大家根据各自的特点自发地进行角色定位。因此，在企业初创时期，各位成员基本上扮演的是协作者或者伙伴角色。

网状创业团队的特点：①团队没有明显的核心，整体结构较为松散；②组织决策时，一般采取集体决策的方式，通过大量的沟通和讨论达成一致意见，因此组织的决策效率相对较低；③由于团队成员在团队中的地位相似，因此容易在组织中形成多头领导的局面；④当团队成员之间发生冲突时，一般都采取平等协商、积极解决的态度消除冲突，团队成员不会轻易离开，但是一旦团队成员间的冲突升级，使某些团队成员撤出团队，就容易导致整个团队的涣散。

阅读资料 2-5：

网状创业团队的实例

典型的网状创业团队是微软的比尔·盖茨和其童年玩伴保罗·艾伦（Paul Allen），惠普的戴维·帕卡德（David Packard）和他在斯坦福大学的同学比尔·休利特（Bill Hewlett）等。多家知名企业的创建多是由于创业团队成员先结识，基于一些互动激发出创业点子然后合伙创业。

（3）虚拟星状创业团队

虚拟星状创业团队是由网状创业团队演化而来的，基本上是前两种创业团队的中间形态。在虚拟星状创业团队中，有一个核心人物，但是该核心人物地位的确立是团队成员协商的结果，因此核心人物从某种意义上说是整个团队的代言人，而不是主导型人物。其在团队中应充分考虑其他团队成员的意见，不如星状创业团队中的核心人物那样有权威。

3. 团队组建原则

一个优秀的合作团队，不仅能够给创业者的能力发挥创造良好的条件，而且还会产生合作各方都不曾拥有的新力量。创业团队组建的基本原则如下。

（1）目标明确合理原则

目标应明确，团队成员应清楚地认识到共同的奋斗方向是什么，劲往一处使、心往一处想。目标也应合理且切实可行，否则达不到凝聚团队和相互激励的目的。

（2）互补原则

创业者寻求团队合作的目的在于弥补创业目标与自身能力间的差距。创始人不可能也没有必要对企业经营中所有的方面都精通，若在某些方面存在不足之处，那么可利用其他团队成员或是外部资源予以弥补。团队成员之间在知识、技能等方面可以有一定的交叉，但要尽量避免过多的重叠。只有当团队成员在知识、技能、经验、性格、能力、背景等方面实现互补时，团队才有可能通过相互协作发挥出"1+1>2"的协同效应。

（3）熟人优先原则

团队成员应是彼此熟悉和相互了解的，这样可以迅速建立信任，促进有效沟通，减少创业初期的磨合时间。

（4）精简高效原则

为了减少创业期的运作成本、最大限度地分享成果，创业团队人员构成应在保证企业能高效运作的前提下尽量精简。一般而言，创业团队至少需要管理、技术和营销三个方面的人才，初创团队的人数在3～5人为宜。

（5）动态开放原则

在创业企业发展过程中，由于团队成员有更好的发展机会，或者团队成员能力已经不能满足企业需求，团队成员需要主动或被动调整。在团队组建的时候就应该预见到这种可能的变动，并制定一致认同的团队成员流动规则。动态开放原则首先应该体现企业利益至上的原则，当团队成员的能力不再能支撑企业发展需求的时候，可以让位于更合适的人才。此外，动态开放原则也应体现公平性，充分肯定原团队成员的贡献，如承认其股份、任命相应级别的虚职以及进行合理的经济补偿等方式。

（6）渐进吸纳原则

团队的组建不一定要一步到位，而是可以按照"按需组建、试用磨合"的方式创建。在正式吸收新成员之前，各团队成员之间应留一段时间来相互了解和磨合。在发展过程中，创业团队应该明晰团队成员需要有哪些专业技术、技能和特长；团队成员需要进行哪些关键工作，采取何种行动；企业的竞争力突出表现在哪里；企业需要哪些外部资源；企业能负担的成本投入极限是多少；企业能否通过增加新董事或寻找外部咨询顾问来获得所需的专业技能。这些问题决定了创业的不同阶段，企业所面临的不同的任务，而对完成任务的团队成员各方面的才能也有不同需求，创业团队可以逐渐地补充团队成员并日益完善。

4．团队管理和激励

（1）团队管理

有效的创业团队管理可以在维持团队稳定的前提下发挥团队的多样性优势。团队管理有三条基本原则。

·平等原则。制度面前人人平等，不能有例外现象。

·服从原则。下级服从上级，行动要听从指挥。

·等级原则。不能随意越级指挥，也不能随意越级请示。

平等原则、服从原则和等级原则是秩序的基础，而秩序是效率的保障。良好规范的管理机制对团队的后续发展至关重要，创业团队应当建立责、权、利统一的团队管理机制，处理好团队成员之间的权力和利益关系。创业团队管理机制的制定要有前瞻性和可操作性，要遵循先粗后细、由近及远、逐步细化、逐次到位的原则。这样有利于维持管理机制的相对稳定，管理机制的稳定也有利于团队的稳定。

除了以制度进行规范和约束，团队管理还应注意以下几点。

① 确立目标、端正理念。目标在团队组建过程中具有特殊的价值。第一，目标是一种有效的激励因素。如果一个人看清了团队的未来发展目标，并认为随着团队目标的实现，自己可以从中分享到很多的利益，那么其就会把这个目标当成自己的目标，并为实现这个目标而奋斗。共同的未来目标是创业团队克服困难，取得胜利的动力。第二，目标是一种有效的协调因素。团队中各种角色的个性、能力有所不同，但是步调一致才能取得胜利，只有真正目标一致、齐心协力的创业团队才会得到最终的胜利与成功。

端正理念是指团队每个人都要树立正确一致的价值观。例如，"信奉诚实正直"，这是有利于顾客、企业和价值创造的行为准则，它排斥纯粹的实用主义或利己主义，拒绝狭隘的个人利益和部门利益；又如"从长远着想"，即成员相信他们正在为企业的长远利益工作，正在成就一番事业，而不是把企业当作一个快速致富的工具；再如"承诺价值创造"，即成员承诺为了每个人而使"蛋糕"更大，包括为顾客增加价值，使供应商随着团队成功而获益，为团队的所有支持者和各种利益相关者谋利。

② 人尽其才、物尽其用。让合适的人做合适的事，达到人事相宜，是团队管理的一项重要原则。用最合适的人胜过用最好的人，精明的企业管理者对待人才要做的就是将合适的人才放在合适的位置。管理学上一条著名的定理是"没有平庸的人，只有平庸的管理"。作为一名成功的创业者，应该知人善任，让下属去做适合他们的事情，这样才能充分发挥他们的工作潜能，实现人力资源的有效利用。

③ 有效沟通、兼听则明。交流和沟通可以消除误会。员工的人心不齐，或者对企业信心不足，多数都是上下沟通不畅所造成的。创业者要向员工描述企业的愿景，同时也要让员工理解，要实现这个美好的愿景，需要踏踏实实地工作，一点点地为未来添砖加瓦。创业者还需要有宽广的胸怀，唯才是用。创业是使一个企业从无到有的过程，这个过程既是对个人意志力的考验，也是对创业者胸怀的考验。一个成功的企业更多依靠的是有才能的人。

④ 同舟共济、互相信任。企业的管理活动围绕企业的目标展开，但企业中的成员对目标的理解、对技术的掌握以及对客观情况的认识不同，或者因为个体在知识、能力、信念上的差异而表现各有不同。如果大家在思想认识上有分歧，就会在行动上出现偏差。所以，创业者要懂得团队建设，让团队成员都树立同舟共济的意识。互相信任也是团队合作的坚实基础，创业者应让成员相信他们处在一个命运共同体中，共享收益、共担风险。

（2）团队激励

团队激励可以分为物质激励和非物质激励两类，物质激励包括薪酬激励、股权激励等，非物质激励指目标激励或精神激励。

创业企业的物质激励非常重要，这涉及创业团队内部的利益关系。报酬体系不仅包括股权、工资、奖金等金钱报酬，而且还包括个人成长机会和相关技能提升等方面的因素。各个团队成员所看重的并不一致，这取决于其个人的价值观、奋斗目标和抱负。有些人追求的是长远的资本收益，而有些人关心短期收入和职业安全。由于报酬体系十分重要，而且企业在创业早期阶段财力有限，因此要认真研究和设计整个企业生命周期的报酬体系，使之具有吸引力，并且使报酬水平不受贡献水平的变化和人员增加的限制，即能够保证按贡献付酬和不因人员增加而降低报酬水平。

初创企业对资金的需求巨大，创业者多数是因共同的理想追求和价值观而走到一起创业的，所以在激励制度中，目标激励和精神激励的比重应大于物质激励的比重。创业企业的人才，特别是高科技人才往往有强烈的事业心和成就动机，希望在自己的专业方面有所建树。对他们来说，提升专业领域里的成就、名声以及相应的学术地位，很可能比物质利益更重要。初创企业要注重对这些人才的精神激励，特别是事业激励，要创造一切机会和条件保证他们能施展才华。同时，创业初期的企业还要正确运用情感激励，培养人才对企业的忠诚和信任，包括对人才的尊重、理解和支持、信任与宽容、关心与体贴。

2.2.3　整合创业资源

创业资源是指创业企业在创造价值的过程中需要的特定的资产，它是创业企业创立和运营的必要条件。创业资源主要可以分为资金、人脉、技术、信息、基础设施等资源。

1. 资金资源

创业需要启动资金，创业企业在发展过程中需要持续融资。撰写创业计划书、参加各种路演和创业比赛，其目的是吸引风险资本的关注，进而获得资金。不仅是初创企业，就算是成熟企业，也会经常遇到资金问题。现金流断裂是企业倒闭和破产的根源。

2. 人脉资源

人脉资源既包括团队或企业中已有的人力资源，也包括广泛意义上的、可以凭借关系或资金获得的企业外部的支持。

拥有创业所需的人才、团队是创业的先决条件。在组建团队之初以及后续招募人才的整个过程中都应该充分重视人才、善于挖掘人才、积极培养人才。

外部的人脉资源需要用心经营和积累。无论是专业能力特别突出的同学、校友或曾经给予热心指导的教师，还是在校外接触的行业协会人员、大赛中提出意见的评委、有潜在合作意向的投资方，乃至于日常交往的普通人，都需要认真、诚恳地对待，保持交流，建立长久的联系，为之后的合作打下基础。

3. 技术资源

在技术型创业中，技术资源非常重要。技术资源主要集中于高校、科研院所和大型科技型公司。商业化的知识产权，特别是发明专利和专有技术，与技术拥有人密不可分，创始人需要具有技术资源的合伙人加入创业团队。随着创业发展，需要注意技术资源的持续研发和法律保护。

4. 信息资源

信息资源包括交易数据资源、供求信息资源、研究报告资源、财经数据资源、科研数据资源、学术论文资源、品牌口碑资源、公司名录资源等。这些资源有助于投资者对市场潜力以及是否投资做出判断。创业者亲自调研得来的一些数据，会更加有价值。

创业者在创业过程中要时刻警惕信息不对称带来的经营风险。要想企业取得长远发展，创业者就要时刻盯住客户和市场，抓住转瞬即逝的商机，掌握客户需求的变化，根据外在信息的变化不断调整企业的经营策略。

5. 基础设施资源

创业初期，基础设施资源主要指的是办公场地和办公设备。随着创业企业的发展，基础设施资源将扩展至大型机器设备、厂房、仓库等。对于创业者而言，创业初期可以申请使用创业孵化基地的基础设施等；发展到一定程度后，可以使用地方政府或工业园区代购、代建的基础设施，并在盈利后通过购买变成自有。

2.2.4　丰富知识储备

"博观而约取，厚积而薄发"。丰富的知识储备将成为创业路上的巨大助力。创业者应当掌握或了解相关金融财务、生产经营管理、市场营销、工商管理、经济法规、数理统计、行为心理等方面的知识。

1. 金融财务知识

追求利润是企业永恒的目标，资金链是企业生存和发展的命脉。为了企业的长久发展，创业者不仅要关注如何实现盈利，还要关注如何管理资金。"工欲善其事，必先利其器"，充足的金融财务知识储备对创业者来说必不可少。

（1）明确资金时间价值概念

资金具有时间价值。通俗来说，就是今天的一元钱和明天的一元钱的价值是不相等的，因为这一元钱在24小时内会产生利润或者利息。资金时间价值的表现形式就是利息和利润。通常用利率或利润率来作为衡量资金时间价值的尺度。

在社会平均利润率一定的情况下，资金时间价值与计息期数成正方向变化，计息期数越多，资金时间价值越大。也就是说，资金周转的快慢以及每次资金循环时间的长短，都会影响资金的时间价值。掌握资金时间价值理论，有助于企业科学合理地使用资金，企业的资产只有参与资金运作才可能作为资金实现其时间价值，而闲置的资产无论是流动资产还是固定资产都不可能创造时间价值，而且随着时间的推移，还会丧失其原有的价值。创业者应当节约使用资金，充分提升资金的使用效率，充分实现资金的时间价值，使资金在有限的时间和空间范围内获取最大价值。

（2）关注企业现金流

现金流是企业经营所得与同期经营支出的差额。企业经营所得主要是指销售收入，企业经营支出包括购买原材料的费用及支付劳务工资、税收和利息的费用。两者的差额通常被称为现金流，它被定义为销售所得项减去支出的费用。现金流通常被当作衡量企业盈利能力以及自身融资潜力的重要指标，即现金流反映了企业内部融资能力。企业内部融资能力是指企业不依靠外部贷款获得资金，而是经过自身经营活动获得资金，并用于企业运作的能力。

现金流是衡量企业财务情况的一个重要指标。创业者在与投资方进行洽谈时，常常会被问及现金流的问题。这一指标不仅有助于企业估量自身能力，而且也被外界认为是衡量企业偿债能力的一大标准。

（3）学会看资产负债表

资产负债表是表示企业在一定日期（通常为各会计期末）的财务状况（即资产、负债和股东权益的状况）的主要会计报表。资产负债表利用会计平衡原则，将合乎会计原则的"资产、负债、股东权益"交易科目分为"资产"和"负债及股东权益"两大区块，在经过分录、转账、分类账、试算、调整等会计程序后，以特定日期的静态企业情况为基准，浓缩成一张报表。

企业资产总额在一定程度上反映了企业的经营规模，而它的增减变化与企业负债和股东权益的变化有极大的关系。当企业股东权益的增长幅度大于资产总额的增长时，说明企业的资金实力有了相对提升；反之则说明企业规模扩大的主要原因是负债的大规模上升，进而说明企业的资金实力在相对减弱，偿还债务的安全性在下降。

阅读资料 2-6：

创业者在资产负债表中重点关注什么

资产负债表是企业的"家底清单"，创业者不但应当看得懂资产负债表，还应当懂得分析其背后的勾稽关系。

（1）创业者对资产负债表的一些重要项目，尤其是期初与期末数据变化很大，或出现大额红字的项目要进行进一步分析。如流动资产、流动负债、固定资产、有代价或有息的负债（如短期银行借款、长期银行借款、应付票据等）、应收账款、货币资金以及股东权益中的具体项目等。

（2）创业者应随时关注应收账款。企业应收账款过多、占总资产的比重过高，说明该企业资金被占用的情况较为严重；若应收账款增长速度过快，说明该企业可能因产品的市场竞争能力较弱或受经济环境的影响，企业结算工作的质量有所降低。此外，创业者还应对报表附注说明中的应收账款账龄进行分析，应收账款的账龄越长，其收回的可能性就越小。

（3）了解财务指标的数据来源。数据来源主要有以下几个方面：直接从资产负债表中取得，如净资产比率；直接从利润及利润分配表中取得，如销售利润率；来源于资产负债表和利润及利润分配表，如应收账款周转率；来源于企业的账簿记录，如利息支付能力。

（4）学会看损益表。损益表（或利润表）是用以反映企业在一定期间利润实现（或发生亏损）的财务报表，它是一张动态报表。损益表可以为报表的阅读者提供做出合理的经济决策所需要的有关资料，可以用来分析利润增减变化的原因、企业的经营成本，做出投资价值评价等。

损益表所反映的会计信息，可以用来评价一个企业的经营效率和经营成果，评估投资的价值和报酬，进而衡量一个企业在经营管理上的成功程度。具体来说，其有以下作用。

① 可作为经营成果的分配依据。损益表反映企业在一定期间的营业收入、营业成本、销售费用、各项期间费用和营业外收支等项目，最终计算出利润综合指标。损益表上的数据直接影响到许多相关集团的利益，如国家的税收收入、管理人员的奖金、职工的工资与其他报酬、股东的股利等。

② 能综合反映生产经营活动的各个方面，有助于考核企业经营管理人员的工作业绩。企业在生产、经营、投资、筹资等各项活动中的管理效率和效益都可以从利润数额的增减变化中综合地表现出来。通过将收入、成本费用、利润与企业的生产经营计划对比，可以考核生产经营计划的完成情况，进而评价企业管理层的经营业绩和效率。

③ 可用来分析企业的获利能力、预测企业未来的现金流量。损益表揭示了经营利润、投资净收益和营业外收支净额的详细内容，可用于分析企业的盈利水平、评估企业的获利能力。同时，报表使用者所关注的各种预期的现金来源、金额、时间和不确定性，如股利或利息、出售证券的所得及借款的清偿，都与企业的获利能力密切相关，所以，获利能力在预测未来现金流量方面具有重要作用。

（4）注重财务管理

财务管理是在一定的整体目标下，关于资产购置（投资）、资本融通（筹资）和经营中现金流量（营运资金）以及利润分配的管理。财务管理是企业管理的一个组成部分，它是根据经济法规制度，按照财务管理的原则，组织企业财务活动、处理财务关系的一项经济管理工作。

2. 生产经营管理知识

现代管理理论是领导者的必修科目，也是创业者的有效工具。在实践中创造性地应用管理知识，会形成独具特色的领导艺术。企业的生产经营管理是指在企业内，为使生产、营业、人力资源、财务等各种业务，能按经营目的顺利地执行、有效地调整而进行的一系列管理、运营的活动。其具体包括以下几个方面。

（1）生产管理。生产管理是对企业生产系统的设置和运行的各项管理工作的总称，又称生产控制。其内容包括：①生产组织工作，即选择厂址、布置工厂、组织生产线、实行劳动定额和组建劳动组织、设置生产管理系统等；②生产计划工作，即编制生产计划、生产技术准备计划和生产作业计划等；③生产控制工作，即控制生产进度、生产库存、生产质量和生产成本等。

（2）物资管理。物资管理是指企业在生产过程中，对本企业所需物资的采购、使用、储备等行为进行计划、组织和控制。

（3）设施管理。按照国际设施管理协会（IFMA）和美国国会图书馆的定义，设施管理是"以保持业务空间高品质的生活和提高投资效益为目的，以最新的技术对人类有效的生活环境进行规划、整备和维护管理的工作"。它"将物质的工作场所与人和机构的工作任务结合起来，综合了工商管理、建筑、行为科学和工程技术的基本原理"。

（4）质量管理。质量管理是指为保障、改善产品的质量标准所进行的各种管理活动。其不仅包括在产品的制造现场所进行的质量检查，还包括在非生产部门为提高业务的执行质量所进行的综合性的质量管理。

（5）成本管理。成本管理是企业生产经营过程中各项成本核算、成本分析、成本决策和成本控制等一系列科学管理行为的总称。成本管理一般包括成本预测、成本决策、成本计划、成本核算、成本控制、成本分析、成本考核等职能。

（6）研发管理。研发管理就是在研发体系结构设计和各种管理理论基础之上，借助信息平台对研发过程中进行的团队建设、流程设计、绩效管理、风险管理、成本管理、项目管理和知识管理等一系列协调活动。

3．市场营销知识

市场营销是以消费者需求为中心，通过运用一系列组合手段、树立整体产品概念、刺激新产品开发，来全面满足消费者的整体需求，从而为企业获取利润的过程。市场营销部门是指挥和协调企业整个生产经营活动的中心。营销的步骤主要包括：①市场机会分析；②市场细分；③目标市场选择；④市场定位；⑤营销组合（7Ps），即产品（Product）、价格（Price）、促销（Promotion）、渠道和分销（Place & Distribution）、人员（People）、流程（Process）、环境（或实体环境，Physical evidence）；⑥确定营销计划；⑦产品生产；⑧营销活动管理（即执行与控制）；⑨售后服务和信息反馈。

阅读资料 2-7：

八种常见营销方法

当下，比较常见的营销方法有以下八种。

（1）整合营销传播（Integrated Marketing Communications），指将一个企业的各种传播方式加以综合集成，其中包括一般的广告、与顾客的直接沟通、促销、公关等，对分散的传播信息进行无缝接合，从而使企业及其产品和服务的总体传播效果达到明确、连续、一致和提升。

（2）数据库营销（Database Marketing），指以特定的方式在网络上（资料库或社区）或是实体收集顾客的消费行为信息、厂商的销售信息，并将这些信息以固定格式累积在数据库中，在适当的行销时机，以此数据库进行统计分析的行销行为。

（3）网络营销（Internet Marketing）。网络营销是企业整体营销战略的一个组成部分，是为实现企业总体经营目标所进行的，以互联网为基本手段营造网上经营环境的各种活动。网络营销的职能包括网站推广、网络品牌打造、信息发布、在线调研、顾客关系维护、顾客服务、销售渠道、销售促进八个方面。

（4）直接营销（Direct Marketing），是指在没有中间经销商的情况下，利用顾客直接通路来接触顾客及传送产品和服务给顾客。其特色为直接与顾客沟通或不经过分销商而进行销售活动，其利用一种或多种媒体，理论上可到达任何目标对象所在区域，且是一种可以衡量回应或交易结果的行销模式。

（5）关系营销（Relationship Marketing）。在很多情况下，企业并不能寻求即时的交易，所以他们会与长期供应商建立顾客关系。企业想要展现给顾客的是良好的服务能力，顾客多是全球性的。企业可以提供不同配套产品或服务，且可以快速解决各地的问题。当顾客关系管理计划被执行时，企业就应同时注重顾客和产品管理。同时，企业应明白，虽然关系营销很重要，但并不是在任何情况下都会有效。因此，企业应评估哪一个部门与哪一种特定的顾客采用关系营销最有利。

（6）绿色营销，是指企业为了迎合顾客绿色消费的消费习惯，将绿色环保主义作为企业生产产品的价值观导向，以绿色文化为生产理念，力求满足顾客对绿色产品的需求所做的营销活动。

（7）社会营销，是基于人具有"经济人"和"社会人"的双重特性，运用类似商业上的营销手段达到社会公益的目的，或者运用社会公益价值推广产品或商业服务的一种手段。与一般营销一样，社会营销的目的也是有意识地改变目标人群（顾客）的行为。但是，与一般商业营销模式不同的是，社会营销中所追求的行为改变动力更多来自非商业动力，或者将非商业行为提炼出商业性卖点。

（8）病毒式营销。病毒式营销是一种信息传递策略，通过公众将信息廉价复制，告诉其他受众，从而迅速扩大自己的影响。和传统营销相比，受众自愿接受的特点使这种营销方式成本更低、收益更多、传播效果更加明显。

网络的快速发展，让传统企业纷纷把目光瞄向了庞大的网络市场，企业如何选择适合自己的网络营销模式是摆在企业面前的一个难题。针对不同的顾客，企业应该选择不同的网络营销方式才能达到好的效果。

4．工商管理知识

工商管理主要指工商企业管理，是研究企业经济管理的理论和方法的学科，主要包括企业的经营战略制定和内部行为管理两个方面。工商管理具有很强的应用性，目标是依据管理学、经济学、会计学等基本理论，通过运用现代管理的方法和手段来进行有效的企业管理和经营决策，保证企业的生存和发展。

（1）税务管理

税务管理是税务机关按照客观经济规律的要求，根据国家税收法规和财务会计制度的规定，在国民收入分配、再分配过程中，对税收工作的全过程进行组织、计划、决策、指挥、协调和控制，使征纳双方按照税收规范办事，从而确保税收目标实现的一种手段。税务管理可分为直接管理和间接管理两种。直接管理是指税务部门对国家税收所进行的管理，包括决策管理与稽征管理两部分。间接管理是指影响税收分配形式及其活动的其他部门也参与的管理，如协同主管部门制订分配方案以及经济合同、成本费用管理等。

（2）环保管理

环保管理是指人类为解决现实或潜在的环境问题，协调人类与环境的关系，保护人类的生存环境、保障经济社会的可持续发展而采取的各种行动的管理措施，现存的主要问题是环保机制不完善、环保技术和产品不达标等。环保管理作为企业管理的主要组成部分，直接影响企业的生产经营活动，甚至影响到企业在政府和公众心目中的形象，对企业自身的生存、发展有非常重大的影响。

（3）消防管理

消防管理是指消防工作部门依法行使职能而进行的各种消防活动，是一种社会安全保障性质的措施，是社会治安管理工作的重要组成部分。消防管理工作的方针是"预防为主、防消结合"。

（4）海关管理

海关管理指国家为了维护本国的主权和利益、促进对外经济贸易和科技文化交往、保障社会主义现代化建设，通过海关依法对进出境的运输工具、货物、行李物品、邮递物品和其他物品进行监督管理，征收关税和其他税费，查缉走私，编制海关统计和办理其他海关业务等活动。海关是国家的进出关境监督管理机关。统一管理全国海关的是海关总署。国家在对外开放的口岸和海关监管业务集中的地点均设立海关。海关的隶属关系不受行政区划限制，海关依法独立行使职权，向海关总署负责。

（5）外汇管理

外汇管理是指一国对外汇实行统一管理、统一经营的制度。我国的国家外汇管理局为国家的外汇管理机关，统一管理国家外汇。中国银行为国家指定的外汇专业银行，统一经营外汇业务。

5. 经济法规知识

创业者在创建和经营企业前，应了解国家关于企业注册的有关前置条件。在创建企业的过程中，应了解和遵守有关法律法规，以确保自身和他人的利益未受到非法侵害。与创业有关的法律主要包括《中华人民共和国专利法》《中华人民共和国商标法》《中华人民共和国著作权法》《中华人民共和国反不正当竞争法》《中华人民共和国民法典》《中华人民共和国产品质量法》《中华人民共和国劳动法》等。

（1）公司成立之初

①《中华人民共和国公司法》。《中华人民共和国公司法》是规范公司行为的基本法律，公司的设立、股东资格、公司章程、股东责任、股东权利、公司高管、公司解散、清算等事项，都应当按照公司法的规定来进行。

②《中华人民共和国公司登记管理条例》。《中华人民共和国公司登记管理条例》是公司设立、年检、注销必须遵循的法规。

（2）公司运营期间

①《中华人民共和国民法典》。公司成立是为了盈利，而盈利就离不开交易。《中华人民共和国民法典》是规范市场交易的法律，是民事主体进行经济活动所遵循的主要法律。合同涵盖的内容广泛，不仅商品交易需要订立合同，涉及公司的股权交易、知识产权交易、物权变动等事项也均需有合同保障。

② 金融类法律。公司成立之后，运营期间要支付结算、贷款融资，涉及的法律法规有《中华人民共和国票据法》《中华人民共和国证券法》等。公司为了分散风险，或对于交通工具类因国家强制规定，而必须选择的保险，就又涉及《中华人民共和国保险法》的相关规定。

③ 知识产权类的法律。公司要有自己的商誉，同时还要给自己的产品或者服务注册商标，有自己的商业秘密和专利技术。这些涉及《中华人民共和国商标法》《中华人民共和国专利法》《中华人民共和国反不正当竞争法》的调整。

④ 税收类的法律。公司作为重要的纳税义务人，在缴纳税款的时候要遵循《中华人民共和国企业所得税法》《中华人民共和国个人所得税法》《中华人民共和国税收征收管理法》等法律的规定。

⑤ 劳动类法律。公司经营离不开人，而公司作为用人单位就要遵守《中华人民共和国劳动法》和《中华人民共和国劳动合同法》以及相关的配套法规的规定，为劳动者缴纳各种社会保险。

⑥ 会计法。公司运转，各种经济指标都要用数字来体现，而体现的数字都要遵循《中华人民共和国会计法》的规定，不能违背该法及配套法规的相关规定。

（3）公司终止时

公司终止时，需要遵守《中华人民共和国公司法》和《中华人民共和国企业破产法》的规定。公司的终止，就是公司作为法人人格的消灭，无论是股东自行决定解散还是申请法院解散，都要成立清算组，这时要遵循《中华人民共和国公司法》的规定；而到了资不抵债的时候，申请破产就要遵循《中华人民共和国企业破产法》的规定。

（4）贯穿公司运营始终

此外，《中华人民共和国刑法》《中华人民共和国消费者权益保护法》《中华人民共和国行政许可法》《中华人民共和国行政处罚法》《中华人民共和国治安管理处罚法》等法律始终贯穿公司运营的全过程。

6．数理统计知识

数理统计是数学的一个分支，分为描述统计和推断统计。它以概率论为基础，是研究社会和自然界中大量随机现象数量变化基本规律的一种方法。其主要内容有参数估计、假设检验、相关分析、试验设计、非参数统计、过程统计等。描述统计的任务是搜集资料，进行整理、分组，编制次数分配表，绘制次数分配曲线，计算各种特征指标，以描述资料分布的集中趋势、离中趋势和次数分布的偏斜度等。推断统计是在描述统计的基础上，根据样本资料归纳出的规律性，对总体进行推断和预测。用数理统计方法去解决一个实际问题时，一般有以下几个步骤：建立数学模型，收集整理数据，进行统计推断、预测和决策。

统计学是一门重要的学科，涉及领域广泛。统计学在经济中也有广泛应用，多年来的诺贝尔经济学奖得主大多使用的都是统计学。在大数据时代，统计学更是有着非凡的意义。企业分析财务指标、进行市场调研等都需要以数理统计知识为基础。

7．行为心理知识

创业作为一项社会活动，处处离不开和人打交道，而心理学是研究人的行为和心理活动的学科。通过掌握基本的行为心理知识，创业者可以对一些发生的事情进行描述、解释、预测和控制。

市场营销离不开心理学。心理学与经济学结合便诞生了行为经济学，借助行为经济学，创业者可以更好地制定市场营销策略。通过对目标市场用户的消费行为数据进行分析，绘制用户画像，分析背后暗含的消费心理，不断加深对用户的了解，创业者才能更精准地抓住消费需求，投其所好，适销对路。

企业管理也离不开心理学，创业团队中每个人的成长背景、性格特征、心理认知等都不同，如果不能协调好各方利益、兼顾各方需求，就很容易使团队分崩离析、造成人才流失，因此创业者很有必要研究人的心理现象、心理过程及其发展规律，把心理学的知识应用于分析、说明、指导管理活动中的个体和群体行为。

课堂阅读

梁某某自2018年起开始与同事、朋友创业。其间，他分别向13家银行、网络贷款公司陆续借贷以解决资金问题，债务总额累计达75万余元。因无法清偿借款，2021年3月，梁某某向深圳市中级人民法院申请个人破产。经法官面谈辅导，梁某某根据自身偿债能力和意愿，提交了个人破产重整申请。法院裁定受理梁某某的申请，并为其指定破产管理人，负责调查核实其财产、债务情况，协助制作重整计划草案。

在法院组织召开的梁某某个人破产重整案第一次债权人会议上，破产管理人向债权人会议作阶段性工作报告、债务人财产报告以及债权审核报告。债权人会议审议并表决通过了《豁免财产清单》与《重整计划草案》。2021年7月，法院将批准重整计划的裁定送达梁某某，全国首例个人破产案件正式生效。生效的重整计划显示：在未来3年，梁某某夫妻除保留每月用于基本生活的7 700元以及一些生活生产必需品作为豁免财产之外，承诺其他收入均用于偿还债务。重整计划执行完毕将实现债权人本金100%清偿，债务人免于偿还利息和滞纳金。如果梁某某不能严格执行重整计划，债权人有权向法院申请对其进行破产清算。

在创业的初始阶段，要做好充分的准备，提升自己的实力，减少创业中的风险。一旦失败也不应一蹶不振，逃避责任，而应勇于担当，承担应负的责任；同时总结经验、汲取教训，并借助法律规则合法地解决问题。

本章习题

一、单选题

1. 五力分析模型中五种力量不包括（　　）。

A. 潜在进入者的威胁
B. 替代品的威胁
C. 供方的议价能力
D. 买家竞争

2. 在初创企业开业后的第二年，约有（　　）的企业会倒下。

A. 20%　　　　B. 30%　　　　C. 50%　　　　D. 70%

3. 在创业初期，资金使用正确的是（　　）。

A. 购买精密仪器　　B. 豪华办公室　　C. 购买大量家具　　D. 租用设备

4. 公司运转，各种经济指标用数字体现，体现的数字要遵循（　　）规定。

A.《中华人民共和国税收征收管理法》　　B.《中华人民共和国增值税法》
C.《中华人民共和国会计法》　　　　　　D.《中华人民共和国票据法》

5. 在完整的预期循环中，（　　）是基础。

A. 现状　　　　B. 预测　　　　C. 行为　　　　D. 准备

二、多选题

1. 风险按对所投入资金即创业投资的影响程度划分可分为（　　）。

A. 初创企业管理风险
B. 安全性风险
C. 收益性风险
D. 流动性风险

2. 大学生适合选择的创业项目特点应为（　　）。

A. 启动资金少
B. 小本经营
C. 人手需求简单
D. 只按兴趣选择项目

3. 星状创业团队的特点有（　　）。

A. 组织结构紧密，向心力强
B. 决策程序相对简单
C. 团队成员不会轻易离开
D. 管理权集中

4. 公司自己的商誉、自己的产品或者服务注册商标涉及的法律为（　　）。

A.《中华人民共和国商标法》　　　　B.《中华人民共和国专利法》
C.《中华人民共和国反不正当竞争法》　D.《中华人民共和国劳动法》

5. 数理统计的主要内容有（　　）。

A. 参数估计　　B. 假设检验　　C. 相关分析　　D. 过程统计

三、名词解释

1. 数据库营销。2. 现金流。3. 目标。4. 资产负债表。5. 人脉资源。

四、简答及论述题

1. 税务管理的范围和意义是什么？

2. 损益表有何作用？

3. 创业团队的五个重要团队组成要素都包含什么（5P）？

4. 星状创业团队指的是什么?
5. 简述团队组建的六条原则。

五、案例讨论

李嘉诚与长江实业

1965 年,香港发生了严重的银行信用危机,人心惶惶,投资者及市民纷纷抛售房产,离港远走。香港房地产价格暴跌,地产公司纷纷倒闭。李嘉诚却看好香港工商业的前景,认为香港商机十足,不会久乱。他反行其道,在人们低价抛售房产的时候,大量购入地皮和旧楼。不出 3 年,香港社会恢复正常,大批当年离港的商家纷纷回流,房产价格随即暴涨。李嘉诚趁机将廉价收购来的房产,高价抛售获利,并转购具有发展潜力的楼宇及地皮。

李嘉诚决定利用长江实业的雄厚资金,收购香港某些具有实力的上市公司,第一个目标是"九龙仓"。此后,李嘉诚又再以出其不意的战术,收购另一家老牌英资公司青洲英泥。最令李嘉诚难忘的,是成功地控制了老牌英资财团和记黄埔。李嘉诚的长江实业以 6.93 亿港元的资产,控制了价值超过 50 亿港元的老牌英资财团和记黄埔,而李嘉诚更因此成为入主英资财团的首位华人。

20 世纪 80 年代以后,李嘉诚的商业版图又进行了一系列的扩张。除了房地产外,还经营航运服务、电力供应、货柜码头以及零售等,形成一个在香港举足轻重的大型综合性财团。1990 年后,李嘉诚开始在英国发展电信业,组建了 Orange 电信公司,并在英国上市,总投资 84 亿港元。到 2000 年 4 月,他把持有的 Orange 电信公司四成多股份出售给德国电信集团,作价 1 130 亿港元,创下香港有史以来获利最高的交易记录。

进入 2000 年,李嘉诚更以个人资产 126 亿美元(即 983 亿港元),两度登上世界十大富豪排行榜,也是第一位连续两年榜上有名的华人。李嘉诚多次荣获世界各地颁发的杰出企业家奖项,还 5 度获得国际级知名大学颁授的荣誉博士学位。

经过 20 多年的拼搏,李嘉诚已拥有 4 间蓝筹股公司,市值高达万亿港元,包括长江实业、和记黄埔、香港电灯及长江基建,占恒生指数两成比重。集团旗下员工超过 3.1 万名,是香港第 4 大雇主。

李嘉诚晚上睡觉前一定要看半小时新书,了解前沿思想理论和科学技术。据他自己说,除了小说,文、史、哲、科技、经济方面的书他都读,几十年以来他都保持这个习惯。

思考讨论题

1. 李嘉诚创业时的创业条件,任选两个层面分析。
2. 你认为李嘉诚具有怎样的创业素质?

第3章
商业模式确定

开篇引例

美国安然公司的
商业模式转型

本章导读

商业模式是创业管理的重要研究对象之一。其主要体现为企业与企业之间、企业的部门之间、企业与顾客之间、企业与渠道之间的各种各样的交易关系和联结方式。选择合适的商业模式，对企业的成功有着至关重要的影响。本章介绍了商业模式的概念及基本要素，列举了几种常见的商业模式，并阐述了如何设计商业模式。通过对本章的学习，读者可以掌握商业模式的基本理论和设计方法。

知识结构图

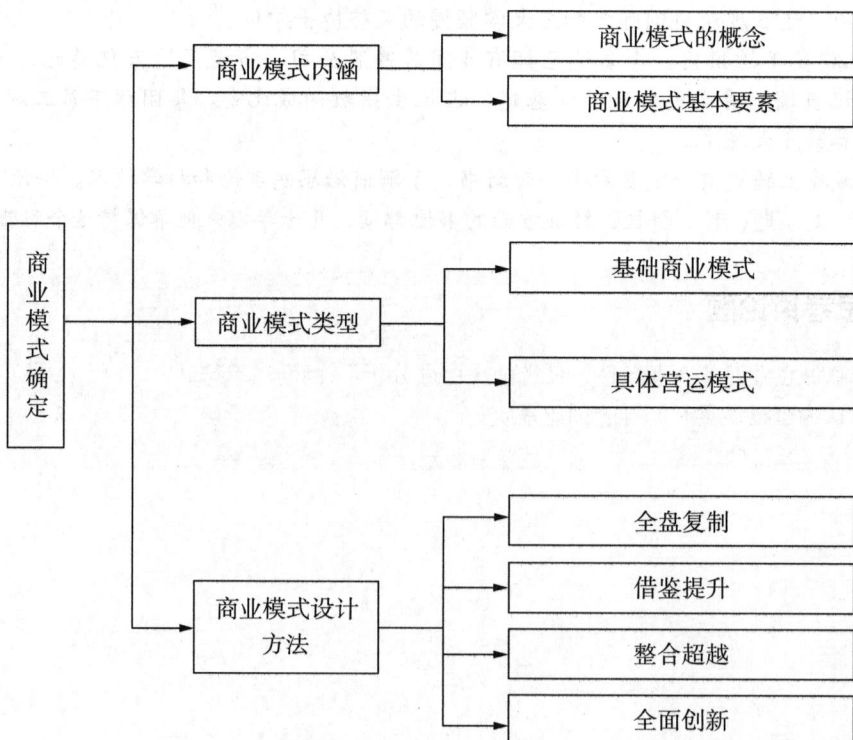

3.1　商业模式内涵

企业应选择一个适合自己的、有效的、成功的商业模式，并且随着客观情况的不断变化加以创新，以获得持续的竞争力。

3.1.1　商业模式的概念

商业模式的概念最早出现于 20 世纪 50 年代，但真正被广泛认知和使用则是在 20 世纪 90 年代后期。直到今天，商业模式对于普通大众而言依然是一个新名词，各界人士对其都有自己独特的认识。从企业经营者的角度，商业模式是企业的盈利模式，是从事商业的方式，是开展业务的方法和途径，是获取收入或维持经营采用的业务方式，是通过运作来实现企业生存与发展的方式；从客户的角度，商业模式是围绕客户需求组织资源投入，给客户提供价值，创造、传递、实现客户价值的模式。

尽管在商业企业、创业者和投资者口中频繁出现商业模式这一名词，但目前学术界依然没有关于商业模式的权威定义。综合国外学术界的有关研究，商业模式的定义大致上可以归纳为盈利模式论和价值创造模式论。

1. 盈利模式论

盈利模式论认为商业模式是由运营模式、业务模式、盈利模式、管理模式等方面组成的，是一个复合的模式，包括企业做什么产品、定位什么样的客户、用什么市场营销方法。比如迈克尔·拉帕（Michael Rappa）认为，商业模式就其基本的意义而言，是指做生意的方法，是一个企业赖以生存的模式、一种能够为企业带来收益的模式。

2. 价值创造模式论

价值创造模式论认为商业模式就是企业创造价值的模式。杜波森（Dubosson）等人认为，商业模式是企业为了进行价值创造、价值营销和价值提供所形成的企业结构及其合作伙伴网络，以产生有利可图且得以维持收益流的客户关系资本。阿福亚赫（Afuah）和图西（Tucci）提出，应当把商业模式看作企业运作的秩序以及企业为自己、供应商、合作伙伴及客户创造价值的决定性来源，企业依据商业模式向客户提供更大的价值。奥斯特瓦德（Ostwald）认为商业模式是一种包含了一系列要素及其关系的概念性工具，用以阐明某个特定实体的商业逻辑。它描述了企业所能为客户提供的价值以及企业的内部结构、合作伙伴网络和关系资本等借以实现（创造、推销和交付）这一价值并产生可持续盈利收入的要素。简而言之，奥斯特瓦德认为商业模式描述了企业创造价值、传递价值和获取价值的基本原理。

阅读资料 3-1：

商业模式画布

瑞士学者亚历山大·奥斯特瓦德（Alexander Osterwalder）和比利时学者伊夫·皮尼厄（Yves Pigneur）在综合了各种关于商业模式研究的共性的基础上提出了包含九个要素的商业模式画布，其描述了商业模式要素之间的逻辑关系，如图 3-1 所示。本书将在 3.1.2 小节展开详细介绍。

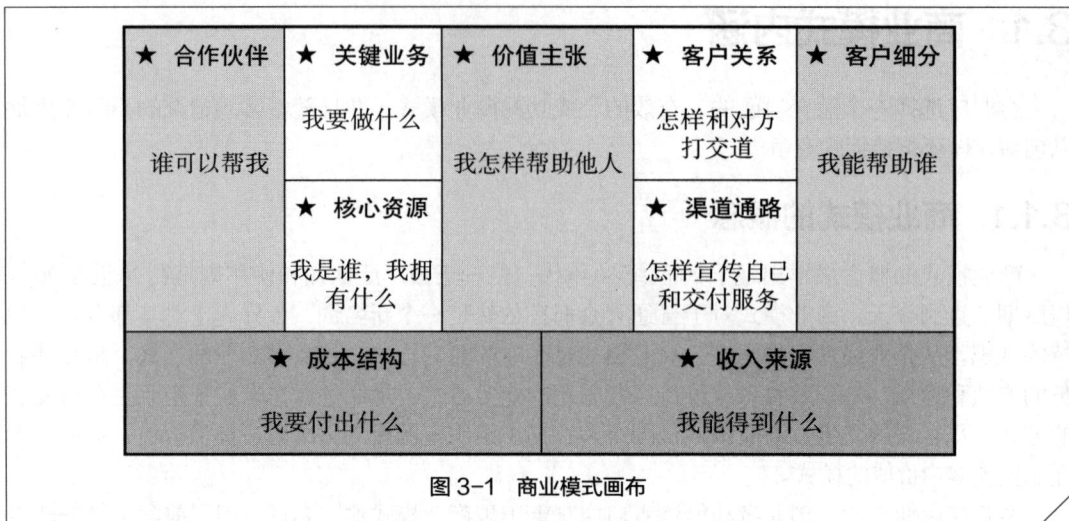

★ 合作伙伴	★ 关键业务	★ 价值主张	★ 客户关系	★ 客户细分
	我要做什么		怎样和对方打交道	
谁可以帮我		我怎样帮助他人		我能帮助谁
	★ 核心资源		★ 渠道通路	
	我是谁，我拥有什么		怎样宣传自己和交付服务	

★ 成本结构	★ 收入来源
我要付出什么	我能得到什么

图 3-1　商业模式画布

3.1.2　商业模式基本要素

奥斯特瓦德和皮尼厄构建的商业模式画布有九大基本要素（如图 3-1 所示）：客户细分（Customer Segments）、价值主张（Value Propositions）、渠道通路（Channels）、客户关系（Customer Relationships）、收入来源（Revenue Streams）、核心资源（Key Resources）、关键业务（Key Activities）、合作伙伴（Partnerships）、成本结构（Cost Structure）。这九大要素对于初创企业的商业模式构建有着极为重要的指导意义，因此本书将以该商业模式画布为研究基础，来探讨创业企业设计商业模式的思路。

1. 客户细分

客户细分即企业想要接触和服务的客户群体。这些群体具有某些共性，从而使企业能够针对这些共性来创造客户价值。客户细分要解决的问题是企业正在为谁创造价值、谁是企业重要的客户。

客户是商业模式构建的核心，没有可为企业带来价值和收益的客户，企业就不能长久存活。商业模式可用于定位一个或者多个或大或小的客户细分群体，企业要做出合理的决策，明确重点服务哪些客户细分群体。一旦做出选择，企业就可以凭借对特定客户群体需求的深入分析和把握，设计出相应的商业模式。

创业企业在进行商业模式设计时，可以先从一些典型的客户细分群体着手，在此基础上拓展出创新的客户细分群体，常见的客户细分市场类型如下。

（1）大众市场客户。商业模式设计时聚焦于传统的大众客户，可以为企业奠定深厚的客户基础，便于企业最大限度地满足广大受众的普遍需求。这类客户群体范围广阔，客户的需求和问题都具有普遍性，容易把握，企业一旦进入该类市场，便同时面对着大容量的客户群和激烈的同质化竞争。经营大众日用消费品的企业多使用大众市场客户细分。

（2）利基市场客户。利基是更窄地确定某些群体，需要确定一个小市场，并且该市场的需要没有被服务好，或者说"有获取利益的基础"。利基市场（Niche market）也称利益市场，是指那些被在市场中有绝对优势的企业忽略的某些细分市场或者小众市场。创业企业可以选定一个很小的产品或服务领域作为自己的客户细分市场，集中力量进入，并专门为此类客户量身定制产品或服务，从而在避开竞争的同时建立起强大的市场壁垒，逐渐形成持久的竞争优势，打造自己独有的商业模式。如汽车零部件厂商依赖的利基客户便是对应的汽车生产商。

（3）区隔市场客户。是在略有不同的客户需求的市场细分群体间有所区分，这些客户细分有很多相似的特征，又有不同的需求和困扰。企业要区别化地提供价值主张、渠道通路，建立不同的客户关系和盈利模式。区隔市场客户可按客户行业区隔、客户层级区隔、客户年龄性别区隔等。如海尔的商业模式就是运用主、副品牌策略对市场进行区隔。

（4）平台市场客户。意在为平台提供服务，而不仅仅是为平台上的一两个客户服务。平台市场给予企业广泛的客户资源，通常都是平台解决方案提供商。如淘宝网即是通过打造 C2C 的平台来构建其商业模式。

（5）链条市场客户。链条市场客户指企业供应链上的客户。企业在商业模式要素设置过程中可对供应链上的企业进行需求分析，为链条上的细分客户提供产品或服务，可以保障企业的利润，同时也利于掌控核心资源，为构建商业模式打好基础。例如，家居零售商的商业模式多聚焦于此类细分市场客户。

2. 价值主张

价值主张即企业通过其产品或服务所能向客户提供的价值。价值主张确认了企业对客户的实用意义。有些价值主张可能是创新的，并表现为一个全新的提供物（产品或服务），而另一些价值主张可能与现存市场提供物（产品或服务）类似，只是增加了功能和特性。价值主张要解决的问题是创业企业该向客户传递什么样的价值、帮助客户解决哪类难题、满足哪些客户需求、为客户细分群体提供哪些产品或服务等。

价值主张可以是定量的，如价格、服务等级等；也可以是定性的，如性能、客户体验等。每个客户的价值主张都有对应的产品或服务来实现。创业企业可从以下代表性的七类要素中来提炼客户价值主张，但不仅限于此七类要素。

（1）创新。该类价值主张满足客户从未感受和体验过的全新需求。大多数客户对创新的产品和创意都有需求，企业借助创新来打造核心竞争力可以给此类客户群体创造持续的客户价值。如 IT 企业便以不断的技术创新来实现客户价值。

（2）性能。大多数企业都通过不断改进和提升产品或服务的性能来为客户创造价值，这也是众多客户普遍的价值主张。如手机制造商就是通过不断改进产品性能来为客户创造使用价值的。

（3）服务。特色化、定制化的服务成为客户越来越关注和在意的价值主张，企业可在服务设计上为客户创造价值。例如，海底捞以其独具特色的服务来提升其在客户心中的好感度。

（4）设计。设计也可以为客户创造价值，尤其是在追求时尚和品质的细分客户群中，这样的价值主张是相当重要的一个要素。例如，珠宝生产商便是以设计来赢得客户的青睐的。

（5）品牌。产品同质化竞争的时代，品牌价值是越来越多客户关注的焦点。品牌是唤起客户情感价值主张的载体，不容忽视。例如，奢侈品企业以其独有的品牌价值带给客户不同的情感诉求。

（6）价格。通过更具竞争力的价格来提供同质化的价值是满足价格敏感客户细分群体的常用做法。例如，超级市场的低价策略、网络平台的免费模式等。

（7）体验。客户有参与、体验的价值需求，因此提供可供目标客户群体体验的产品或服务也是为客户创造价值的手段。例如，农产品供应商采取体验采摘的模式来满足客户的体验价值。

3. 渠道通路

渠道通路即企业用来接触客户的各种途径，表现为企业如何与客户细分群体沟通、接触而传递其价值主张。它涉及企业的市场和分销策略。渠道通路要解决的问题是企业通过哪些渠道可以接触客户细分群体、如何接触他们、渠道如何整合、哪些渠道最有效、哪些渠道成本效益最好、如何把渠道与客户进行整合等。

企业可以选择通过自建渠道、合作伙伴渠道或者两者混合来接触目标客户。在把价值主张推向市场期间，发现接触客户的正确渠道组合是至关重要的。企业确立了自己的渠道类型之后，还要对这些渠道进行有效整合，这有利于降低成本、提高效益。因为在同一销售过程中，由不同渠道来承担销售过程中的不同职能，可使企业获得更多利润。例如，一个呼叫中心通常比一个区域销售代理耗费的成本低，而且能为企业带来更多客户，并对这些客户的身份加以确认。企业可以将低成本的电话营销用于客户身份的确认，以达成那些易于成交的业务，把复杂的交易交由区域销售代理处理。采用这种方式，企业不但可以降低整个区域的销售成本，而且可以使区域销售代理有更多时间寻求更多、更大的商业机会。

4. 客户关系

客户关系即企业同其客户群体之间所建立的联系。客户关系管理（Customer Relationship Management，CRM）即与此相关。客户关系要解决的问题是企业的不同客户群体希望企业与之建立和保持何种关系、哪些关系已经建立了、这些关系成本如何、如何把这些关系与商业模式的其余部分进行整合。企业常见的客户关系类型有以下四种，创业者在创业时可参考以确定自己的客户关系类型。

（1）买卖关系。一些企业与其客户之间的关系维持在买卖关系水平，客户将企业作为一个普通的卖主，销售被认为仅仅是一次公平交易，交易目的简单。企业与客户之间只有低层次的人员接触，企业在客户中知名度低，双方较少进行交易以外的沟通，客户信息极为有限。客户只是购买企业按其自身标准所生产的产品，企业维护客户关系的成本与客户关系创造的价值均极低。无论是企业损失客户，还是客户丧失这一供货渠道，对双方业务并无太大影响。

（2）优先供应关系。企业与客户的关系可以发展成为优先供应关系。处于此种客户关系水平的企业，其销售团队与客户企业中的许多关键人物都有良好的关系，企业可以获得许多优先的甚至独有的机会，与客户之间信息的共享范围得到扩大。在同等条件下，乃至竞争对手有一定优势的情况下，客户对企业仍有偏爱。

在此关系水平上，企业需要投入较多的资源维护客户关系，主要包括对重点客户给予销售优惠政策、优先考虑其交付需求、建立服务团队、加强双方人员交流等。此阶段关系价值的创造主要局限于双方接触障碍的消除、交易成本的下降等"降成本"方面，企业对客户信息的利用主要表现在战术层面，企业通过对客户让渡部分价值来达到交易长期化之目的，可以说是一种通过向客户倾斜价值来换取长期获取价值的模式，是一种"不平等"关系。客户由于优惠、关系友好而不愿意离开企业，但其离开企业并不影响其竞争能力，关系的核心是价值在企业与客户之间的分配比例和分配方式。

（3）合作关系。当双方的关系存在于企业的最高管理者之间、企业与客户交易长期化、双方就产品或服务达成认知上的高度一致时，双方进入合作关系阶段。在这个阶段，企业深刻地了解客户的需求并进行客户导向的投资，双方人员共同探讨行动计划，企业对竞争对手形成了很高的进入壁垒。客户将这一关系视为垂直整合的关系，客户企业里的成员承认两个企业间的特殊关系，认识到企业的产品或服务对他们的意义，有着很高的忠诚度。在此关系水平上，价值由双方共同创造、共同分享。双方对关系的背弃均要付出巨大代价。企业对客户信息的利用表现在战略层面，关系的核心由价值的分配转变为新价值的创造。

（4）战略联盟关系。战略联盟关系是指企业和客户双方有着正式或非正式的联盟关系，双方的近期目标和愿景高度一致，双方可能有相互的股权关系或成立合资企业。两个企业通过共同安排争取更大的市场份额与利润，竞争对手进入这一领域存在极大的难度。现代企业的竞争不再是企业与企业之间的竞争，而是一个供应链体系与另一个供应链体系之间的竞争，企业与客户之间的关系是"内部关系外部化"的体现。

上述四种客户关系并无好坏优劣之分，并不是所有企业都需要与客户建立战略联盟。只有那些对彼此具有重要意义且双方都不足以完全操控对方、互相需要，又具有较高转移成本的企业间，建立合作伙伴以上的关系才是恰当的。而对大部分企业与客户来说，建立优先供应关系就足够了。因为关系的建立需要资源，如果资源的付出比企业的所得还多，那么建立这种关系就是不明智的。

5. 收入来源

收入来源即企业通过各种收入流来创造财富的途径。收入来源模块用来描述企业从每个客户群体中获取的现金收入。收入来源要解决的问题是什么样的价值能让客户愿意付费、他们现在付费买什么、他们是如何支付费用的、他们更愿意如何支付费用、每个收入来源占总收入的比例是多少等。

一个商业模式可以包含两种不同类型的收入来源，一是通过客户一次性支付获得的交易收入，二是客户为获得价值主张和售后服务而持续支付的费用。

一般而言，创业企业的收入来源有以下几个方面。

（1）产品销售。常见的收入来源是销售实体产品的所有权，大多数的企业将产品销售作为其主要的收入来源。如俏江南、真功夫、海底捞等餐饮型企业，它们为客户提供食品，销售的是产品，解决客户饮食的需求，其收入模式就是依靠产品差价来赚取利润。

（2）服务销售。依靠提供特定的服务来收费，客户使用的服务越多、越个性化，付费越多。服务销售包括使用服务收费、定制服务收费、租赁服务收费、授权服务收费等模式。如7天、如家、汉庭、桔子水晶等经济型连锁酒店，它们为客户提供的是住宿服务，解决的是客户住的需求，其收入来源是住宿费用，采用服务销售获取收入模式。

（3）其他收入。处于不同行业中的企业还有其他的收入来源，如广告收入、数据库销售收入、流量收入、会员收入等，这些收入来源往往具有行业特性。例如，媒体行业的收入就主要依靠广告销售，不同类型的品牌商、企业主在不同类型的媒体上做广告，销售自己的理念和产品，媒体则依靠广告获取收入维持自身的运营；门户网站的收入来源之一就是流量收入；游戏公司的收入来源之一是道具收入；等等。

6. 核心资源

核心资源即企业执行其商业模式所必需的、重要的因素。每个商业模式都需要核心资源，这些核心资源有助于企业能够创造和提供价值主张、接触市场、与客户细分群体建立关系并赚取利润。不同的商业模式所需的核心资源也有所不同。核心资源要解决的问题是企业的价值主张需要什么样的核心资源、渠道通路需要什么样的核心资源、客户关系和收入来源又需要什么样的核心资源等。

企业核心资源可以是实体资产、知识资产、人力资源和金融资产。

（1）实体资产。实体资产包括生产设施、不动产、汽车、机器、系统、销售网点和分销网络等。例如，沃尔玛拥有的庞大的全球店面网络和与之配套的物流基础设施等。

（2）知识资产。知识资产包括品牌、专利、版权、合作关系和客户数据库等，这类资产日益成为商业模式中重要的组成部分。

（3）人力资源。在某些企业的商业模式中，人力资源是十分重要的核心资源。例如，知识密集型产业和创意产业中，人力资源便是至关重要的核心资源。

（4）金融资产。有些商业模式需要金融资源或者财务担保，如现金、信贷额度或用来雇用关键雇员的期权池。

7. 关键业务

关键业务即企业为确保商业模式可行而必须做的、重要的经营活动。任何商业模式都需要多种关键业务活动，这些业务是企业得以成功运营所必须实施的重要动作。关键业务也是创造和提供价值主张、接触市场、维系客户关系并获取收入的基础。关键业务要解决的问题是企业的价值主张需要哪些关键业务、渠道通路需要哪些关键业务、客户关系和收入来源又需要哪些关键业务等。

不同的商业模式会衍生不同的关键业务，其可以是制造产品，可以是提供解决方案，也可以是运营平台或网络。

（1）制造产品。这些业务活动涉及生产一定数量或满足一定质量的产品，与设计、制造及销售此产品有关。制造产品这类业务活动是大多数企业商业模式的核心。

（2）提供解决方案。这类业务指为特定客户的问题提供定制化的解决方案，如咨询公司、医院等机构的关键业务就是提供解决方案。

（3）运营平台或网络。以平台为核心资源的商业模式，其关键业务都是与平台或网络相关的。

8. 合作伙伴

合作伙伴即企业同其他企业之间为有效地提供价值并实现其商业化而形成的合作关系网络。这是让商业模式有效运作所需的供应商与合作伙伴的网络。企业基于多种原因打造合作关系，合作关系正日益成为许多商业模式的基石。很多企业通过创建联盟来优化其商业模式、降低风险或获取资源。合作伙伴要解决的问题是谁是企业的重要伙伴、谁是企业的重要供应商、从合作伙伴那里能获取哪些核心资源、合作伙伴都执行哪些关键业务等。

企业的合作关系可以有四种类型：①在非竞争者之间的战略联盟关系；②在竞争者之间的战略合作关系；③为开发新业务而构建的合资关系；④为确保可靠供应的供应商关系。

9. 成本结构

成本结构即运行一个商业模式所引发的所有成本的组成结构。成本结构用来描述特定的商业模式运作下所引发的重要的成本构成。创建价值和提供价值、维系客户关系以及产生收入都会引发成本，这些成本在确定核心资源、关键业务与合作伙伴后可以相对容易地计算出来。成本结构要解决的问题是什么是商业模式中重要的固有成本、哪些核心资源花费最多、哪些关键业务花费最多等。

成本结构所代表的是在运行整个商业模式的过程中所消耗的成本。市场同质化竞争的本质是成本结构的竞争，因此，企业优化成本结构，不仅能降低经营消耗和有效积累资本，而且能增强抗风险能力。企业在设计商业模式时可以通过以下措施来实现成本结构的优化。

（1）削减客户次要需求，简化产品类型。关键是抓住客户的核心需求和突出性价比。

（2）进行技术性创新。不仅包括产品的创新，还包括商业模式和管理模式的创新。例如，佳能用小型复印机打败了如日中天的施乐。

（3）整合供应链。让客户、供应商、制造商和分销商组成的网络中的物流、信息流和资金流加快周转速度，用一体化网络提高效率。例如，沃尔玛和凯马特的美国第一零售商之争，沃尔玛就赢在供应链技术革新上。沃尔玛在美国有超过70个高科技物流配送中心，能同时供应700多家店，单个配送中心作业量达120万箱，凭借供应链优势其价格平均水平低于凯马特，从而获胜。

（4）扩大规模经济效应。通过扩大产能，在组织成本、采购成本、经验成本和库存成本等方面取得成本优势，降低单位产品的边际成本，成功地拉高进入门槛。例如，格兰仕产能达到100万台时，出厂价定在产能80万台成本价以下；格兰仕产能达到400万台时，出厂价定在产能200万台成本价以下；格兰仕产能达到1 000万台时，出厂价定在产能500万台成本价以下。格兰仕降价的另一个结果是将价格平衡点以下的企业淘汰，行业集中度提高，成为微波炉市场的领跑者。

（5）提高自动化水平。随着我国人口红利的降利，制造业的人力成本已经不占绝对优势，自动化是未来大势所趋。例如，创造国内摩托车行业的第一条机器人生产线的重庆建设工业（集团）有限责任公司，通过90%的自动化率提高了42.8%的生产效率，合格率从70%提高到了97%，而工作人员则减少了3 000多人。

（6）严格财务管理。严格的财务管理体现在钉死目标，卡住过程，评估结果，最后赏罚分明。例如，台塑的采购分为三步：一线提需求，在采购部汇总合并同类项；采购部决定是否购买并集中询价和谈条件；采购权在经理手里，经理会对需求和价格进行考虑，决定是否继续，即使经理通过了采购申请，最后还得董事长亲自审批才生效。这种流程让台塑采购价格降低2%～3%，相当于节省数十亿元，而台塑又从部分资金里拿出一定额度奖励分发给相关人员，整个财务系统实现了利益绑定和良性循环。

3.2　商业模式类型

商业模式的核心要素是创业企业通过何种途径或方式来获取利润。了解不同行业的商业模式有助于创业者了解哪种模式更适合创业项目，从而催生出富有创意的、高效的商业模式。这里按照利润来源的渠道和方式，介绍以下典型的商业模式。

3.2.1　基础商业模式

1. 生产销售模式

生产销售模式是指由厂家生产制造产品，以成本加合理利润的定价向客户出售该产品，以获取利润的商业模式。例如，戴尔制造并销售笔记本电脑，北汽集团制造并销售汽车，茅台集团生产并销售白酒，其商业模式都属于生产销售模式。生产销售模式是常见且基础的商业模式。

2. 提供服务模式

提供服务模式是指服务商基于向客户提供的服务，向客户收取服务费用，以获取利润的商业模式。例如，快递公司提供快递服务并收取服务费用，整形医院提供医学整形服务并收取服务费用，代驾公司提供代驾服务并收取服务费用，其商业模式都属于提供服务模式。提供服务模式也是常见而基础的商业模式，覆盖社会生活的方方面面。

3. 中间商模式

中间商模式的经营方既不生产制造产品，也不向客户提供直接服务，而是通过经销模式，将生产厂家制造的产品加成定价后出售给客户；或者通过提供居间撮合等服务，撮合服务商与客户建立服务关系，从而获得产品加成利润或居间撮合收入。家用电器的地方经销商、高德地图的打车软件聚合平台、以效果计费的数字营销服务商，其商业模式都可归类为中间商模式。中间商模式也是常见而基础的商业模式，是经济社会不可或缺的商业模式。

4. 混合模式

混合模式是指同时开展生产制造、销售产品和提供服务等内容的商业模式。例如，IBM的商业模式就是典型的混合模式，其既制造销售各种硬件产品，也提供各种行业解决方案，还提供管理咨询服务等，利润来源非常广泛。事实上，当一家创业企业发展到一定阶段时，其能提供的产品或服务将会越来越多，从而不可避免地形成混合模式。

3.2.2　具体营运模式

下面介绍几种由基础商业模式衍生而来，创业企业常用的具体营运模式。此类营运模式也可被解读为具体的、狭义的商业模式。

1. 订阅模式

订阅模式是指客户每月或按约定的时间向厂家或服务商支付固定费用，以获取产品或服务的营运模式。订阅模式的商业本质是产生大于生产成本和分销成本的固定收入，有助于企业在不同的商业应用中开拓新的销售模式。订阅模式常见于社交媒体、文娱消费和知识付费领域，例如，微博、喜马拉雅、QQ音乐和百词斩等的会员服务，即采用了订阅模式。从财务角度来看，相比其他企业在获得客户方面的低效及不确定性，采取订阅模式的企业可以获得可预见的收入。从订阅者的角度来看，在订阅模式下，产品或服务方便获取和可重复使用，给其带来了便利，使其获得的效益超过了订阅成本。如果边际效益减少，订阅者就会取消订阅。

2. 诱钓模式

诱钓模式指的是通过廉价的、有吸引力的甚至是免费的初始产品或服务，来促进相关产品或服务的重复购买的营运模式。诱钓模式也称为"亏损特价品"或者"剃刀与刀片"模式。亏损特价品指的是最初补贴甚至亏本提供产品，目的是从客户后续购买产生利润的产品或服务中获利。这是一种企业和客户可以实现双赢的价值获取方式。对客户而言，好处是前期成本较低，后期成本视用量决定，而这一点是客户可以自行控制的。对企业而言，诱钓模式能有效降低获取新客户的成本，降低销售成本，增加从现有客户身上长期实现的收入。例如，移动通信运营商推出"存话费送手机"活动，按照预存金额不等的话费，向用户赠送不同档次的手机。用户预存话费的利润，超过了赠送手机的成本。诱钓模式通常需要强大的品牌声誉来支撑，以初始产品和后续产品之间的强连接或"锁定"关系为特征。

3. 追加销售高利润产品模式

追加销售高利润产品模式的特征是以很低的利润销售核心产品，然后以极高的利润销售附加产品。其常见于计算机类、通信类、消费类电子产品和汽车产品销售。以电子产品为例，相机的售价可能比生产成本高不了多少，这样做是为了吸引客户，但镜头等附加设备利润很高，而且通常配有年数不等的延期保修服务，收费也非常昂贵。再比如汽车销售，车辆本身的利润不是很高，但附加的项目，如延期质保、配件、防锈服务等都是高利润产品，有助于卖方保持一定的综合利润率水平。

4. 数据销售模式

数据销售模式是指首先通过免费产品吸引大量用户，然后向需要了解或接触这些用户的第三方出售数据，以此实现收入的营运模式。例如，领英（LinkedIn）是大型的职业社交网站，其会员人数已近9亿人。领英向招聘机构出售用户信息，以便对方接触各种类型的用户数据，从而获得不菲的收入。此外，数据公司会向特定机构出售各类数据以供市场研究之用。运用数据销售模式，企业要注意隐私保护和数据合规，要符合网络信息安全要求，避免触犯法律法规。

5. 用量模式

用量模式是由厂家提供基础服务，根据用户使用的数量或流量来收取费用的营运模式。例如，云计算即典型的用量模式。目前企业使用云计算非常便利且便宜，但将数据存储于云端并使用时，云服务厂商将根据用户所占用的存储空间、请求数和数据流量进行定价收费。这种模式的好处是，用户的前期投入成本极低，后续使用也可主动控制成本，无须为云服务厂商的硬件设施如数据中心的巨额成本等承担费用。

6. 流量模式

流量模式是一种针对基本用量推出的价格歧视收费模式，如果用户超出规定的基本用量，超过部分的收费将远高于基本用量。厂家和用户都很清楚基本用量的基本费率，但超额用量则存在很大的不确定性。例如，公共事业中的阶梯电价即属于流量模式，用电量超过某个数值后，单位电价将大幅上涨。5G流量包月套餐也属于流量模式，套餐内的流量没有使用完的概不退费；套餐外的流量，其费率将远高于套餐内折算的费率。

具体营运模式还有很多种，无法一一列举。但无论是商业模式还是营运模式，其本质都是产品或服务的使用价值和交换价值的体现。创业企业无论如何设计其营运模式，都应该紧紧围绕商业模式的本质。脱离了商业模式的本质，即使取得一时的辉煌，最终也会被市场淘汰。

阅读资料 3-2：

从 WeWork 的陨落看商业模式的修饰

"共享办公"曾是一个创业风口，有名的公司莫过于 WeWork 了。WeWork 由亚当·诺伊曼（Adam Neumann）于 2010 年创办，其梦想是"在开放精神与传统办公室的封闭世界之间搭建起桥梁"，但其本质就是办公室租赁中介。为了让 WeWork 摆脱办公室租赁中介这一传统形象，亚当做了很多努力。他把租赁而来的建筑改造得不太像常规办公室，而更像精品酒店；他把 WeWork 的租户称为会员，以增强租户的归属感，并掩盖 WeWork 的二房东身份；他开发软件，尝试将科技属性移植至 WeWork，并称其为实体社交网络科技公司。亚当的做法吸引了不少投资机构，WeWork 迅速扩张，并引起了软银"愿景基金"的兴趣。2016 年，孙正义参观 WeWork 总部半小时，就与 WeWork 达成了一笔 40 亿美元的投资交易。有了资本助力，WeWork 更加疯狂地扩张，2017 年在全球开设了 200 家分店。2019 年，WeWork 的估值达到 470 亿美元。

但是，无论亚当如何修饰 WeWork 的商业模式，其房产租赁中介的本质都没有发生变化，其经营状况依然具有房产租赁中介行业特点，其运营成果依然遵循一般经济规律。从 2012 年起，WeWork 开启了漫长的亏损之路。2017 年，随着 WeWork 疯狂扩张导致的成本上升及亚当个人的不当财务行为，WeWork 亏损 9.33 亿美元。亚当为了后续融资和上市计划进行财务粉饰，财务报表上显示 WeWork 取得 2.33 亿美元的利润。

2019 年，WeWork 启动上市，其向美国证券交易委员会递交的财务报告让专业机构和社会公众看清了 WeWork 的真面目。亚当为了股份发行进行路演，但每路演一次，WeWork 的估值就以 10 亿美元的量级下降。2021 年 10 月，WeWork 终于在纳斯达克成功上市。2022 年第一季度，WeWork 净亏损超过 5 亿美元，公司市值从 2019 年的 470 亿美元跌至 2023 年 1 月的 10 亿美元，跌幅超过 90%。

亚当给 WeWork 佩戴虚假商业模式面具的行为已然失败，WeWork 展示了其房产租赁中介的本来面目。

3.3　商业模式设计方法

创业企业需要结合企业自身实际情况，经过充分的市场调研和论证，结合商业模式九要素，设计出适合自身特色的商业模式。众多学者经过实践研究，总结出了创业企业商业模式的几种设计方法。

3.3.1　全盘复制

全盘复制商业模式的方法比较简单，即对优秀企业的商业模式进行直接复制，将优秀的商业模式全盘拿来为己所用，当然有时也需要根据企业情况略加修正。全盘复制的方法主要适用于同一行业内的企业，特别是同属一个细分市场或拥有相同产品的企业。

全盘复制优秀企业的商业模式有两个注意点：①需要快速捕捉商业模式的信息，谁先复制谁就可能具备先发优势；②进行细节调整，复制不等于生搬硬套，需要针对本细分市场或企业情况进行适应性调整。

3.3.2 借鉴提升

借鉴提升是创业企业探索其商业模式的重要方法,具备一定的创新内容,具体如下。

1. 引用创新点

学习和研究优秀商业模式,对商业模式中核心内容或创新概念给予适当提炼,通过比照这些创新点与本企业的相关内容,寻找本企业商业模式的不足。如果这些创新点比本企业现阶段商业模式中的相关内容更符合企业发展需要,企业就应结合实际需要将这些创新概念引用到本企业并发挥其价值。

引用创新点学习优秀商业模式的方法适用范围广泛,不同行业、不同竞争定位的企业都适用。在实际引用中主要取优秀商业模式较为创新的一个点,这个点一般会出现在盈利模式上,当然产品模式、业务模式、运营模式的创新点也会被引用。虽然引用优秀商业模式中的盈利模式对企业效益的提升较为明显,但是产品模式、业务模式、运营模式的引用也可为企业带来明显的价值,并提升企业的核心竞争能力和支撑盈利模式实施的能力。所以企业也需要不断加强对产品模式、运营模式和业务模式的学习和优化,这点需要引起企业领导者的注意。

2. 延伸扩展

一个好的商业模式诞生后,会被竞争对手复制。但是"延伸扩展"的模式则有可能另辟蹊径,并且有可能抢占相关市场的先发优势。具体做法是,了解最新商业模式,寻找使用某种商业模式的企业所在行业及细分市场,通过穷尽分析和专业分析找到同一行业内尚未开发的其他细分市场,将该种商业模式的主体框架率先运用在同一行业的不同细分市场,使商业模式的应用范围不断扩展到其他细分市场。

延伸扩展法的优点是借助对商业模式的研究来寻找尚未开发的其他有效细分市场,让企业有机会构建先发竞争优势,且使用范围也更为广泛。行业外的企业如果想多元化发展、寻找新的业务发展机会,可以直接复制或学习这种商业模式,以顺利进入该行业。

延伸扩展法具体实施时有两个难点:①在对细分市场的寻找和分析中,如何能够找到尚未开发的细分市场;②如何依据细分市场特点做针对性的调整和优化。

3. 逆向思维

通过对行业领导者商业模式或行业内主流商业模式的研究学习,模仿者有意识地实施反向学习,即市场领导者商业模式或行业内主流商业模式如何设计,模仿者则反向设计商业模式,直接占领对市场领导者或行业内主流商业模式不满意的市场份额,并为它们打造相匹配的商业模式。逆向思维法主要适用于行业内的挑战者,挑战者主要包括处于行业内前五位左右的企业,或某细分市场的领导者。

采取逆向思维的方式学习优秀商业模式时有三个关键点:①找到行业领导者或行业主流商业模式的核心点,并据此制定逆向商业模式;②企业在选择制定逆向商业模式时不能简单追求反向,需确保能够为消费者提供更高的价值,并能够塑造新的商业模式;③防范行业领导者的报复行动,评估行业领导者可能采取的反制举措,并制定相应的措施。

阅读资料 3-3:

百度和腾讯如何探索商业模式

百度初始的商业模式是通过给门户网站提供搜索技术,获取服务费用;当发现给门户网站提供技术服务难以有较大发展的时候,百度对自己的商业模式进行了修正,即通过出售应用软件与服务获得经济回报,这个商业模式帮助百度渡过了艰难的创业期。但是这个商业模式的目标群体较小，百度不太可能做大主营业务和持续发展，需要找到能够快速发展和做大的商业模式。百度在 2001 年确定了基于竞价排名的网络推广方式的商业模式，其借鉴 Overture 公司的竞价排名，并将竞价排名作为主要盈利模式。最终百度通过引用国外商业模式的创新点而使自己成功上市。

腾讯通过增强用户黏性，最大限度地发挥长尾效应，使用户自愿花钱购买增值服务。在此指导思想下，腾讯经营混合业务，横跨多个业务领域，并不断借鉴行业内其他比较好的商业模式，使旗下业务均能实现盈利。腾讯销售虚拟填充物和装饰品是最为成功的商业模式之一，这个商业模式是复制一家韩国企业的商业模式。在 2002 年，一位赴韩国考察互联网生态的腾讯员工，被一款名为 Avatar 的游戏在网络游戏中销售用户虚拟形象的做法触动，于是迅速将这个商业模式报告给腾讯总部，这个商业模式很快便在腾讯开花结果。腾讯的博客服务就通过销售虚拟填充物和装饰品，成为国内最早实现盈利的博客产品。

3.3.3　整合超越

整合超越相对于借鉴提升难度更大，对创业企业的平台或技术要求及对创业团队的综合素质要求也更高。根据创新程度的不同，整合超越还可分为整合创新和颠覆超越。

1. 整合创新

企业基于已经建立的优势或平台，依托消费者对本企业的忠诚度或用户黏度，通过吸收和完善其他商业模式进行整合创新，使自己在本领域拥有产业链优势、混合业务优势和相关竞争壁垒。整合创新模式主要适用于行业领导者或细分市场领导者，其余企业尚不具备整合创新所需的各项能力和要素。

采取整合创新的方式学习优秀商业模式时，需要特别关注企业现有平台是否具备一定优势、能否承担整合平台的重任，否则整合创新将失去基础。所以，这种方法更多地被行业领导者或细分市场领导者所采用。

2. 颠覆超越

企业借助行业内技术更新换代的时机，围绕技术变革可能出现的新机会，对现有产品的商业模式进行颠覆性创新，打造适合新技术条件下对现有产品产生替代作用的产品的商业模式，凭借新商业模式实现跨越式超越。实施颠覆超越的企业显然需要具备超强的技术研发实力，所以颠覆超越模式主要适用于行业内巨头级企业或在新技术背景下拥有核心技术的企业。普通企业即使明确知晓相关可能性，由于技术上的壁垒也很难实施这种模式。

在实施颠覆超越学习方法时，关键在于对技术未来发展趋势的准确判断。对技术未来发展趋势的判断存在两个关键点。①新技术是否会出现。当年长虹专业等离子产业，忽视液晶技术的替代可能，这是其落败的主要原因。②新技术的方向。如果技术储备方向错误，则可能给企业造成不可估量的损失。例如，当年美国汽车工业将大型车和强劲动力作为产业方向，并依此进行技术研发，忽视了小排量车和经济车的技术开发，导致在油价高涨、金融危机的外部环境下，企业经营集体陷入困境。

3.3.4　全面创新

全面创新是指创业企业开创性地创建一种商业模式，这在创业史上极为罕见。全面创新往往伴随着多种新技术的爆发和融合。

商业模式确定后，并非一成不变的。建立商业模式的原因是企业经营中外部环境的市场需求，商业模式设计的目的是带来企业生存发展需要的利润。没有市场需求的产品，不论其科技含量多高，都不会给企业带来利润。

课堂阅读

庞氏骗局，是对金融领域投资诈骗的称呼，属金字塔骗局（Pyramid Scheme）类型。在中国，庞氏骗局又称"拆东墙补西墙""空手套白狼"。简言之，其就是利用新投资者的钱来向老投资者支付利息和短期回报，以制造赚钱的假象，进而骗取更多的投资。很多非法的传销集团就是用这一招聚敛钱财的。庞氏骗局是一个名叫查尔斯·庞兹（Charles Ponzi）的投机商人"发明"的。庞兹是一个意大利裔投机商，1903年移民到美国。1919年他开始策划一个骗局，其向一个事实上子虚乌有的企业投资，许诺投资者将在三个月内得到40%的利润回报。狡猾的庞兹把新投资者的钱作为快速盈利付给最初投资的人，以诱使更多的人上当。由于前期投资的人回报丰厚，庞兹成功地在7个月内吸引了3万名投资者。这场骗局持续了一年之久，才让被利益冲昏头脑的人们清醒过来。庞兹后被判处5年刑期。

法网恢恢，疏而不漏，利用正当手段获得成功才是正路。规范发展，良性竞争，才能够基业长青。

本章习题

一、单选题

1. 从企业经营者的角度，商业模式是（ ）。

A. 实现顾客价值的模式　　　　　　　　　B. 企业的盈利模式

C. 给顾客提供价值的模式　　　　　　　　D. 维持经营的模式

2. 商业模式构建的核心是（ ）。

A. 企业　　　　　B. 客户　　　　　C. 供应商　　　　　D. 合作伙伴

3. 中国移动的5G流量套餐包月属于（ ）。

A. 诱钓模式　　　　B. 订阅模式　　　　C. 用量模式　　　　D. 流量模式

4. 以下领域最不可能使用订阅模式的是（ ）。

A. 社交媒体　　　　B. 文娱消费　　　　C. 知识付费　　　　D. 农业现代化

5. 在实施颠覆超越学习方法时，关键在于（ ）。

A. 对自有资金的把控　　　　　　　　　　B. 对现有市场需求的判断

C. 对竞争企业商业模式的模仿　　　　　　D. 对技术未来发展趋势的准确判断

二、多选题

1. 商业模式是企业为了进行（ ）所形成的企业结构及其合作伙伴网络。

A. 价值创造　　　　B. 价值营销　　　　C. 价值传输　　　　D. 价值提供

2. 商业模式的定义大致上可以归纳为（ ）。

A. 盈利模式论　　　B. 价值创造模式论　　C. 商业画布模式论　　D. 价值主张模式论

3. 应当把商业模式看作企业运作的秩序以及企业为（ ）创造价值的决定性来源。

A. 自己　　　　　B. 供应商　　　　　C. 合作伙伴　　　　D. 客户

4. 汽车销售的利润主要来自（ ）。

A. 车辆本身　　　　B. 延期质保　　　　C. 防锈服务　　　　D. 配件

5. 整合创新，基于企业已经建立的优势或平台，依托（ ）。

A. 消费者对本企业的忠诚度　　　　　　　B. 市场导向

C. 用户黏度　　　　　　　　　　　　　　D. 公司市值

三、名词解释

1. 订阅模式。2. 客户关系。3. 价值主张。4. 利基市场。5. 渠道通路。

四、简答及论述题

1. 从不同角度看商业模式主要是什么？
2. 商业模式的关键构成要素是什么？
3. 如何设计商业模式，有哪几种方法？
4. 延伸扩展法具体实施时有什么难点？
5. 商业模式是一成不变的吗，为什么？

五、案例讨论

奈飞——从租碟小店到商业巨头

　　奈飞（Netflix）诞生于 1997 年，总部位于美国加利福尼亚州。其从 1999 年开始提供订阅服务。2007 年 2 月 25 日，奈飞宣布已经售出 10 亿份 DVD。2009 年，奈飞可以提供多达 10 万部电影的 DVD，并有 1 000 万个订阅用户。目前奈飞拥有 4 000 多万个会员，年收入超过 40 亿美元。奈飞 2002 年上市时市值 5 亿美元，如今已经达到了 900 亿美元，20 年间公司市值增长约 180 倍。奈飞市值的快速增长离不开它多次商业模式的创新。

　　奈飞创立之初是一家 DVD 租赁公司，当时行业内大多数公司的经营模式为顾客前往实体店挑选 DVD，但这一模式所带来的车程、租赁费用和违期罚金都是顾客所烦恼的，而且由于实体店规模的限制，碟片的种类始终不能满足所有顾客的需求。而奈飞抓住了其中的商机，创新了行业的商业模式。

　　奈飞改善了顾客的服务体验，提供了一种被称为 O2O 的模式：在线预订。顾客可以在线上搜索，可以在线上选择所要的碟片，同时选择邮寄碟片。与传统模式不同，顾客足不出户就可以租赁 DVD。O2O 由线下（Offline）与线上（Online）两部分组成。其中线上有整个奈飞最为关键的一个环节——推荐系统，这个推荐系统也是奈飞成功的重要因素。它基于大数据，即该公司和顾客的大量交互，通过跟踪顾客的观看习惯和观看行为，以及收取用户观看后的一些推荐建议，形成了庞大的数据库。

　　随着科技的进步，数据时代到来，顾客的需求也发生了变化，他们不再满足于通过 DVD 观看影片，而希望借助网络和终端设备随时随地享受观影体验。为了迎合顾客的需求，奈飞对商业模式进行创新和颠覆，开始逐步渗透 VOD 市场。奈飞通过流媒体应用技术，推出"立即看"服务，突破了时间与空间上的限制，使顾客在自己的计算机上就可以随时随地观看影片，无须预约、邮递。再加上奈飞是美国唯一一家没有广告的流媒体，这些改变都大大提升了顾客的体验，有助于奈飞开拓市场、吸引更多的顾客。

　　在 2011 年，奈飞的一项提高价格的举措引起了顾客的强烈不满，导致公司陷入了巨大危机。为了重获顾客的信任和支持，奈飞用实际行动向顾客证明了公司对顾客价值的坚守和重视。2013 年，奈飞凭借自身投资制作的美剧《纸牌屋》东山再起。从顾客偏好洞察、顾客需求定位到服务内容的转化，奈飞还首次尝试了顾客需求决定生产的 C2B 创造，并获得了初步成功。

📋 **思考讨论题**

1. 任选一方面分析 O2O 商业模式的构成要素。
2. 你从奈飞的多次商业模式创新中得到了什么启发？

第4章
商业计划书的撰写与演示

开篇引例

中国"互联网 +"大
学生创新创业大赛

本章导读

商业计划书可以快速让受众了解创业项目的基本情况,帮助创业者准确而高效地展示创业项目的特色、优势与核心竞争力。商业计划书的撰写与演示,需要紧紧围绕商业计划的目的和规划而展开。通过对本章的学习,读者可以全面地掌握商业计划书的撰写技巧和路演技巧。

知识结构图

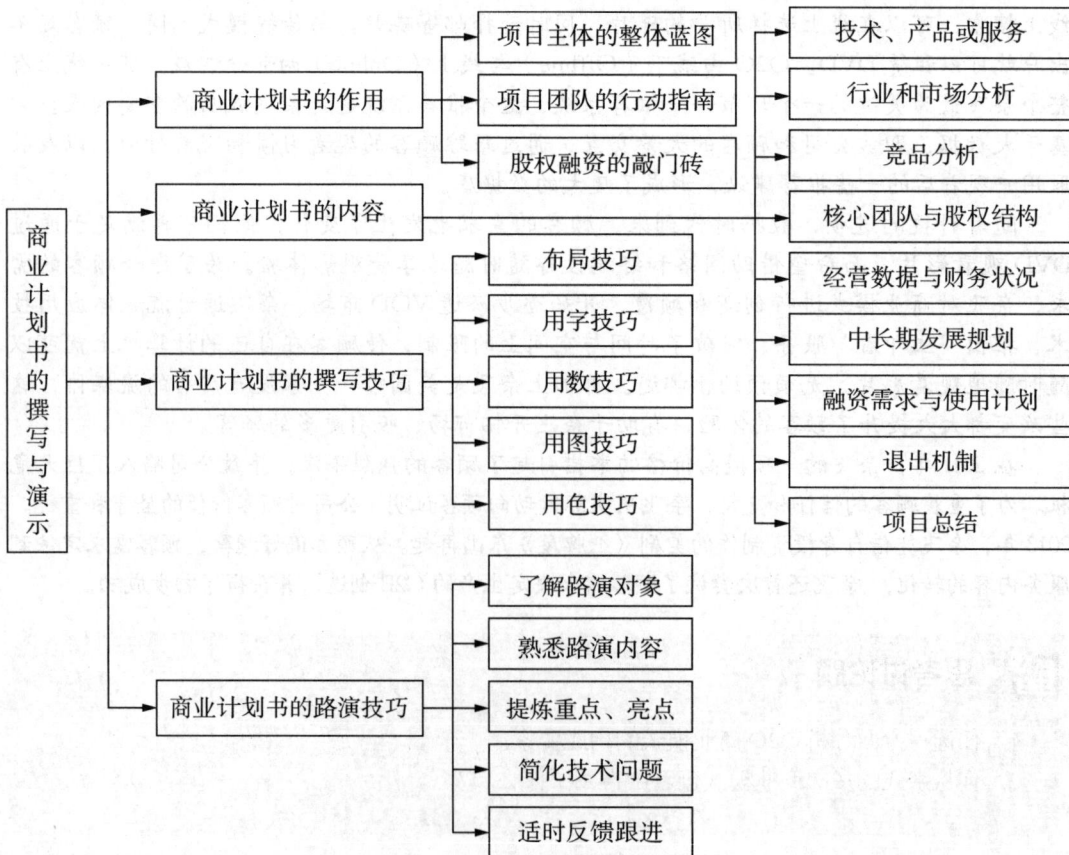

4.1 商业计划书的作用

商业计划书（Business Plan，BP）是企业或者其他营利性组织为了融资或其他发展目标，在对项目进行科学、详尽的调研、分析、搜集与整理有关资料的基础上，根据约定俗成的格式和要求，对自身及所处环境进行全方位分析和评估，向受众全面展示项目状况、未来发展潜力的书面材料。

在创业和投资领域，商业计划书通常是用于创业企业与投资机构之间沟通、了解的信息载体，但其作用远不止于融资。商业计划书针对项目主体、项目团队和投资机构等不同对象，分别具有不同的作用。

4.1.1 项目主体的整体蓝图

商业计划书要求内容丰富完备，涵盖企业发展历程、目前发展状况及未来发展计划等内容，具体包括项目主体的技术、产品或服务、行业和市场分析、竞品分析、核心团队与股权结构、经营数据与财务状况、中长期发展规划等内容。主要用于融资的商业计划书还包括融资需求与使用计划、退出机制等内容。

由于商业计划书的内容极为丰富，既回溯过往，也分析现状，还展望未来，这就要求创业团队在编制商业计划书时，要广泛收集资料、数据、案例及其他相关信息，并与目标项目进行结合和分析。通过编制商业计划书过程中的系统化梳理，创业团队可厘清项目主体的商业模式、挖掘项目主体的关键要素、编制出项目主体的整体蓝图。

4.1.2 项目团队的行动指南

商业计划书不但内容丰富完备，在行文上还要具有逻辑关系。一份合格的商业计划书不但对商业计划进行重点描绘，还会有步骤地安排项目执行方案，包括具体事项的进度、关键节点和所需资源。从这个意义上讲，商业计划书也是项目团队的行动指南。但是，该份行动指南并非一经制定就一成不变，而要适应情势变更并适时优化。创业团队在执行项目的过程中遇到问题，应该及时回顾原来的商业计划书，根据实际情况进行修正和调整，以使商业计划书适应变化，具有可操作性和可执行性。

4.1.3 股权融资的敲门砖

尽管商业计划书的第一面对对象是企业自身和创业团队，是他们的整体蓝图和行动指南，但在商业现实中，商业计划书的重点功能还是在融资时第一时间敲响投资机构的大门。

专业风险投资机构基本都有接收创业项目商业计划书的网页入口或公开邮箱，他们对创业项目进行评审的首要依据就是收到的商业计划书，依此形成他们对创业项目的第一印象和基本判断。一些创业者希望借助口述商业模式或者提供专利证书等凭证打动投资机构，但仅凭这些不太可能获得投资机构的青睐，因为创业是一件系统而长期的事情。此时，一份精心编制、格式规范、版面整洁、内容清晰的商业计划书，将成为敲门砖。投资机构通过审阅商业计划书的内容，可以初步了解创业项目的全貌；通过了解商业计划书的编制方式，也可以初步了解创业团队的研究方法、基本学识和为人处世的方式与态度。如果投资机构对创业项目和创业团队都予以肯定，那么下一步就会约见创业团队，以商业计划书为基础依据，进一步有针对性地了解创业项目和创业团队。

4.2 商业计划书的内容

商业计划书是一种创新、创意性很强的商业文书，没有法定格式，暂时也没有行业性指导格式，撰写方式颇为自由。一般而言，商业计划书包括以下内容。

（1）技术、产品或服务，用以介绍实现商业目标的载体。

（2）行业和市场分析，用以分析商业载体所处的行业与市场环境。

（3）竞品分析，用以分析竞争对手提供的产品，通过对比分析突出自己产品的竞争力。

（4）核心团队与股权结构，用以介绍企业核心管理团队和技术团队，以及企业组织架构。

（5）经营数据与财务状况，用以分析当前已经取得的经营成果和目前的财务状况。

（6）中长期发展规划，用以展示创业团队的愿景以及实现愿景的具体措施。

（7）融资需求与使用计划，用以说明本次融资拟融资的具体金额、拟释放的股权比例和使用计划。

（8）退出机制，用以说明投资机构的退出渠道及简单收益预测。

（9）项目总结，用以总结项目的核心亮点。

以上九项为商业计划书的基本内容，创业团队可以根据实际情况进行添加、删减或合并。比如，中长期发展规划可以与融资需求与使用计划合并；竞争激烈的行业可以增加营销策略；内容顺序也可以灵活调整，但要把亮点内容放在前面。

为便于展示商业计划书的编制特色、避免展示过多项目的商业计划书可能造成的不良影响，本书在举例时，主要采用两家科技型创业公司在成长期用于融资的PPT版商业计划书，其摘录及完整版均可通过扫描二维码查阅。需要说明的是，这两家公司的商业计划书出于各自当时的现实考虑，在相关内容上有添加也有删减，并非百分之百标准。

4.2.1 技术、产品或服务

创业项目中，实现商业目标的载体可分为产品型、服务型或"产品＋服务"型。比如，新药研发企业可以归为产品型企业，最终要向市场提供药品这一产品；与新药研发企业配套的合同研究组织（Contract Research Organization，CRO）企业则通过合同形式为其在新药研发过程中提供专业化服务，可归为服务型企业；而合同研发生产组织（Contract Development Manufacturer Organization，CDMO）企业则既帮助新药研发企业提供研发服务，也为新药研发企业生产药品，是"产品＋服务"型企业。无论是产品还是服务，或是"产品＋服务"，技术都与之相伴相生，技术也是商业计划书的重点内容之一。

技术、产品或服务是创业企业商业模式的起点，商业计划书的内容由此而展开。

（扫描以下二维码，查阅创业企业的技术、产品和服务介绍）

扫码阅读

创业企业的
技术、产品和
服务介绍1

扫码阅读

创业企业的
技术、产品和
服务介绍2

4.2.2 行业和市场分析

商业计划书的行业和市场分析包括行业分析和市场分析两部分。行业分析是指根据经济学原理，综合应用统计学、计量经济学等分析工具对行业经济的运行状况、产品生产、销售、消费、技术、行业竞争力、市场竞争格局、行业政策等行业要素进行深入的分析，从而发现行业运行的内在经济规律，进一步预测行业未来发展的趋势。市场分析是对市场供需变化的各种因素及其动态、趋势的分析，其主要是为创业企业生产经营提供决策依据。

行业和市场分析体现创业团队对行业和细分市场宏观、中观和微观的信息掌握程度和系统分析能力，具有较大难度，可能需要购买专业分析报告或聘请专业机构协助编制。

（扫描以下二维码，查阅创业企业行业和市场分析及政策分析）

扫码阅读

创业企业行业
和市场分析及
政策分析 1

扫码阅读

创业企业行业
和市场分析及
政策分析 2

4.2.3　竞品分析

竞品分析是指对现有的或潜在的竞争性产品的优劣势进行比较分析。竞品分析的主要目的是展示创业企业所提供的产品的核心价值、竞争力及其在市场上所处的位置。竞品分析可以由两方面的内容构成：一是客观的科学数据和市场数据；二是用户的主观感受。在商业计划书中，竞品分析应以客观数据说话，避免出现过多的主观价值判断。

竞品分析可以有很多维度，比如产品市场趋势、产品核心功能、产品参数指标、产品销售情况等。竞品分析不仅包括对具体产品的分析，还包括对竞争对手商业主体的分析。对竞争对手企业层面的分析，包括对市场、产品、运营、技术团队规模、核心目标、运营盈利模式、市场占有率等的分析。

在商业计划书中，竞品分析主要根据创业企业所处阶段，展示较为直观的产品核心价值和竞争力，因此主要以客观的核心参数说话。

（扫描以下二维码，查阅创业企业的竞品分析）

扫码阅读

创业企业的
竞品分析

4.2.4　核心团队与股权结构

风险投资行业有一句话："投资就是投人。"团队与产品或服务是商业计划书两个核心的基础要素。再好的商业计划书，也需要综合素质相匹配的团队去执行。但是，什么样的团队才是好团队，并没有定论。投资机构考核创业团队会从多个维度去考核，每个投资机构的标准都不一样，甚至每个投资人的标准都不一样。总体而言，一名知识全面、综合能力强、有过成功经验的领导者，搭配数名专业化程度高、执行力强的核心人员所组成的团队，比较容易吸引投资人。商业计划书要展示创始人、核心团队和团队管理模式三方面。

对于创业核心团队的介绍，可以从四方面来描述。一是就读过的学校和任职过的公司，以展示

51

教育背景和工作经验；二是担任过的职务和任职时间，以展示管理能力和管理经验；三是业绩成果，以展示其技术能力和业务水平；四是分工情况，以展示管理团队人才的完备度和分工的合理性。

股权结构是公司管理框架的基础，主要包括四方面的内容：一是创始人的股权比例，二是核心团队的持股情况，三是预留的股权激励的情况，四是外部投资机构的情况。在实际操作中，由于股权结构并非完全确定，比如融资完成后工商变更登记尚未完成，或者正在实施的股权激励制度即将变化，股权结构与通过公开信息查询到的股权结构也许不一样。有的创业企业为了避免麻烦，可能不会在商业计划书里展示股权结构。

（扫描以下二维码，查阅创业企业的核心团队）

扫码阅读

创业企业的
核心团队

4.2.5　经营数据与财务状况

商业计划书需要展示经营数据与财务数据，以便投资机构了解企业过去的经营成果与目前的财务状况。经营数据包括产品出货量、市场占有率、各产品单价、客户数量及分布、市场拓展客户数量等大量数据；财务状况一般从资产负债表、利润表和现金流量表三份财务报表中摘录和总结而成。但这些数据往往数据量大且过于复杂，因此不必将所有经营数据和财务状况一一列明，只需要将投资机构关心的重点问题阐述清楚，呈现过往发展的基本情况、增长情况和未来的发展趋势。

（扫描以下二维码，查阅创业企业的经营数据与财务状况）

扫码阅读

创业企业的经营
数据与财务状况

4.2.6　中长期发展规划

中长期发展规划主要包括两方面内容，一是创业企业所处行业的中长期发展趋势预测，二是创业企业自身在行业趋势中的发展规划、战略目标以及为实现该发展规划和战略目标所拟采取的产品规划、竞争策略及营销手段等具体措施。中长期发展规划体现了创业者的宏观视野、目标愿景以及战略计划。

（扫描以下二维码，查阅创业企业的中长期发展规划分析）

扫码阅读

创业企业的中长期
发展规划分析

4.2.7　融资需求与使用计划

给投资机构发送商业计划书，其目的就是获取融资。为了达到这个目的，商业计划书的编制者需要从以下几个维度进行全面考虑。

1. 融资需求总额

创业团队为实现某个阶段性目标而预估一个资金需求总额，在考虑日常持续运营的一般流动性需求的前提下，将这个预估总额减去可动用的流动性金额，就得到了该次的融资需求总额。融资需求总额一般来说是一个概数，为预估金额留有更多的盈余空间是明智的选择。

2. 企业估值与释放股权比例

企业估值分为投前估值与投后估值，投前估值与投后估值对释放的股权比例有较大影响。比如，一家企业若想融资 5 000 万元，如果投前估值为 2 亿元，投后估值为 2.5 亿元，释放的股权比例为 20%；如果投后估值为 2 亿元，投前估值为 1.5 亿元，同样融资 5 000 万元，释放的股权比例上升到 25%。由于企业估值经常被调整，一些创业公司在商业计划书里并不展示释放的股权比例。

3. 发展规划与资金使用计划

创业企业要规划好融资资金使用计划，该计划应当与企业发展规划相适应。资金使用计划的方向包括研发费用、销售费用、管理费用或补充流动资金等，也可以是某个具体事项。

（扫描以下二维码，查阅创业企业的融资需求与使用计划）

扫码阅读

创业企业的融资
需求与使用计划

4.2.8　退出机制

投资机构的商业模式是通过投资创业企业获得股权，并在合适的时机以合适的方式退出，通过资本循环实现资本增值。退出机制对于投资机构是一件要事，其在投资时即会考虑如何退出，因此在商业计划书中一般要为投资机构准备合理的退出方式以供选择。投资机构从创业企业退出，有股份上市、股份转让、股份回购、并购退出和清算退出等方式。商业计划书所列退出方式，一般仅为股份上市、股份转让和并购退出。当然，投资机构对退出方式的熟悉程度远高于创业企业，故而一些创业公司在其商业计划书中并不列明退出机制，但在其他部分表现出了强烈的上市退出预期，此种处理方式不失为一种展现创业企业发展潜力和创业团队信心的好方法。

4.2.9　项目总结

项目总结是在完成商业计划书的主体内容之后，将商业计划书中的重点内容，用精准、简练和有力量的语言表述出来的一页 PPT，是一份迷你版的商业计划书。项目总结不但要重点阐述创业企业的投资亮点、展示创业企业的核心优势，还要具有感召力。

项目总结没有固定格式，甚至没有固定名称，可以是概览，可以是简介，也可以是摘要，甚至可以是核心亮点等。尽管项目总结是最后完成的，但其排序并非固定，可以在商业计划书封面之后，也可以在商业计划书的主体文件末尾。

（扫描以下二维码，查阅创业企业的项目总结）

扫码阅读　　　　　扫码阅读

创业企业的　　　　创业企业的
项目总结 1　　　　项目总结 2

4.3　商业计划书的撰写技巧

创业企业在编制商业计划书时，通常会制作 Word 版和 PPT 版两个版本。Word 版是一个内容全面、数据翔实、图表丰富的版本，主要用于创业企业内部梳理思路，达成发展共识。PPT 版基于 Word 版本而制作，主要用于呈现给投资机构并引起其兴趣。PPT 版的内容来源于 Word 版，但并不能完全照搬，其呈现方式具有一定的技巧，具体可分为布局技巧、用字技巧、用数技巧、用图技巧和用色技巧五个方面。

4.3.1　布局技巧

投资机构收到商业计划书后，会快速翻阅，对版面与布局的印象大于内容。这就好比陌生人见面，会根据服饰、发型、神态等形成第一印象。规划合理、重点突出的布局会给投资机构留下良好印象，激起其深入了解的兴趣。布局一般遵循以下原则。

1. 逻辑畅通

简单说来，可遵循"做什么""谁来做""怎么做"的逻辑顺序进行布局。首先是"做什么"，主要展示技术、产品或服务，以及其对应的市场分析；其次是"谁来做"，主要展示团队情况、管理架构和股权结构；最后是"怎么做"，主要展示现有经营成果、发展规划、融资需求及资金使用计划。

2. 重点突出

如果将商业计划书的全部要点进行均衡布局，事无巨细地表达出来，会让投资机构抓不住重点、提不起兴趣而放弃。一份商业计划书的质量，不是以内容多少为基础衡量标准，而是以是否突显出投资机构感兴趣的内容为基础衡量标准。突出重点集中体现在两页，分别是目录和项目总结。

（扫描以下二维码，查阅创业企业 BP 的目录）

扫码阅读

创业企业 BP
的目录

3. 可视化强

商业计划书生动、美观、有趣，将激发投资机构的阅读兴趣。商业计划书应结合图片、表格与数据，有需要的地方甚至可以内嵌视频，以充分达到易理解、可视化的效果。

4. 页数合理

商业计划书的页数没有标准，要视具体情况而定。如果用于路演，那么要看路演的持续时间。中国"互联网＋"大学生创新创业大赛总决赛的路演时间为5分钟，则商业计划书应不超过 15 页，以免演讲时过于仓促。用于给投资机构当面展示的，时间限制不那么严格，页数可以多一些。为了体现编制者总结的能力，除开目录、附录外，有效页数一般控制在 30 页左右为佳。

4.3.2　用字技巧

文字在商业计划书中必不可少。有的编制者为了便于讲解，会将 Word 版的文字复制粘贴到 PPT 版中，造成 PPT 版的文字密密麻麻，不易理解且难以阅读。掌握以下用字技巧，能让文字表达恰如其分。

1. 简略得当

文字简略可以提高投资机构的阅读效率，有助于投资机构对项目迅速进行初步判断。但文字简略也要适度，不要含糊其词，不要让投资机构去猜测，要将中心意思直接突显出来。

2. 务实准确

创业团队对创业项目充满乐观可以理解，但在编制商业计划书时，要避免盲目乐观，不可空话连篇，让人感觉不切实际。用词时多用名词和动词的组合，少用夸张的形容词。任何乐观性描述，都需要有真实数据等客观证据予以佐证。

3. 适当加工

适当加工主要指两方面。一是专业术语通俗化，将专业术语用通俗易懂的文字来表达。二是文字排版美观化。如果文字不可避免地相对较多，那么可以将表达中心意思的文字放大字号，而将用以佐证的文字调为较小字号；或者同时用不同颜色来体现差异，以让投资机构迅速抓住重点。

4.3.3　用数技巧

商业计划书中的市场规模、经营现状、财务数据、客户与产品等，无不涉及数据。如果说文字是商业计划书的骨骼，那么数据就是商业计划书的灵魂。一般而言，是数据而非文字让投资机构相信创业项目的商业价值。

1. 最大原则

数据有很强的吸引力和冲击力。基于数据的特性，在涉及佐证文字描述内容时，能用数据说明的，就不要用文字。此为用数技巧的最大原则。

2. 准确真实

数据能产生与文字不同的巨大力量，源于其不可辩驳的客观真实性，因此在使用数据时，要关注数据的准确性和真实性。由此，必须关注数据来源。比如财务数据，必须来源于公司的财务报表；如是预测数据，则需要提前准备预测的数据模型；如果引用市场调研机构的市场数据，则应当记住引用来源，以便在投资机构问询时准确回答。

3. 归纳对比

数据种类和数量繁多，如果不做处理就直接呈现在商业计划书中，显得过于庞杂。比如呈现近三年财务数据时，如果把资产负债表、现金流量表、利润表全部放在商业计划书中，就变成了几张内容复杂的财务报表，投资机构很难一下子抓到重点内容，对于创业企业来说也属于信息过度披露，是不明智的。正确的做法是摘录投资机构可能最关注的少数指标，如营业收入和净利润，进行三年对比，并在一页中呈现出来。

4.3.4　用图技巧

用图技巧包括使用图片和使用图表的技巧。商业计划书中堆砌大量的文字和大量的数据，即便内容再丰富，投资机构也很难看下去。使用图片和图表，可以让文字和数据的内容可视化，达到简洁、直观和美观的效果。

1. 注重逻辑

商业计划书中加入图片，可以让其图文并茂、视觉美观，直观、生动地展现内容。该做法的目的，是让投资机构更为高效地获取有效信息。故而，图片的选择要与所表示的内容具有强相关性，如果存在时序、因果等关系，还要符合逻辑。

（扫描以下二维码，查阅创业企业 BP 的用图逻辑）

扫码阅读

创业企业 BP 的
用图逻辑

2. 简洁直观

简洁和直观是使用图片的另一个技巧。如果使用图片的目的不是更为简洁、更为直观地把商业计划书的内容呈现出来，那么就没有必要使用图片。前述二维码展示的图片进行了很好地处理。图片的背景是医生，体现了其使用场景，但该场景并非重点，故而进行了模糊化处理。PPT 版 BP 使用了两张框架类似、内容互有异同的 3D 打印模型进行对比，突显出其具体用途和使用效果。全页极为简洁、直观，除突显内容外，还具有一定的美学效果。

3. 相互融合

图片与文字、图片与表格，或者图片、文字、表格进行融合，可以将复杂的内容简化，更清晰、更有效地处理和呈现烦琐复杂的内容。在商业计划书中，图表是传递信息的重要方式，不但可以涵盖大量信息，还因其直观性起到提纲挈领的作用。

（扫描以下二维码，查阅创业企业 BP 的文表融合）

扫码阅读

创业企业 BP 的
文表融合

4.3.5 用色技巧

配色是 PPT 版的商业计划书的重要内容之一。内容再好，若配色不合理，其效果也会打折。配色需要考虑主色、辅色和点缀色相互协调。主色是指在页面中占据主要面积的颜色，辅色是指页面中面积比主色小一些的颜色，点缀色是用来为页面增添亮点的颜色，同时它还具有引导视线焦点的作用。配色一般要遵循三个原则：一是与自身业务相匹配，二是色调要协调，三是种类不可过多。

1. 业务匹配

创业项目的种类影响主色。比如生物增材制造，医学属性强，可以选择白色为主色、蓝色和绿色为辅色。

（扫描以下二维码，查阅生物医药创业企业 BP 的配色）

生物医药创业
企业 BP 的
配色

云计算科技感和未来感较强，可用于节省网络及存储资源，可以选择蓝色为底色、白色为辅色。

（扫描以下二维码，查阅云计算创业企业 BP 的配色）

云计算创业企业
BP 的配色

2. 色调协调

颜色表包含三个参数，分别是纯度、色相和明度。

（扫描以下二维码，查阅颜色表中纵横配色法）

颜色表中纵横
配色法

左边垂直方向表示纯度，右边垂直方向表示为明度，水平方向表示色相即色彩种类。建议在配色时，尽量使用纵横配色法，即在颜色表的垂直方向上取色，或是在水平方向上取色，而不要随意取色。用纵横配色法取色，会保证在纯度、明度和色相三个指标中，至少有两个指标是统一的，从而达到色调协调的效果。

3. 控制种类

主色和辅色确定后，就剩点缀色可供选择了。为达商业计划书简洁、美观的目的，点缀色尽量不要超过两种。也就是说，在主色之外的颜色尽量不要超过三种，否则可能会让商业计划书显得花里胡哨，体现不出商业计划书应有的严谨性和专业性。

4.4　商业计划书的路演技巧

路演是国际上广泛采用的证券发行推广方式，通常是指证券发行机构发行证券前针对机构投资者的推介活动。创业管理的路演，是指创业企业为达到融资的目的，向投资机构展示商业计划书，对创业项目的产品、市场、团队和融资发展规划等做详细介绍，并回答投资机构关心的问题，以充分阐述创业企业的投资价值。高质量的路演活动能够促进投资机构与创业企业之间的沟通和交流，有效推动融资进程。

4.4.1 了解路演对象

"知彼知己，百战不殆"。编制一份高质量的商业计划书，是为知己；对路演对象充分了解，是为知彼。在路演前，对路演对象的了解要从投资机构和投资人两个维度进行。

1. 投资机构

根据中国证券投资基金业协会的公示信息，截至 2022 年 8 月 31 日，中国已经登记的私募股权、创业投资基金管理人近 1.5 万家，管理着约 3 万只基金和约人民币 10 万亿元的资产。投资机构数量众多，对投资机构进行充分了解和筛选，可以提高匹配效率。

创业团队可以从投资机构的投资性质、投资阶段、投资行业和投资地域四个角度进行了解。投资机构的性质可分为国有性质、私营性质或境外私营性质，还可分为财务投资性质、产业投资性质及并购性质。投资阶段可分为天使及早期阶段、成长期阶段和 Pre-IPO（拟上市）阶段。有的投资机构专注于某个阶段，创业团队可根据项目阶段进行精准匹配。投资机构会有自身专注的一个或多个行业领域，选择属于创业项目行业领域的投资机构成功率更高。部分投资机构对投资地域也有偏好，通常选择在创业项目所在地投资案例多的机构，可提高成功率。

2. 投资人

影响投资人对创业项目的偏好和判断的因素很多，其中专业背景、工作经验、已投项目和性格特征是重要因素。路演前，创业团队可通过投资机构网站了解拟接触的投资人相关信息，也可通过网络搜索去了解其公开发表过的文章和专业意见。当确定目标投资人后，如何与目标投资人建立联系亦有技巧。高质量的引荐，会带来良好的效果。比如，一位已经有一定成就的创业者，尤其是目标机构投资组合里的创业者，就是非常合适的引荐人选。

了解投资机构和投资人，创业团队除通过网站、网络搜索外，还可以通过专业的 APP 查询信息。比如鲸准、36 氪、IT 桔子等，注册后可以查询到已经注册的投资机构和投资人的基本介绍、投资案例等背景信息。

4.4.2 熟悉路演内容

熟悉路演内容是参加路演活动的基本要求。参加路演的创业团队不但要熟知用以展示的商业计划书记载的内容，还要熟悉用以辅助及佐证商业计划书内容的其他资料。因此在路演开始前，有必要进行反复排练，让路演者提前进入角色，把握好路演节奏。

参加重要路演活动的创业团队应为 2 至 3 人，其中应该包括核心创始人。在项目的早期阶段，应由核心创始人进行主讲，其他人员补充回答问题。到项目成长期阶段，可由负责融资的核心团队成员主讲，负责技术的核心团队成员补充回答相关技术问题。

4.4.3 提炼重点、亮点

在路演过程中，说什么很重要，但不说什么同样重要。在演说和答问过程中，要注意简化语言，提炼出重点和亮点。重要的内容，如创业项目的产品或服务，以及核心竞争力，要放在前面。创业项目的所有要素内容，应能用一句话表述清楚，然后再用三句话进行详细说明，或引用数据进行佐证。

在回答投资人的问题时，需要做到以下几点。首先是直面问题，对于投资人的问题，一定要正面回答，表现出对专业知识和企业情况的熟悉，展现出自信的态度。其次是有序回答，对于投资人的多个问题，一个一个拆解进行回答；如果项目团队多人参加路演，内部亦要有序回答。最后是简明扼要，回答问题时，尽可能简单、准确，要点突出。

4.4.4　简化技术问题

投资人不可能个个都是技术专家，而且技术演化的规律使得即便是具有专业背景的投资人，也可能在个别具体技术问题领域达不到创业团队的深度。在技术问题上纠缠不清，一方面会耗费大量时间，另一方面容易造成误解，投资人可能要么觉得创业项目技术不行，要么觉得创业团队性格执拗。因此，在路演过程中，对技术问题的简化描述变得十分重要。创业团队可以借助一些比喻将技术问题简单化，也可以在速写板上即时展现科学原理和推导过程。如果仍然解决不了技术问题，创业团队可向投资人表达另寻时间让双方的技术团队对接讨论，以让彼此有台阶可下，同时为进一步接触埋下伏笔。

4.4.5　适时反馈跟进

当投资人对路演项目抱有兴趣时，会安排进一步接洽，同时安排团队进行初步调查。但投资人同时接触的项目很多，优先级各不相同。当项目未获得重视时，创业团队应该保持平静和坦荡的心情，因为融资不但需要创业团队自身努力，而且还是一个概率事件。创业团队在概率事件中追求胜算的方法是多接触相对匹配的投资机构并适时反馈。

创业团队至少可在两种情况下向投资机构进行适时反馈。一是投资人有感兴趣的问题，但在路演时讨论得不够充分，创业团队可以书面形式或者另约时间再次沟通；二是当创业企业有里程碑式的进展时，创业团队可以及时向相对匹配的投资机构汇报进展，并可再一次约谈。一般来说，投资人都不会拒绝创业团队的二次反馈，即便最后该投资人所在的投资机构未能对该创业项目进行投资，创业团队也可能因此结交一位投资界的朋友，而该朋友有可能将创业项目推荐给其认为合适的其他投资机构。从这个意义上讲，单次路演活动的作用并非仅仅获得融资，它也是创业项目的公关活动，还是创业团队拓展社交圈子、增加社会连接点的社交活动。

课堂阅读

商业计划书要把家国情怀作为底色。家国情怀在中华文明数千年的演进历程中有着肥沃的土壤和深厚的历史渊源，我们要以历史文化涵养家国情怀，以时代精神焕发家国情怀。我们要把创业理想和价值追求融入国家繁荣和社会进步的洪流之中。家国情怀本质是一种精神，只有将这种精神化为实际，它才会具有实际意义。未来的竞争是科技的竞争，因此，创业要更多地聚焦于科技领域，主动选择祖国和人民最需要、最稀缺、最落后的行业和地域，奉献自己的知识与才华。

本章习题

一、单选题

1. 商业计划书的第一面对对象是（　　）。

A. 投资机构　　　　B. 赛事评委　　　　C. 企业自身和创业团队　　D. 普通公众

2. 科技型项目的竞品分析，最为核心的是产品的（　　）。

A. 市场趋势　　　　B. 核心功能　　　　C. 参数指标　　　　D. 销售情况

3. 商业计划书能用数据说明的，就不要用文字，这体现了用数技巧的（　　）。

A. 最大原则　　　　B. 准确真实　　　　C. 归纳对比　　　　D. 以上都不是

4. 一家医药创业公司，其商业计划书的主色最可能是（　　）。

A. 黑色　　　　　　B. 白色　　　　　　C. 棕色　　　　　　D. 紫色

5. （　　）不属于路演前需要做足的准备工作。

A. 了解路演对象　　B. 熟悉路演内容　　C. 提炼重点、亮点　　D. 适时反馈跟进

二、多选题

1. 市场分析体现创业团队对行业和细分市场的掌握程度和系统分析能力，其角度包括（　　）。

A. 宏观　　　　　　B. 中观　　　　　　C. 微观　　　　　　D. 以上都是

2. 商业计划书的撰写技巧包括（　　）。

A. 布局技巧　　　　　B. 用字技巧　　　　　C. 用数技巧

D. 用图技巧　　　　　E. 用色技巧

3. 团队展示的主要方面包括（　　）。

A. 创始人　　　　　B. 核心团队　　　　　C. 一般员工　　　　　D. 团队管理模式

4. 商业计划书的版面布局应当（　　）。

A. 逻辑畅通　　　　B. 重点突出　　　　C. 可视化强　　　　D. 页数合理

5. 商业计划书使用图片时，可以进行融合的内容包括（　　）。

A. 图片与文字　　　　　　　　　　　　B. 图片与表格

C. 图片、文字与表格　　　　　　　　　D. 以上都是

三、名词解释

1. 商业计划书。2. 行业分析。3. 项目总结。4. 纵横配色法。5. 路演。

四、简答及论述题

1. 商业计划书包括哪些主要内容？

2. 商业计划书如何展示核心团队？

3. 商业计划书使用数据需要注意什么？

4. 路演时如何回答投资人的问题？

5. 创业团队路演后，投资机构未予再次联系时，该怎么办？

五、思考讨论题

思考：假如你有一个创业点子，你如何将其制作成商业计划书？

第5章
股权结构设计与股权激励

开篇引例

千禧微熵从千万
收入减少至零

本章导读

股权结构影响公司股东的权利、责任和利益，影响公司的治理结构，合理的股权结构对公司的成功至关重要。股权激励的目的是吸引人才与公司共同成长、共创价值并共享价值，股权激励有助于招聘人才、留住人才和发挥人才潜力。本章介绍了股权结构设计原则、股权分配计算公式，以及股权激励方式与选择等内容。通过对本章的学习，读者可以掌握股权结构设计和股权激励的基本理论和一般方法。

知识结构图

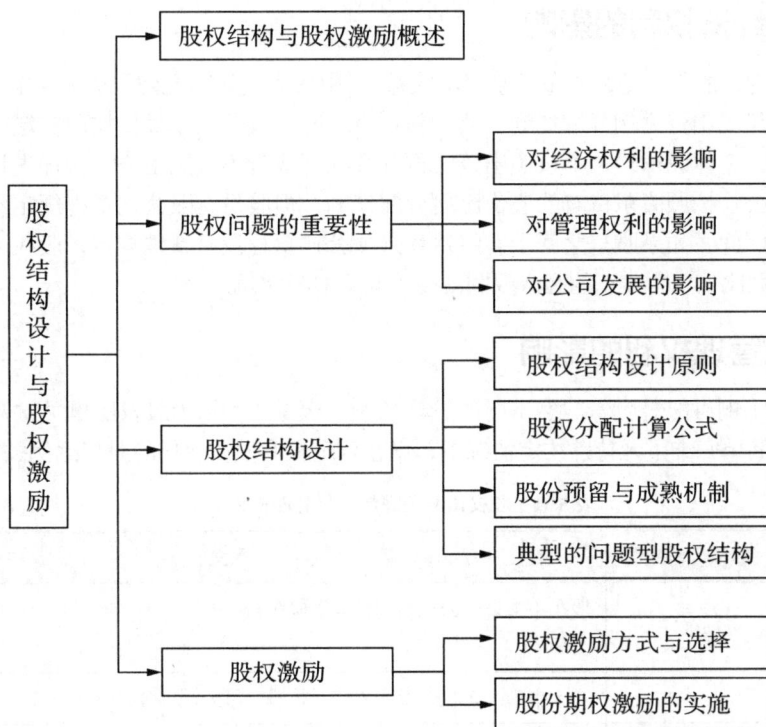

5.1　股权结构与股权激励概述

股权是有限责任公司或者股份有限公司的股东对公司享有的人身和财产权益的一种综合性权利，是股东基于其股东资格而享有的，从公司获得经济利益，并参与公司经营管理的权利。

公司股东依法享有资产收益、参与重大决策和选择管理者等权利。股东权利可分为经济权利和管理权利，资产收益属于经济权利，参与重大决策和选择管理者属于管理权利。股东权利的基础是股东所持公司的股权，所持股权比例的大小影响经济权利和管理权利的大小。

创业公司的股权结构，是指创业公司注册资本中各股东出资所占的比例及其相互关系。

股权激励是一种使经营者获得公司一定的股权，让其能够享受股权带来的经济效益与权利，能够以股东的身份参与公司决策、分享利润、承担风险，从而激励其勤勉尽责地为公司长期发展服务的长期激励机制。

公司股权结构的初始设计影响股权结构的初始形态。公司发展过程中所出现的股权融资、股权转让和股权激励等事项将改变股权结构的初始形态，对股东权利和公司治理带来重大影响。

5.2　股权问题的重要性

股权结构不仅影响股东的经济权利和管理权利，还影响公司的治理结构。股权结构是公司治理结构的基础，公司治理结构则是股权结构的具体运行形式。从法律法规规定、公司管理规范和经济运行规律看，股权问题是一家创业公司的基础问题。

5.2.1　对经济权利的影响

公司经营的目的之一是为股东带来经济收益。《中华人民共和国公司法》规定，有限责任公司股东按照实缴的出资比例分取红利；公司新增资本时，股东有权优先按照实缴的出资比例认缴出资。但是，全体股东约定不按照出资比例分取红利或者不按照出资比例优先认缴出资的除外。股份有限公司按照股东持有的股份比例分配红利，但股份有限公司章程规定不按持股比例分配的除外。因此，如果股东之间没有特殊约定或公司章程没有特殊规定，股权比例同样影响股东的经济权利比例，即股东的经济权利占比等同于股权比例。

5.2.2　对管理权利的影响

不同股权比例可能对应着截然不同的管理权利。表5-1所示为股权比例关键数值与管理权利差异，该表简单归纳了无特殊约定情况下，发生管理权利性质变化的股权比例关键数值。

表5-1　股权比例关键数值与管理权利差异

分类	序号	股权比例数值	意义
未上市公司一般规则	1	100%	股东不能证明公司财产独立于股东自己的财产的，应当对公司债务承担连带责任
	2	大于2/3	重大事项决定权，意味着绝对控股，母公司可合并财务报表
	3	大于50%	普通事项决定权，意味着相对控股，母公司可合并财务报表
	4	1/3	重大事项一票否决权

分类	序号	股权比例数值	意义
未上市公司一般规则	5	25%	相互间直接或间接持有其中一方的股份总和达到 25% 或以上，直接或间接同为第三者拥有或控制股份达到 25% 或以上，构成关联企业，其交易将被税务等监管机构重点关注
	6	10%	可召开临时股东会；可向法院起诉解散公司
	7	5%	在公司申请上市时，证券交易所和监管机构将对持股 5% 以上的股东重点核查；上市后锁定期三年以上
	8	3%	可在股东大会召开前 10 日提出临时提案
	9	1%	具有代位诉讼权
上市公司特殊规则	10	5%	举牌线。投资者持有一家上市公司已发行的股份的 5% 时，应当在该事实发生之日起三日内向监管机构和交易所报告，通知该上市公司，并予以公告
	11	30%	要约收购线。投资者持有一家上市公司已发行股份的 30% 时，继续增持股份的，应当采取要约方式进行，发出全面要约或者部分要约 累积投票制线。上市公司控股股东持股比例在 30% 以上的，在董事选举中应积极推行累积投票制度
	12	75%	终止上市线。收购人持有的被收购上市公司的股份数达到该公司已发行的股份总数的 75% 以上的，该上市公司的股票应当在证券交易所终止上市
	13	90%	强制收购线。收购要约的期限届满，收购人持有的被收购公司的股份达到该公司已发行的股份总数的 90% 以上时，其余仍持有被收购公司股票的股东，有权向收购人以收购要约的同等条件出售其股票，收购人应当收购

表 5-1 直观地列示了不同股权比例数值与对应管理权的差异。股东持股二分之一以上，对公司有法定的控股权，其中持股三分之二以上时有绝对控股权；持股低于二分之一的单一小股东，在持股高于三分之一时有重大事项一票否决权，而在低于三分之一时则失去重大事项一票否决权。

由于不同股东对管理权利的诉求不同，创业团队既要考虑控股股东对公司进行有效控制，又要考虑保护中小股东的权益，因此在股权结构设计中，需要重点关注表 5-1 中股权比例数值的影响。此外，设计股权结构时，不仅要考虑初始股权比例，还需要综合考虑公司在发展过程中进行股权融资、关键合伙人加入及员工股权激励所带来的动态影响。

5.2.3　对公司发展的影响

公司为发展需要，需要进行股权融资和锁定关键岗位的核心员工。公司在正常经营发展过程中将面临股权比例的调整，这些调整一般来自两方面：一方面是投资机构增资扩股，另一方面是关键合伙人加入和员工的股权激励。

投资机构对创业公司的投资普遍为非控股型投资。投资机构做出投资决策，公司具备合理股权结构是最重要的条件之一。投资机构偏好创始人绝对或相对控股，为未来发展过程中创始人保持控股权和进行员工股权激励预留空间，兼顾长远发展需要的公司。对于那种容易陷入僵局的绝对平均型的股权结构、外部人控制以及纯财务投资人控制的公司，投资机构基本会敬而远之。不合理的股权结构设计，将阻碍创业公司顺利获得风险投资资金。

虽然关键合伙人和核心员工股权激励看起来是一回事，但在现实操作中还是略有区别的。一般来说，吸引关键合伙人的加入，股权因素比薪酬因素更为重要。关键合伙人需要获得1% ～ 10%不等的原始股（即以原始估值获得股份），但若公司已经融资，以原始估值增资将稀释前轮投资人的股权比例，可能损害前轮投资人的利益，在股东会上较难通过。创始人可通过转让自己的存量股来解决这个问题。创始人转让股份亦是敏感话题，一般不被外部投资机构允许。创业公司在团队不齐整的时候，在设计股权结构时将更多股份预留给关键创始人，作为未来吸引关键合伙人的预留股份，并在融资过程中对投资人予以披露和解释，可以较好地解决这个问题。这种立意长远、思维缜密的表现，能体现出创业团队的格局和胸怀，容易获得投资机构的青睐。

员工股权激励也可能导致股权变动。创业公司吸引人才的经济手段有三种：一是高于业界水平的固定薪酬；二是多数（比如三分之二）现金薪酬和少数（三分之一）的股份；三是少数现金薪酬（比如三分之一）和多数（三分之二）的股份。在早期设计股权结构时未设立员工持股平台，未预留用于员工股权激励的股份的公司，一般会在成长期新设员工持股平台，平台对公司增资扩股进行员工股权激励。员工股权激励的股权比例由股东会讨论决定，在公司不同发展阶段股东所能接受的员工股权激励的比例有所不同，公司估值越低时该比例越高，一般在5% ～ 20%。股权结构设计若未考虑到员工股权激励，不利于公司锁定核心员工，将直接影响公司的经营和发展。

5.3　股权结构设计

不同的股权结构影响公司组织结构，从而影响公司治理结构，最终影响公司的行为和绩效。

5.3.1　股权结构设计原则

股权分配事关创业团队所有参与者的创业意愿和创业目标，很大程度上决定了创业团队在一起能走多久和能走多远，对创业公司的发展前景、发展速度起到部分决定性作用。

1. 基本目标

创业团队的第一次股权分配，其本质是平衡好每位参与者的权利和财富，是一种平衡的艺术。创业团队第一次分配股权，要考虑创业公司股权设计的目标。这些目标主要如下。

（1）突出控制权

初创时期必须存在实际控制人，突出实际控制人的控股权。对创业公司而言，控股权既是权利，也是责任和义务。创业团队宜设计相对集中的股权结构，实际控制人的股权比例应在三分之二以上；如果有多名重要创业合伙人，领头创业者应持股二分之一以上，其余人员的股权加起来不超过单一实际控制人的，防止出现一山二虎、三足鼎立等局面。

（2）凝聚创始团队

联合创业的成功率普遍高于个人创业。不合理的股权结构设计容易导致创始团队与实际控制人、创始团队之间产生纠纷，对创业公司造成重大负面影响。因此股权结构设计要平衡好联合创始人与实际控制人、联合创始人之间的比例，以达到凝聚创始团队的目标。

（3）便于融资

创业公司的发展离不开资本的支持，便于融资是股权结构设计需要考虑的核心问题之一，而相对集中的股权结构容易吸引融资。

（4）吸引人才

创业是一个从小河泛舟到大船出海的过程，创业公司需要不断吸引和配备种各样的人才。

因此第一次股权分配时就要考虑后续加入的核心管理人员和核心技术人员的股权激励，为股权激励留下空间。

2．分配原则

分配原则主要有四项，即公平、公正、公开和共享。

（1）公平原则

在创业早期，每一个创始团队成员都能够分到股权。即使是那些不重要的角色，只要他全心全意为团队而努力，就应该分得符合其贡献的股权。

（2）公正原则

公正原则要求在分配股权时合理评价每个人为公司所做的贡献，包括已经形成的贡献和未来可能做出的贡献，以及为公司所放弃的机会成本等。

（3）公开原则

股权分配应该在创始团队中开诚布公地充分讨论，每位参与者都发表自己的意见，最后形成一致意见。经过公开讨论的股权分配，才可能被所有创业参与者认为是公平公正的分配。

（4）共享原则

共享原则要求考虑未来加入公司、为公司发展做出较大贡献的员工能够与公司共创价值、一起成长，还需要考虑公司成为公众公司时，与社会公众投资人共创价值、一起成长，预留股权激励和公开发行股票的稀释空间。

5.3.2　股权分配计算公式

做到公开容易，但要做到公平、公正和共享，并不简单。美国卡内基梅隆大学泰珀商学院教授弗兰克·德姆勒（Frank Demmler）提供了一个创始人股权分配模型。弗兰克·德姆勒认为创始人股权分配时应该考虑创意的提出、商业计划的准备、行业专长、承诺和风险及责任等因素，并按各自的分数和权重进行加权计算，从而得出股权比例结论。表5-2所示为弗兰克·德姆勒股权分配模型。

表 5-2　弗兰克·德姆勒股权分配模型

因素	创始人 1	创始人 2	创始人 3	创始人 4
创意				
商业计划				
行业专长				
承诺和风险				
责任				
总分数				
股权比例（%）				

根据表5-2，可计算每个创始人在创意的提出、商业计划的准备、行业专长、承诺和风险及责任等方面所起的作用，然后计算出每个人的总分数和全部总分数，然后按每个人的总分数除以全部总分数，得出每个人的股权比例。

弗兰克·德姆勒股权分配模型的每项要素在所有要素中的权重没有确定，所以总体来说还是比较随意的。即使该股权分配模型比较随意，若经创始团队充分讨论，对按此种方法分配的股权达到了公开透明的要求，为所有创始团队成员所接受，仍然不失为一种好的方法。

表5-2不完全适合我国国情。创业的不确定性很高，历史贡献的权重不宜过高，更多地应该考虑未来贡献；在未来贡献中，既要考虑技术贡献，也要考虑商业贡献，同时还要考虑管理贡献。表5-3所示为优化后的创始人股权分配模型范例。

表 5-3　优化后的创始人股权分配模型范例

因素	权重	创始人 1	创始人 2	创始人 3	总分数 / 总比例
历史贡献	20%	100/20[1]	0	0	—
技术贡献	30%	30/9	70/21	0	—
商业贡献	30%	40/12	0	60/18	—
管理贡献	10%	60/6	10/1	30/3	—
机会成本	10%	80/8	20/2	0	—
总分数	—	310/55	100/24	100/21	510/100
股权比例（%）	100%	60.78%/55%	19.61%/24%	19.61%/21%	100%/100%

表5-3假定了历史贡献、未来的技术贡献、商业贡献、管理贡献和因创业丧失的机会成本等因素，并考虑各自所占权重进行了加权前和加权后的计算，得出了加权前和加权后的两个数值，加权后的数值即可成为创始人股份的参考数值。表5-3所列的创始人1、创始人2和创始人3加权后的参考数值比例分别为55%、24%和21%。

需要说明以下3点。

① 相对集中的股权结构最优。如果计算出来各创始人的比例较为平均，未能拉开差距以体现出某个创始人为实际控制人，则可以做些灵活调整，将资金因素、个人影响力因素等考虑进去并计算权重，适当拉开第一大股东与其他股东的股权比例差距，以突出实际控制人地位。

② 不同类型的创业公司，各项因素的权重可能不同。比如针对客户为个人消费者的快速消费品或日化用品，商业贡献应该至少占50%的权重；而新药研发、芯片设计等特别倚重技术的公司，技术贡献权重不应该低于50%。具体权重并没有标准，可由创始团队根据行业特征进行充分讨论。

③ 表5-3只是提供了一种方法论，创始团队可以根据团队实际情况进行灵活调整，在公开透明的基础上充分讨论，得到创始团队认为的公平、公正的分配结果。

5.3.3　股份预留与成熟机制

在创始团队分配股权时，往往一次性将全部股权分配至个人。若关键合伙人加入、员工股权激励或联合创始人中途离职，股权来源和股权处置将成为问题，而进行股份预留和设立成熟机制可有效规避问题的发生。

1. 股份预留

创始团队在制定股权分配方案时，应该考虑未来关键合伙人加入和员工股权激励的股权来

① 加权前数值为前值，加权后数值为后值，以下类推。

源。创始团队应该按第一次分配比例同比例稀释，分出10% ～ 20%的股权设立股权池。

如果尚未设立持股平台，可以将该部分股权交由第一大股东代持，并在创始人协议中约定清楚；或者约定在第一次融资前，等比例稀释股权转让至员工持股平台。

2．成熟机制

成熟机制是指针对创业公司的初始创业人员，对其预分配的股份设定成熟期，在成熟期内根据其为公司服务的年限，按比例逐年兑现的股份调整机制。初始创业人员在约定服务年限内离开的，只兑现服务年限内对应的股份，剩余股份可由公司其他创始人购买或由公司回购用于员工股权激励。

5.3.4　典型的问题型股权结构

问题型股权结构多种多样，以下为几种典型的问题型股权结构。

1．外部人控制

创业公司出现外部人控制的概率较低，但也并不罕见。某些没有经验的创业者为了获取创业资金，可能会忽略创业的复杂性和长期性，让出大部分股权，从而形成了外部人控制的股权结构。

在公司发展过程中，创业团队逐渐发现资金并非当初想象中那般重要，心理逐渐失衡。由于股份比例低，创业者心态会发生改变，奉献精神和拼搏精神逐步丧失。由于公司被外部人控制，难以设立具有足够吸引力的股权激励机制以吸引更多优秀人才加入。投资机构对外部人控制的创业公司几乎都会敬而远之，久而久之形成恶性循环，公司难以发展壮大，最后甚至难以持续经营。

2．无法解决的代持

（1）股权代持原因

① 资源方股份。股权代持在创业公司中普遍存在，主要原因在于创业者需要创业资源，而愿意提供创业资源的一方出于对创业项目的兴趣，要求持有一部分股权；出于身份或其他原因，资源提供方暂时没有在工商登记中显名或者不方便显名，转而与创业者达成书面或口头协议，形成了股权代持。这种情况多发生于亲朋好友提供创业资源，创业者代持股权的情形。

② 股债交叉。股债交叉的代持常发生于创业者缺乏资金并向民间融资的情形。资金提供方提供资金后，要求低价取得股权，或者要求创业者以股权作为担保。创业者为了获取发展资金，不得不勉强同意。当企业发展不好时，资金提供方要求创业者拿资金回购其所持股权，或者要求低价乃至无偿取得公司更多的股权；当企业发展得越来越好时，资金提供方则要求通过工商变更登记的方式显名持有股权。

③ 股权激励。创业者承诺给予一定的股权给一起创业的公司早期员工，但又没来得及设计并实施规范的股权激励，同时要避免单个自然人股东过多，所以创业者代持股权。

（2）股权代持的解除

股权代持需尽早解除，越晚解除难度越大、成本越高。股权代持也必须解除，特别是到了公司筹备IPO或被上市公司并购重组阶段时。一方面，法律要求拟IPO的公司股权必须清晰且无争议；另一方面，审核机构担心公司通过股权代持的形式对有关主体进行利益输送。

解除股权代持主要有以下几种方式。

① 代持人回购。创始人作为代持方，可以与被代持人协商，以一定的价格回购代持股份。该价格一般参考代持股份对应的初始价值并进行一定溢价；如果有融资，则可参考每股对应的净资产价格进行一定程度的上浮，或参考最近融资估值进行一定的下折；如果进入了拟IPO阶段，则可参考最后一轮投资机构的入股价格进行灵活确定。

② 被代持人显名。若被代持人显名符合监管规定及不影响公司后续融资发展，可由公司召开股东会，确认代持情况，将被代持人显名于工商登记之中。如果被代持人人数较多，或者是员工股权激励的代持，可设定一个有限公司或者有限合伙企业，将人员归集于该有限公司或有限合伙企业担任股东或合伙人，再由该有限公司或有限合伙企业受让被代持的股份，从而显名于工商登记之中。

③ 向适格的第三方转让。在第一种解除方式中，有可能出现代持人无能力回购的情况；在第二种解除方式中，有可能出现被代持人因监管等不能显名的情况。此时可以寻找适格的第三方受让被代持股份，以彻底解决该问题。

阅读资料 5-1：

非适格的股份持有者

我国党纪和法律法规均规定了某些特殊人员不能投资兴办企业。表 5-4 为创业公司非适格的股份持有者。

表 5-4　创业公司非适格的股份持有者

序号	法律法规依据	不能持股人员
1	《中国共产党纪律处分条例》	履行公职的党员干部
2	《中华人民共和国公务员法》	公务员
3	《中华人民共和国检察官法》	检察官
4	《中华人民共和国法官法》	法官
5	《中华人民共和国人民警察法》	人民警察
6	《中国人民解放军内务条令（试行）》	现役军人
7	《国有企业领导人员廉洁从业若干规定》	国有企业领导
8	《关于加强高等学校反腐倡廉建设的意见》	高校党政领导班子成员
9	《关于严禁党政机关和党政干部经商、办企业的决定》	乡及以上党政机关在职干部，工会、青年团、妇联等人民团体及其所属干部
10	《关于县以上党和国家机关退（离）休干部经商办企业问题的若干规定》	党和国家机关的退（离）休干部
11	《关于"不准在领导干部管辖的业务范围内个人从事可能与公共利益发生冲突的经商办企业活动"的解释》	省（部）、地（厅）级领导干部的配偶、子女（在特定范围内）
12	《关于规范国有企业职工持股、投资的意见》	严格限制职工投资关联关系企业（指与本国有企业有关联关系或业务关联且无国有股份的企业）
13	《关于实施〈关于规范国有企业职工持股、投资的意见〉有关问题的通知》	国有企业的董事、监事、高管、党委（党组）领导以及企业职能部门正副职人员

党员干部是指在国家立法机关、司法机关、行政机关、党务机关、各人民团体、国有企业、事业单位等依法履行公共职务的党员。普通党员持有创业公司股份并不受限制，

只有履行公职的党员干部才受到限制。非公职人员的党员可以经商，也可以持有公司股份。

表 5-4 所列的不能持股的人员中，有部分人员在离职以后，在限定期内仍然不能持有股份。公务员辞去公职或者退休的，原系领导成员、县处级以上领导职务的公务员在离职三年内，其他公务员在离职两年内，不得到与原工作业务直接相关的企业或者其他营利性组织任职，不得从事与原工作业务直接相关的营利性活动。因此这部分人员在辞职或退休后一段时间内，在限定的范围内仍然不应该持有创业公司的股份。

省（部）、地（厅）级领导干部的配偶、子女，不准在该领导干部管辖的业务范围内个人从事可能与公共利益发生冲突的经商办企业活动。

3. 绝对平均型的股权结构

绝对平均型的股权结构由于在控制权上没有办法确定到底由谁来掌握，而权利又是创业者核心的工作动机，所以当公司迈入了正轨，其负面影响就会显现。

阅读资料 5-2：

在股权结构上，海底捞做对了什么

中式连锁餐饮店四川海底捞餐饮股份有限公司（以下简称"海底捞"）在创立初期，其股权结构是被称为"最差的股权结构"的绝对平均型。创始人为四个自然人，即张勇、舒萍、施永宏和李海燕，四人每人出资一万元人民币成立了海底捞，每人占 25% 的股份。海底捞的早期股权结构如表 5-5 所示。

表 5-5　海底捞的早期股权结构

序号	股东名称	股权比例（%）
1	张勇	25%
2	舒萍	25%
3	施永宏	25%
4	李海燕	25%
	合计	100%

张勇与舒萍结为夫妻，施永宏与李海燕结为夫妻。海底捞的股权结构为张勇夫妇与施永宏夫妇各占 50%。如果两对夫妻的婚姻出现问题，则事态将变得复杂。

张勇夫妇和施永宏夫妇觉悟得早。随着张勇管理能力的突显，为优化股权结构，避免公司发生控制权争议，也为避免公司形成家族企业，四人经商议，舒萍和李海燕离开海底捞核心管理岗位。2007 年，在专业人士的指点下，张勇与施永宏协商一致，施永宏也离开海底捞核心管理岗位。海底捞进行了股权重组，张勇从施永宏夫妇处受让了 18% 的股权，海底捞形成了如表 5-6 所示的股权结构。

表 5-6 海底捞股权重组后的股权结构

序号	股东名称	股权比例（%）
1	张勇	43%
2	舒萍	25%
3	施永宏	16%
4	李海燕	16%
合计		100%

海底捞的股权重组后，张勇个人持股43%，与舒萍共同持股达68%，张勇夫妇成为海底捞的实际控制人。此后公司飞速发展，截至2021年12月31日，海底捞全球共有门店1 443家。

2018年9月26日，海底捞正式登陆香港联交所。根据公开财务信息，海底捞2021年度的营业收入为413亿港元，而公司市值于2021年2月达到峰值4 700余亿港元。施永宏夫妇在海底捞上市后持有16.8%的股份，按照4 700亿港元计算，施永宏夫妇的身家一度接近800亿港元。

施永宏夫妇通过"舍"，获取了"得"，通过放弃对海底捞的控制权，实现了个人的巨额财富增值，也促成海底捞从一家只有四张桌子的火锅店，稳步成长壮大。

5.4 股权激励

欧美发达国家为了提高股权管理技术、有效激励公司员工，创设了多种股权激励方式，如股份期权、限制性股份、虚拟股份、股份增值权等。我国在员工股权激励规则上借鉴了这些激励方式。

5.4.1 股权激励方式与选择

《中华人民共和国公司法》原则上要求"股东按照实缴的出资比例分取红利；公司新增资本时，股东有权优先按照实缴的出资比例认缴出资"，但也允许"全体股东约定不按照出资比例分取红利或者不按照出资比例优先认缴出资的除外"。《中华人民共和国公司法》同时也规定"股东会会议由股东按照出资比例行使表决权；但是，公司章程另有规定的除外"，允许"同股不同权"的自治安排。2021年12月24日，第十三届全国人大常委会第三十二次会议对《中华人民共和国公司法（修订草案）》进行审议。修订草案进一步借鉴欧美发达国家立法经验，在股份有限公司中引入授权资本制，对已有较多实践的类别股（如优先股与劣后股、特殊表决权股、转让受限股等）做出规定。这些立法变化为创业公司更加灵活地实施股权激励提供了法律基础和规则引导，员工股权激励的政策更为灵活，工具更为丰富。

1. 股份期权

（1）基本概况。

期权是一种能在未来特定时间以特定价格买进或卖出一定数量的特定资产的权利。股份期权是公司与员工约定，员工拥有在约定的时间内以事先约定的价格，按照约定的条件购买公司约定数量股份的权利。购买股份的员工是股份期权的权利人；在行权之前，员工不享有股份任何实际权益，只有在按约定行权后，员工才享有股份实际权益。

（2）特点。

① 复合性。股份期权是"身股"与"银股"的有效结合。身股是指取得股份期权的人员必须具有特定身份，通常是公司的核心管理人员、核心技术人员和其他岗位上的重要贡献者；银股是指期权人在行权时，要支付一定数量的货币金额作为代价。

② 长效性。股份期权是一种长期激励机制，被激励的员工在一定程度上部分牺牲了短期薪酬收入，员工更看重的是公司股份的成长增值。

③ 限制性。首先，员工只有在行权之后才享有实际的股份权益；其次，享有的股份权益会受到一定的限制，比如在约定的时间内不能对所持股权进行转让、质押等处置行为；最后，若员工离职，根据协议约定，其持有的股权可能会被公司按照约定的计价方式收回，通常是其取得该等股权支付的成本、每股净资产或公司上一轮估值对应的若干折扣。

（3）适用企业。

股份期权适用于初创期和成长期的创业公司。因为处于初创期和成长期的公司营收差、利润低或者为负，拿不出高薪或者现金奖励、聘请和留住人才；但此时公司却正处于内在价值快速增长阶段，以较低的行权价格锁定股份，可以促使被激励的核心员工与公司形成利益共同体、共担责任、共创价值、共享成长。

创业公司在早期设定的员工持股计划（Employee Stock Ownership Plan，ESOP）通常采用股份期权的方式，处于成长期至壮年期的创业公司可能采用虚拟股份的方式，或者采用股份期份与虚拟股份等组合的方式。

2．限制性股份

（1）基本概况

限制性股份指公司按照预先确定的条件授予激励对象一定数量的本公司股份，激励对象只有在工作年限或业绩目标符合股权激励计划规定条件时，才有权出售限制性股份并从中获益。

（2）特点

① 实有性。与股份期权不同，限制性股份被授予后，激励对象即取得真实的股份；而股份期权被授予后，激励对象只是取得行权的权利，只有在行权后，才实际取得真实的股份。限制性股份是所见即得，股份期权是所见后得。

② 对称性。股份期权的权利义务不对等，期权权利人有行权的权利，但没有必须行权的义务，放弃行权不会产生经济损失；但限制性股份被授予后，激励对象即承担了相应的义务，必须满足约定的工作年限或业绩目标，股份上的限制才会被解除；若未达到约定条件，不但股份上的限制无法解除，还可能导致股份的价值下跌，产生一定的经济损失。

③ 限制性。限制性股份的限制性在于两点，一是获得条件，二是解除限制条件即出售条件。这些条件往往以具体的财务指标为核心依据。

（3）适用企业

限制性股份一般以中短期业绩为考核依据，激励对象主要靠股份的增值和流通来获取经济利益。由于所见即得，在完成约定目标后即解除限制，因此激励效果与约定的工作年限和业绩目标密切相关，达成后的激励效果可能会打折扣；且非上市公司的股份流动性差，变现不易，因此激励效果也受到限制。因此，该种激励方式一般适用于业绩不佳的上市公司，或者作为创业公司股份期权的变种。

在创业公司，进行限制性股份激励，为达锁定效果，一般会采用大股东代持或者持股平台代持股份的方式，解除限制时再由大股东转让给激励对象，或者在持股平台上变更出资人。此种方式不利于创业公司资本化。若公司准备资本化，则需要提前解决代持问题，可能会有一定处理难度，甚至可能会产生纠纷。

3. 虚拟股份

（1）基本概况

虚拟股份是指公司授予激励对象一种以公司实股为参考依据的虚拟的股份，激励对象可以根据虚拟的股份，享受一定数量的分红权和股价升值收益。该虚拟股份并不真实存在，不会登记于工商管理部门，持有人不享有《中华人民共和国公司法》意义上的所有权和表决权等股东权利，不能转让和出售，并且在离职时自动失效。

虚拟股份与实际股份组成股份数量组合，通过预设的财务模型计算出每股可分配的利润，该利润由虚拟股份的持有人享有，因此其本质是一种特殊化的奖金计算和支付机制。

（2）特点

① 形式虚拟化。虚拟股份是真实股份的影子，并不作为真实股份而存在；虚拟股份的经济权益参考并模仿了真实股份，但虚拟股份的增加不会改变公司的资产数额和股本结构。

② 无法定股东权利。虚拟股份的持有人不被认定为《中华人民共和国公司法》上的真实股东，不具备法定的股东权利，没有真实的股东身份权、参与决策权、选择、监督管理者权、优先受让权等权利；而其收益权也仅为一种合同权利，可能变化或丧失，不具备稳定性和永久性。

③ 获得无偿性。虚拟股份一般由公司无偿赠与或以奖励的方式发放给经过严格考核后确定的特定员工，持有人一般不需要支付对价。这种赠与和奖励体现了公司对被授予人的肯定，兼具物质激励和精神激励的双重效果。

④ 易操作性。虚拟股份由于是虚拟的，不真实增加公司股份，因此不用考虑股份的来源问题；而且在实际操作中，虚拟股份的实施由实施方案和授予协议两份文件组成，公司与被授予人签署一份内部文件，所以操作简便。

（3）适用企业

虚拟股份激励的重点在于两方面，一是授予行为本身是种精神激励，二是被授予人可获得薪酬、奖金以外的虚拟股份分红。虚拟股份激励要求公司具备良好的利润和现金流，其适合那些具有较高品牌美誉度、具备稳定增长能力和较强盈利能力的中大型公司，处于初创期和成长期的普通创业公司并不适用。

4. 延期支付与业绩股份

（1）基本概况

延期支付是指公司将激励对象的部分薪酬，如年度奖金、股权激励收入等按当日公司股份市场价格折算成股份数量，存入公司为激励对象单独设立的延期支付账户。在既定的期限届满后或在激励对象退休后，再以公司的股份形式或根据期限届满时的股份市场价格以现金方式支付给激励对象。

业绩股份是指在年初确定一个业绩目标，如果激励对象到年末时达到预定的业绩目标，则公司授予其一定数量的股份或提取一定的奖励基金购买公司股份。业绩股份的流通变现通常有时间和数量限制。激励对象在以后的若干年内通过业绩考核后，可以兑现规定比例的业绩股份；如果未能通过业绩考核或出现有损公司利益的行为、非正常离任、离职等情况，则其未兑现部分的业绩股份将被取消。

（2）特点

① 高业绩要求。延期支付与业绩股份的计算基础均为公司业绩，无论是延期支付中拟延期的薪酬，还是业绩股份中的股份数量，均与业绩密切相关，业绩没有实现，其计数可能极少或者为零。因此，二者的本质是通过实现业绩目标进行强激励，并把这种激励从现金激励转化成

公司股份激励的方式。二者不同的是，兑现延期支付，既可以用现金，也可以用股份，而业绩股份只能是股份。

②约束性。二者均在未来进行兑现。不同的是，延期支付是实现一期即可保证一期的支付，效果类似于保本型定投计划，到期可一次性兑现。业绩股份与业绩的相关性更大，类似于非保本型理财计划，若出现业绩未达标、有损公司利益的行为，或者非正常离职离任，则只能兑现一部分，甚至被取消。由于该特点，延期支付更多地适用于高级管理人员，而业绩股份可用于业务部门的核心业务人员。

③易操作性。延期支付和业绩股份与业绩挂钩，容易被股东大会通过；二者在初期均为协议行为，一次办理，操作比较简单。

（3）适用企业

延期支付和业绩股份都把激励对象的部分可得利益转化为股份，且长时间锁定，并对激励对象有行为上的要求，这较大地增加了退出成本，可以避免高级管理人员和核心业务人员过于追求短期利益，实现公司长期稳定经营。延期支付与业绩股份不需要当期支付现金，这对于已经实现盈利但短期现金流不佳的公司来说，无疑减少了实施压力。因此，延期支付和业绩股份均适用于盈利公司。

5.　股份增值权

（1）基本概况

股份增值权是指公司授予激励对象在规定时间内获得一定数量的股份价值上升所带来的收益的权利。激励对象并不实际拥有股份，也不支付对价。增值部分为结算时股份的市价与授权时的约定价之差。该增值部分可以结算为现金，也可以按照结算的股价折算成股份。折算成现金，激励对象则直接获得现金，不改变公司的资产和股本；折算成股份，激励对象则需要缴付对应股份数量的出资额，公司的资产和股本均发生变化。也可以设置现金与股份结合的方式。

（2）特点

①虚拟性。股份增值权的获权人并不实际拥有对应数量的股份，这一点与虚拟股份相同。与虚拟股份不同的是，虚拟股份既获得对应的分红权，也享有虚拟股份的增值权，而股份增值权只享有增值权，不享有分红权。

②非对称性。股份增值权不需要激励对象支付对价，激励对象在此只有权利，没有义务。如果设置得不好，激励效果有限。

③业绩要求。股份增值权一般会设置双重业绩要求。一是公司的业绩要求，一般会设定扣除非经常性损益的净利润增长率；二是个人的考核要求，个人考核设定一个指标，与激励的股份增值权挂钩，若考核不合格，则未行权的股份增值权直接作废。

（3）适用企业

股份增值权激励效果的前提是公司股价具有一定的增长；若股份价值下跌，则可能不但起不到激励作用，而且会在精神层面对激励对象产生打击。同时，股份增值权的兑现会对当期利润和现金流形成压力，如果公司现金流状况不好，则可能操作起来会比较困难。

6.　干股

（1）基本概况

干股是指在公司创设过程中或者存续过程中，公司的创办人或者其他股东依照协议无偿赠予非股东的第三人的股份。干股的本质是不缴纳出资但享有公司股份。

干股通常包括两种情况。一种情况是干股持有人不登记为公司股东，但享有约定比例的分红权利。这种情况下，干股持有人并非公司法律意义上的股东，其所持干股的性质更接近于虚拟股份，本质是一种现金奖励。另一种情况是干股持有人以其特殊的资源作为交换，登记为公司股东，但不具体出资。

（2）特点

① 非对称性。干股持有人并不实际出资，但享有分红权或者实际股东权利，其享受的权利和承担的义务并不对等。

② 灰色特性。干股持有人多数以其背景资源、信息资源或渠道资源换取股份，带有一些灰色特性。

（3）适用企业

干股多见于严重依赖行政资源、渠道资产或信息资源的早期创业公司，这些公司可能在短期内可以赚取超额利润，但长期来看资本化进程障碍重重。具有远大前景理想的创业公司不宜采取干股激励。一是激励范围有限，二是容易产生纠纷，三是股权权属不清。

表5-7所示为各种股权激励方式的特点及适用企业。从是否实股、业绩相关程度、权利义务对称程度、约束限制强度、现金流压力、激励效力、适用企业等维度考察，每种股权激励工具各有优缺点。

表 5-7   各种股权激励方式的特点及适用企业

激励方式	是否实股	业绩相关程度	权利义务对称程度	约束限制强度	现金流压力	激励效力	适用企业
股份期权	行权后才为实股	中相关	不对称	偏强	小	长期	初创期、成长期创业公司
限制性股份	授予时即实股	强相关	对称	强	小	中期	偏壮年期、成熟期公司
虚拟股份	虚股	强相关	不对称	中等	大	短期	稳健成长中后期公司
延期支付	实股或现金	中相关	不对称	强	以现金支付时大	中长期	壮年期、成熟期公司
业绩股份	实股	强相关	不对称	强	大	短期	增长乏力盈利型公司
股份增值权	虚股	强相关	不对称	偏弱	大	长期	稳健增长盈利型公司
干股	通常为虚股	弱相关	不对称	中等	大	长期	资源渴求型初创公司

创业公司处于初创和快速成长期，可重点选择股份期权的形式来实现员工持股计划。股份期权能实现激励效力的长期性，有助于激励对象与公司建立起利益共同体，便于公司吸引和留住人才。通过股份期权激励，公司与激励对象分享企业增长的价值，也便于维持公司的长期战略，提升公司的盈利能力，进而提升公司的竞争力。

5.4.2　股份期权激励的实施

股份期权激励的实施，需要重点关注股份来源、激励对象、激励数量、激励价格、激励期间、撤销和赎回以及具体操作流程七个重要环节。

1. 股份来源

根据股份期权激励是否会导致公司注册资本的变动，股份期权的股份来源可以分为两种，一种是不导致注册资本变动的存量股，另一种是导致注册资本变动的增量股。下述四类中，（1）～（3）为不导致注册资本变动的存量股，（4）为导致注册资本变动的增量股。

（1）期权池预留股

在第一个外部投资机构成为创业公司股东之前，创始股东预留出来用于激励员工的股份叫作期权池预留股。期权池预留股比例一般在 10%～20%，该等股份有可能已经成立了平台，由平台持有，也可能由指定大股东代持。如果由平台持有，在实施股份期权激励时，可直接在持股平台上操作；如果由大股东代持，则会先成立持股平台，再由大股东将期权池的股份转让至持股平台，然后再实施股份期权激励。

（2）老股转让

老股转让与期权池预留的区别在于，创始股东是否做过期权池预留安排。做过期权池预留安排的，即便采用了老股转让方式转让至持股平台的，也视为期权池预留。老股转让通常发生在已经有外部投资机构成为创业公司股东的情形下，此时，用于股份期权激励的老股转让价格通常会低于投资机构的投资价格。根据《中华人民共和国公司法》的规定，由于有限责任公司的所有原股东均有优先受让权，因此投资机构需要对该用于股权激励的股份放弃行使优先购买权。

（3）股份回购

股份回购亦属于存量股变动，是由公司出钱回购部分股份用于员工股权激励。《中华人民共和国公司法》对股份有限公司回购股份用于员工股权激励进行了鼓励式的修改，主要体现在以下 3 个方面。①删除了回购资金来源。旧法要求用于收购的资金应当从公司的税后利润中支出，新法删除了此条，公司是否盈利不影响公司回购股份用于员工股权激励。②扩大了比例。旧法要求回购股份不得超过公司已发行股份总额的百分之五，新法将此限制扩大到了百分之十。③延长了实施时间。旧法要求回购的股份应当在一年内转让给职工，新法将转让时间延长至了三年。公司实施股权激励更加从容，也更好设置中长期业绩目标。

上述规定仅限于股份有限公司，一般罕见有限责任公司回购股份用于股权激励。由于部分创业公司创立时就采用股份有限公司组织形式，这类公司在做股权激励的时候可以考虑此种股份来源方式。

（4）增资扩股

增资扩股系由激励对象出资购买公司新增注册资本或新发行股份，增资扩股后，公司的注册资本／股本将增加。此种股份来源方式深受投资机构欢迎。一方面，公司的资产总额会有所增加；另一方面，员工出资，能提升其对公司的信任、信心和忠诚。

2. 激励对象

确定股份期权激励对象时，常出现两种情况。一种情况是代入太多私人情谊，把股份期权当作全体员工的福利，进行全员激励；另一种情况是太过关注少数人，激励的员工人数过少，或者对个别员工授予的股份期权畸多。

避免这类不当操作，需要理性客观地看待股权激励。股权激励是一种长期激励机制，需要授予那些能够持续给公司创造效益的人，不能当作普惠福利。但激励范围过小，或者激励数量过少，也无法达到激励目的。

激励对象的确定至少需要考虑四个维度，分别是岗位价值、历史贡献、当期绩效和未来潜力。这四个维度的权重并不相等，要注意激励的意义在于未来而非过去，因此，历史贡献权重不能过高。表 5-8 所示为股权激励评价因素和权重。

表 5-8　股权激励评价因素和权重

评价因素	岗位价值	历史贡献	当期绩效	未来潜力
权重	30%	15%	15%	40%

根据表5-8，可以对全体员工进行打分。初创期员工数量少，可以考虑激励30%～50%的员工。当公司进入成长期，员工数量达到一定规模时，则需要考虑采用"二八原则"，激励约20%的员工。根据全体员工评分和需要激励的人员数量，便可基本确定激励对象名单。

核心高管、核心技术人员以及运营、销售、市场、财务、法务、人事等核心中层管理人员，均需要被纳入激励对象范围。假如遗漏了这些人员，那么需要考虑评价是否失当，或者激励对象范围是否过小。

3．激励数量

激励数量的两个指标，一个是激励总数量，另一个是个体数量。

（1）激励总数量

激励总数量并非一概而论。《中华人民共和国公司法》规定股份有限公司回购股份用于股权激励的，限定的额度为不超过本公司已发行股份总额的10%，这个比例可以作为参考依据。考虑公司不同的发展阶段，初创期和成长期的公司会进行融资，股份会被逐步稀释，因此用于股权激励的股份比例的合理范围在20%左右；而成熟期的公司由于市值已经很高，5%的比例可能足以达到激励效果。

除了考虑公司发展阶段外，激励总数量还需要考虑激励对象的人数、薪酬水平、人力资源结构变化预期、公司资产状况、后期激励计划等因素。这些因素均难以客观量化，评价较为主观。

（2）个体数量

个体数量的确定分两步走，先确定个体数量的上限基数，再确定具体个人的配股系数，二者相乘即得出个体数量。

第一步是确定个体数量上限基数。为便于理解，表5-9所示为职级岗位的配股上限基数。

表 5-9　职级岗位的配股上限基数

职级	岗位	配股上限基数（股）
M1	核心普通员工	2万
M2	主管	4万
M3	经理	8万
M4	总监	16万
M5	副总经理	30万
M6	总经理	50万

第二步是确定具体个人的配股系数。个体数量不一定是配股上限基数，不是职级相同的个体数量就一定一致。个体数量应当根据每位员工的评价结果而有区分，每位员工所获得的配股个体数量可能会因为评价结果不同而有所区别。其计算公式为：

个体数量 = 配股上限基数 × 系数

假定公司采用了表5-8的股权激励评价因素和权重，以及表5-9的职级岗位的配股上限基数，那么，个体数量的计算公式为：

个体数量＝配股上限基数 ×（岗位价值 ×30%+ 历史贡献 ×15%+ 当期绩效 ×15%+ 未来潜力 ×40%）。

4. 激励价格

股份期权的激励价格，是指激励对象在行权时为获得每一单位股份需要支付的对价。股份期权激励应当支付对价，否则激励效果会大打折扣。

公司和激励对象对于股份期权的激励价格的诉求往往不一致。激励对象希望价格越低越好，而公司倾向于更高的价格。表5-10所示为创业公司经常采用的股份期权激励价格计算方法。

表 5-10　创业公司经常采用的股份期权激励价格计算方法

方法	定价方式	适用企业
注册资本法	1元／股	融资前的公司
净资产法	每股净资产	融资前／融资后的公司
融资估值法	前一轮估值的某个折扣，例如5折	多轮次融资期间的公司
市盈率法	每股净利润的倍数，例如5倍	盈利能力强的公司

表5-10所示的四种定价法中，创业公司常用的是净资产法。尚未进行融资且未盈利的早期创业公司，其净资产低于零甚至为负，此时一般会定价1元／股。

5. 激励期间

股份期权激励不是一步到位，而是具有渐进性。表5-11所示为股份期权激励关键时间及意义。

表 5-11　股份期权激励关键时间及意义

关键时间	意义
方案生效日	召开股东会审议股权激励计划且予以通过
授权日	激励对象获得股份期权的日期
等待期	业绩要求和身份约束期间
行权期	可以行权的时间段
禁售期	不得转让和出售的限制期

表5-11所列的方案生效日至禁售期，构成了股权激励的整个激励期间。要想使得股权激励发挥最大效用，需要合理安排好股权激励的关键时间。

（1）方案生效日。股权激励通常属于公司股东会决议事项，需要经过股东会审议讨论，通过后方案才生效。方案生效日是股东会审议通过股权激励方案的日期。

（2）授权日。公司与员工签署期权协议时，会约定授权日。该日期有可能早于期权协议签署日，也有可能晚于期权协议签署日。同一批次的股权激励的授权日往往是一致的。自授权日起，激励对象获得了股份期权，也开始计算等待期、行权期和禁售期。授权日可以是某些特定日期，比如受聘日、业绩考核日、晋升日，但通常是战略目标的起始日。

（3）等待期。获得股份期权日至可行权日之间的时间为等待期。期权协议一般会约定某些约束条件，在等待期内，达成了这些约定条件后，才可以行权。约定条件可能是工作年限，可能是公司总体业绩和个人业绩要求，也有可能是工作年限与业绩要求的结合。等待期为目标实现的时间。当股份期权为分期行权时，将出现多个等待期。

（4）行权期。行权是指员工根据期权协议支付对价，获得股份的行为。员工可以行权的第一日为行权日，行权日至权利丧失之间的时间为行权期。行权期一般会设定较长的时间，以便员工筹集资金购买股份。行权员工提出行权申请，由董事会与薪酬考核委员会对申请人的行权资格和条件进行审查，确认行权人员和行权数额之后，公司再统一办理工商变更登记。

（5）禁售期。股份期权一般会设定禁售期，以避免被激励的员工拿到期权立即套现走人，导致对公司产生较大负面影响。可以一次性设定一个合理的禁售期，也可以参考上市公司董事、监事、高级管理人员减持限制，比如获得股份后一年内不得减持，且每年减持的比例不超过其持有总数的25%。禁售期过长会影响激励对象参与股权激励的意愿，一般建议为三至四年。

6. 撤销和赎回

员工获得股份期权后，出于某些原因，可能会丧失股份期权的激励资格，被动退出股权激励计划。尚未行权的，称之为期权撤销；已经行权取得实股的，称之为股份赎回。

（1）撤销和赎回原因

发生期权撤销和股份赎回主要有以下情形。

① 身份情形。具体包括：因辞职、辞退、退休等与公司解除劳动协议关系的；丧失劳动能力或民事行为能力或者死亡的；刑事犯罪被追究刑事责任的。

② 违反忠实勤勉义务。具体包括：执行职务时，存在违反公司法或公司章程，损害公司利益的行为；执行职务时的错误行为，致使公司利益受到重大损失的；董事、监事或高级管理人员违反忠实勤勉义务，给公司造成较大损失或较大负面影响的。

③ 考核不达标。没有达到约定的业务指标、盈利业绩，或者经公司认定对公司亏损、经营业绩下降负有直接责任的。

（2）赎回的价格处理

股份期权被撤销后，自始不发生效力，激励对象不享有期权权利。由于激励对象尚未支付对价，且公司与员工双方基于期权协议产生的权利义务均全部消灭，公司不需要向员工支付费用。

如果员工行权取得实股后，由于前述原因失去股权激励资格的，则公司或大股东需要支付一定的对价，把激励对象持有的股份赎回。赎回价格一般参照以下条款进行约定。

赎回在公司工作不足××工作年限的员工所持有的已行权的激励股权时，其赎回价格为以下两者之间的孰低者：①原始行权成本＋自行权日起至赎回日止按××%年单利累计可获得的利息；②赎回日其股权对应的公司净资产价格。

赎回在公司工作满××年的员工所持有的已行权的激励股权时，其赎回价格为以下两者之间的孰高者：①原始行权成本＋自行权日起至赎回日止按××%年单利累计可获得的利息；②赎回日其股权对应的公司净资产价格。

此处的工作临界年限由创业公司股东会决定，利率则根据公司自身的成长情况进行确定，一般在4%～10%。

阅读资料5-3：

搜房网与孙某期权合同纠纷①

孙某系搜房媒体技术（北京）有限公司（以下简称"搜房网"）早期员工，2003年3月加入公司。2004年5月10日，孙某与搜房网签订股票期权协议，约定由搜房网

① 参见北京市高级人民法院（2012）高民终字第1879号《民事判决书》。

授予孙某三批共 5.5 万股的期权，三批均分次成熟。其中：1 万股的授予日为 2000 年 3 月 16 日即入职日，从授予之日起每满一年可以行权三分之一；4 万股的授权日为 2001 年 10 月 1 日，从授予之日起每满一年可以行权三分之一；另 0.5 万股于 2002 年 10 月 1 日授予，从授予之日起每满一年可以行权四分之一。协议还约定：当权利人因其他原因终止同公司的雇佣关系时，则所授予的期权在雇佣关系终止日起的 30 天后终止，股票期权中尚不能行使的部分将失效。

2009 年 6 月 11 日，搜房网与孙某解除了劳动合同。此时，所有期权已经成熟。同年 6 月 23 日起，孙某多次向搜房网表达了行权意愿，要求行权，但搜房网未办理行权手续。2010 年 9 月，搜房网在美国纽约证券交易所正式挂牌上市。

2011 年 3 月 11 日，孙某把搜房网诉至北京第一中级人民法院。法院判决搜房网按照约定的行权价格授予孙某 5.5 万股股份。搜房网不服，提起上诉。2012 年 10 月 29 日，北京市高级人民法院判决驳回搜房网上诉。孙某获得了 5.5 万股搜房网的股份。

股份期权的等待期较长，并且多数存在分期行权的约定。被激励的员工在离职时，一般会要求对已经成熟的期权行权，而公司则考虑到已离职员工不再为公司做贡献或其他因素而拒绝行权，或者离职员工要求公司回购股份期权，这是期权合同的常见纠纷。

股份期权合同纠纷多数发生在行权与约束条件的冲突上。无论是股份期权激励计划，还是股份期权授予协议，均应对期权激励的所有事项约定清楚，并且应该特别注意行权价格、行权期限和撤销及赎回条款。涉及撤销及赎回条款的，还应详细约定撤销及赎回发生的情形，以及赎回的价格约定，以有效规避期权股权激励纠纷。

7. 具体操作流程

创业公司的股权激励核心内容为股权激励方案的确定和股权激励协议的签署，一般按以下步骤操作。

（1）统一股东意愿。创业公司管理团队根据公司的当期情况、发展战略、人力资源需求等展开讨论，形成预案，交董事会和股东会讨论并形成实施股权激励的共识。

（2）评估企业价值，确定激励额度。创业公司管理团队对公司进行全面的价值评估，确定合理的公司估值。公司估值事关股权激励的对价，因此不宜过高，过高则员工的参与度低；也不宜过低，过低则有损原股东利益，并且激励效果不佳。创业公司可聘请审计机构和资产评估机构对公司进行审计和评估，其审计结论和评估结论可作为董事会、股东会确定股权激励每股价格的参考依据。

（3）确定个体数量。确定总额度后，根据激励的员工数量比例、考评结果和各自的权重系数，计算出激励对象的数量和个体配股数量。

（4）搭建持股平台。在确定好总额度后，即可搭建持股平台，可以与计算个体数量同步进行。可采用有限合伙企业作为持股平台，由处于实际控制人地位的创始人担任普通合伙人并同时担任执行事务合伙人，由另一位联合创始人担任有限合伙人。

（5）持股平台持有目标公司股权。搭建好持股平台后，将用于激励的存量股对应的股权转让至持股平台；如果是增资扩股方式，可以通过先认缴、再实缴的方式认缴目标公司注册资本，并办理工商变更登记手续。

（6）制订并通过股权激励方案。激励方案包括了员工持股计划的目标、原则、数量、管理、授予、行权、撤销、赎回、禁售等具体事项，由股东会讨论通过后，进入具体实施阶段。如果有国有股东，则需要考虑国有股东的管理权限，是否需要报国有企业的主管部门审批。

（7）员工宣讲。股权激励要达到良好的效果，需要对员工宣讲股权激励计划的意义，使得精神激励效果得到提升。必要时，可以让员工代表参与激励方案制度的讨论，征询员工的意见。

（8）签署股权激励协议。签署股权激励协议就完成了授权。待员工正式行权后，在持股平台上增加激励对象担任有限合伙人，则激励对象的股份期权变成了实股。

在我国，股权激励的金融工具尚不够发达，激励对象购买股份的资金一般为自筹资金。创业公司不宜将自有资金借给激励对象用于购买股份，因为早期创业公司自身缺乏资金实力，且公司借出资金会让员工产生"免费的午餐"的心理，削弱应有的激励效果。

课堂阅读

在分配股权与进行股权激励时，由于事关每位员工的切身利益，团队之间容易产生争议，部分人员可能会因为没有达到自己的预期而心理失衡。此时，个人不但要具备作为公司主人和社会主体的自觉意识，更要坚持科学精神，在马克思主义科学世界观和方法论的指导下，用辩证唯物主义和历史唯物主义的基本观点，不断提升辩证思维能力和自我反省能力，认清世界、社会、企业和个人发展规律和阶段性特征。在面对具体利益时，个人要以严谨求实的工作作风，理性客观地评价自己的能力和贡献，以共创共享的心态，平和地面对利益分配。

本章习题

一、单选题

1. 下述持股比例中，通常情况下，享有重大事项一票否决权的是（   ）。

A. 10%　　　　　　B. 20%　　　　　　C. 30%　　　　　　D. 40%

2. 以下不属于问题型股权结构的是（   ）。

A. 外部人控制　　　B. 无法解决的代持　　C. 相对集中型　　　D. 绝对平均型

3. 股权激励评价因素一般不包括（   ）。

A. 岗位价值　　　　B. 历史贡献　　　　C. 未来潜力　　　　D. 学位学历

4. 股份有限公司回购股份用于员工股权激励，不得超过公司已发行股份总额的（   ）。

A. 5%　　　　　　　B. 10%　　　　　　C. 15%　　　　　　D. 20%

5. 员工的薪酬包可包括固定薪酬和股权激励。对于高级管理人员而言，最佳的薪酬包可能是（   ）。

A. 全部为股权激励　　　　　　　　　　B. 1/3固定薪酬，2/3股权激励

C. 全部为固定薪酬　　　　　　　　　　D. 2/3固定薪酬，1/3股权激励

二、多选题

1. 股权结构设计的基本目标包括（   ）。

A. 突出控制权　　　B. 凝聚创始团队　　C. 便于融资　　　　D. 吸引人才

2. 股权分配原则主要有（   ）。

A. 公平原则　　　　B. 公正原则　　　　C. 公开原则　　　　D. 共享原则

3. 党纪和法律法规均规定，（   ）不能投资兴办企业。

A. 法官　　　　　　　　　　　　　　　B. 人民警察

C. 国有企业领导　　　　　　　　　　　D. 高校党政领导班子成员

4. 股份期权激励的股份来源包括（　　）。

A. 期权池预留股　　　B. 老股转让　　　　C. 股份回购　　　　D. 增资扩股

5. 创业公司股份期权激励价格计算方法包括（　　）。

A. 注册资本法　　　B. 净资产法　　　　C. 融资估值法　　　D. 市盈率法

三、名词解释

1. 股权。2. 限制性股份。3. 股权激励。4. 激励价格。5. 行权期。

四、简答及论述题

1. 简述公司股权结构与公司治理结构的关系。

2. 哪种股权结构的公司比较容易吸引投资机构？

3. 如何解除股权代持？

4. 一般而言，干股有哪些特点？

5. 员工获得股份期权后，哪些情况下可能发生撤销与赎回？

五、案例讨论

联合创始人以何估值退出公司

一家数字营销公司发展迅速，在创业两年内获得两轮融资，第二轮融资估值为投后 3 亿元人民币。创业刚满两年，持有 10% 股份的第三序位的创始人 C 提出辞职，并决定退出公司。此前，公司正在与上市公司洽谈一轮约 10 亿元估值的换股并购，并由上市公司公告了并购预案。虽然由于市场的问题取消了该项并购，但创始人 C 认为自己所持股份价值有了市场定价。

创始人 C 提出由大股东创始人 A 购买其股份，创始人 A 同意其要求，二人在商洽作价时产生了不同看法。创始人 C 坚持以并购预案估值为基准值，可略微下调。创始人 A 认为，由于上一轮融资与并购预案时间差距短，应当以上一轮融资的投后估值为参考依据；创始人 A 还认为，并购的前提是未来三年的业绩承诺，创始人 C 已经离开公司，真正实现 10 亿元价值，还需要继续在岗位上的人持续创造价值，因此不应当以并购预案的估值作为参考。由于价差太大，双方一时难以达成一致意见，该问题变成了公司的一个隐患。

思考讨论题

1. 创始人 C 以何估值退出公司较为合理？

2. 如何在源头上避免此类中途退出时产生争议的情况？

第6章
创业企业管理

开篇引例

健力宝：目标与
战略的混乱

本章导读

　　创业企业的管理是贯穿企业生命周期的重要事项。企业管理的每一部分都对应着企业运营的关键一环。本章从企业管理的内在逻辑出发，主要介绍企业管理中宏观的目标管理、中观的战略管理和微观的项目管理。通过对本章的学习，读者可以了解企业目标、战略和项目管理的基本理论，掌握一般操作方法。

知识结构图

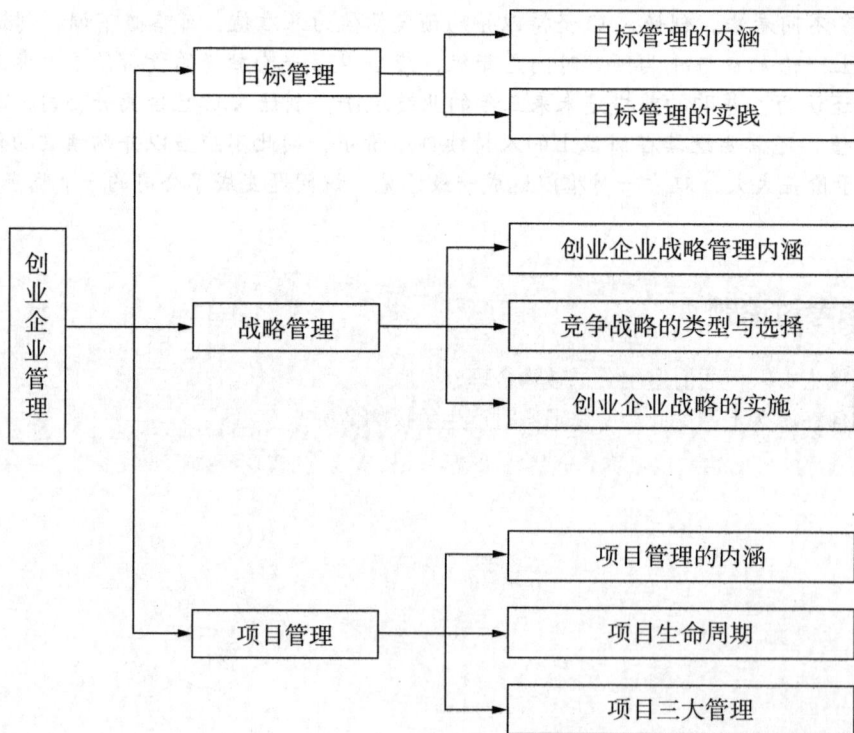

6.1　目标管理

现代创业学理论中所讨论的目标管理一般指的是对企业发展的整体目标进行管理。目标管理作为创业管理宏观层面上的重要部分，是创业企业发展前进的基石。本节首先介绍目标管理的内涵，包括其理论内容及对企业的意义，然后再对目标管理在实践中的具体运用与操作方法进行详细介绍，帮助读者从理论与实践两个角度深刻地认识目标管理的作用与价值。

6.1.1　目标管理的内涵

1. 目标管理概述

目标管理是企业管理的重要一环，对创业企业来说其作用及意义更为显著。其概念最早由美国的彼得·德鲁克于 1954 年在其著作《管理的实践》中提出。德鲁克认为，并不是有了工作才有目标，而是相反，有了目标才能确定每个人的工作。目标管理被称作"管理中的管理"，其基本内容是组织各个层级共同参与组织目标制定，并使用制定的目标作为工作评估的重要标准，从而形成目标管理体系，对整个组织起到激励作用，促进组织发展。

由于提出时间正值"二战"结束、经济恢复之际，因此该理论在当时大受追捧，许多知名企业纷纷效仿，其对西方经济的复苏、发展有着非同一般的影响。

2. 目标管理的优势

根据目标管理的特点以及其对企业整体和个体的作用，其理论优势可概括为四个大类：目标制定的激励、自我参与的激励、促成自我管理、促成整体有序性。

（1）目标制定的激励。美国学者洛克（Locke）在 1967 年提出目标设置理论，其基本内容是强调企业设置目标将会影响激励水平以及员工工作绩效。洛克认为，目标制定本身就具有激励作用，它将人的需要转变为行为动机，借此去实现目标并根据阶段性结果与目标的对比来调整自己的行为。也就是说，制定目标本身就对组织成员有激励作用。

（2）自我参与的激励。德鲁克所提出的目标管理理论中的特点之一就是由组织各个层级共同参与制定组织目标，更多的参与者也意味着更多的责任承担者。心理学上认为，比起受到命令强迫执行的任务，员工对自己参与制定的任务的执行进度会敏感得多。采用目标管理意味着组织成员对组织目标拥有更清晰的视角，并对实现组织目标富有更强的责任心，这将促使组织成员更加高效、自愿地为实现目标而工作。

（3）促成自我管理。目标管理的各个优势之间是相互促进的。目标制定和自我参与的激励作用将促使组织成员形成更强的自我管理从而推动组织发展。自我管理既是目标管理的优势，也是目标管理执行中不可或缺的因素。在一个实施正确目标管理的企业中，中下级员工将对组织目标有更清楚的认知，成员行为也将具有更高的自主性。正因如此，更强的自我管理能力才能保持组织作为一个整体有序地运行并朝着组织目标行进。

（4）促成整体有序性。在正常情况下，多个层级的目标制定往往会导致组织方向混乱、组织结构不平衡等问题。而在目标管理理论下，目标制定将由组织所有层级共同参与制定，层级间信息传递的偏差以及理解角度的差异将得到削弱甚至消除。这种目标制定方式将很大程度地提升组织的运行效率，增强组织上下的一致性。

以上所述的四种优势解释了为何目标管理得到多方的推崇，其对应了组织成员的积极性、自主性、效率以及组织秩序四种关键要素的建设。而具备以上四种要素的组织，一般就被认为具有了成功的雏形。

6.1.2 目标管理的实践

德鲁克所提出的目标管理体系为理论研究提供了巨大的帮助。除此之外，在实践过程中的目标管理相较于理论具有更高的灵活度。

企业目标管理中所讨论的目标，指的是创业企业发展的整体目标，创业者能够以此目标作为对自身创业成果的评判标准。现在的创业学研究中很少有对创业企业宏观目标的讨论，但事实上，企业想要占有多大的市场份额、达到怎样的销售规模，每个创业者在开始创业的那一刻都应该对这些宏观目标拥有自己的理解与标准。

现实的目标管理不仅是一种管理学理论，而是涉及了诸多领域的实践。一个企业要想做到好的目标管理，就必须经历三个阶段，分别是目标制定、目标执行、结果评估。创业者在执行目标管理的不同阶段会面临不同的问题，因此也就需要不同的应对措施。

1. 目标制定

制定创业目标是目标管理的第一步，也是企业管理宏观层面的关键。因此一个有效的目标尤为重要，其影响企业日后的发展方向和前景，以及组织成员的工作效率。制定创业目标的过程可以概括为创业者解决以下两个问题的过程。

（1）应该在哪些领域设定目标。

这个问题的答案依赖于企业规模、企业所处行业等具体特征，不同类型的企业需要设定目标的领域显然不同。那么试图找到一套通用的理论看似是不可能的，但过去几十年内也有不少学者和企业家提出了其独特的见解。

德鲁克在《管理的实践》中提出，无论什么样的企业，其对设定目标领域的选择都只有一个答案：任何一个其绩效和结果对企业的生存和兴旺有着直接或举足轻重影响的领域，都需要有目标。德鲁克归纳出了八个对所有企业通用的重要领域，包括市场地位、创新、生产力、实物和财力资源、获利能力、管理者绩效和培养管理者、员工绩效和工作态度、社会责任。创业者可以从这八个领域入手来制定企业的目标。

德鲁克提出的八个领域中的每一个都对应着企业某一方面的能力，领域与企业能力的对应关系如表6-1所示。

表6-1 领域与企业能力的对应关系

领域	对应的企业能力
市场地位	企业面对竞争的能力
创新	企业适应变化的能力
生产力	企业利用资源的能力
实物和财力资源	企业维持生产的能力
获利能力	企业获得净利润的能力
管理者绩效和培养管理者	企业组织管理能力
员工绩效和工作态度	企业打造内部文化的能力
社会责任	企业执行其社会使命的能力

在这八个领域所设定的目标是对企业能力的直接要求，有助于创业者从各个方面分析企业的运营特点、确定企业的发展方向。对于创业者来说，重要的便是深刻理解这八个领域所指代的内涵并结合创业初心来确定创业目标。

（2）制定怎样的目标。

制定创业目标并不全是一件能够通过具体分数衡量的事情，企业目标往往是抽象的。因此，即使明确了应该在哪些领域设定目标，制定怎样的目标也是一大难题。对此，SMART原则为创业者提供了很大的帮助。

SMART原则是一种实用且涵盖大量内容的管理学方法，它的概念、使用方法以及使用意义等都是管理学研究中的重点。

阅读资料6-1：

SMART原则

SMART原则是制定目标时，对目标特点的五个要求的统称，包括具体的（Specific）、可衡量的（Measurable）、可以达到的（Attainable）、有相关性的（Relevant）、有时限的（Time－bound）。

（1）企业目标需要是具体的，能够明确指示组织成员应该做什么、怎么做。不具体的目标是引起组织混乱与不统一的根源，个体差异在面对模棱两可的事物时将会被放大。而在创业管理中，这种差异就会体现在对企业发展方向的理解上。

（2）目标的可衡量性也是一个重要特点，其确保了创业者最终能够判断目标的执行效果，这同时也是最难满足的特点之一。在之前提到的诸如社会责任、员工绩效等定性领域中，都很难设立一个可衡量的目标。大部分创业者都无法预估企业在这些领域的能力，导致企业不慎掉入错误发展或者法律风险的陷阱。因此，企业目标的可衡量性对于创业目标来说是不可缺少的特点，同时也是对创业者主观评价能力的要求。在定性领域制定目标时，创业者的衡量方式更多在于对任务完成情况的判断和评价，而不能仅仅指望于数据的呈现。

（3）可以达到的目标对于创业者来说是很容易忽视的一点。这一点可归因于创业者群体年轻人所占比例高以及创业者缺乏清楚的自我认知。在创业初期创业者很容易犯下好高骛远的错误，定下一个不可能实现的目标。其后果也是破坏性的，不可达到的目标不仅会将创业者引向错误的方向，也会对创业团队的信心及创业激情造成打击。可以达到的目标则能使团队在奋斗与坚持的过程中持续收获成果，以此形成创业激情的强化循环。因此，脚踏实地是创业者应具备的素质。

（4）有相关性是指企业所制定的目标之间是有联系的。企业所做的所有事情都应该是相互关联的，共同服务于企业宏观总目标。独立的目标就像是一条偏离主航向的分岔路，对于企业而言没有任何意义。创业者设定目标时必须考虑到该目标与其他目标之间的联系以及对总体目标的贡献。一个目标应该为另一些目标服务，同时又能因为其他目标的完善而被推动，这样才能在多个企业目标和宏观总目标之间找到平衡，保证企业整体有序地运行。

（5）"时间是唯一的货币"，人们常常这样来评价时间的重要性。因此，有时限性对于企业目标制定的重要性就不言而喻了。整个世界都在随着时间不断地更新换代，那么企业的目标也需要适应时间的变化。创业者需要明白，当前的目标只在当前的条件下才是有意义的。而如何确定目标时限则考验创业者对未来趋势的判断以及对目标难度的准确评估。创业者需要花大量时间去研究行业前景、国家政策、世界格局、竞争者行动等多项重要因素，以此来提升设立目标期限的能力。

> SMART原则看似只是对五个简单性质的阐述，但是其中每一点都对应着创业者核心能力的塑造。创业者只有通过不断地研究与学习才能充分理解其内涵及要求。创业者也只有通过大量的实践，在不断试错的过程中才能熟练运用SMART原则并以此制定出有利于企业发展的目标。

2. 目标执行

确定了创业目标后，创业团队的下一步就是通过行动来实现目标。在目标执行的过程中，创业者也需要进行有效的目标管理才可能在结果评估中得到满意的结果。满足了SMART原则的目标在执行的过程中往往不会遇到太大的阻碍，创业者在目标执行中面临的挑战是如何将为整个团队制定的大目标分配到团队每一个个体手中。每一个个体的分目标代表的是总目标对其的要求，也是个体最终对总目标的贡献。有效分配目标可以充分地利用每个个体的能力，提高组织运行效率，是目标顺利执行的前提。

分配任务的本质是将总目标进行分解，变为更具确定性、针对性的小目标。大多数组织采用的目标分解方法是将上级目标的实现途径作为下级目标。这种方法能有效分解组成结构简单的目标，但实质上其分解过程不清晰、分解体系不完善，当目标组成结构较为复杂时就很难被恰当地分解。

DOAM模型（逐级承接分解法）是一种系统、有效的目标分解方法，逐级承接分解法图解如图6-1所示。

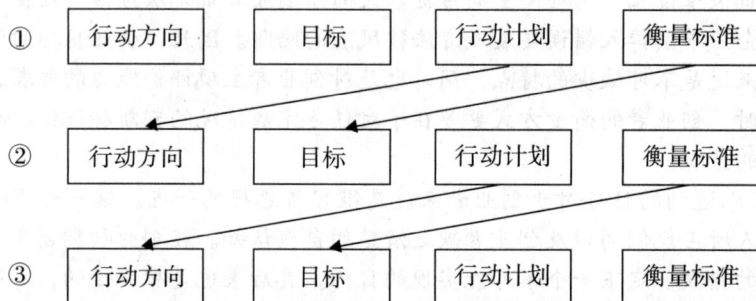

图6-1 逐级承接分解法图解

将组织行动分为四个维度，以这四个维度为依据将目标逐级分解，上级行动的计划作为下级行动的方向，上级行动的衡量标准作为下级行动的目标的方法即为逐级承接分解法。这种方法的优点在于目标被逐级分解、逐级承诺，加强了目标实现和目标分配。其将组织行动系统高效地分为四个维度，并使得上下目标有良好的统一性，有助于企业执行目标。

在目标分解的过程中，创业者可以选取不同的维度作为分解标准，包括时间、职能部门、组织层级等，但不管选取怎样的分解维度和方式，都应该在目标分解的过程中遵循以下原则。

- 整体统一原则：分目标的总和必须体现总目标，保证总目标实现。
- 方向统一原则：保证各个目标的一致性。
- 进度统一原则：不同分目标之间在内容和时间上应具有同步性。
- SMART原则：分解后的目标也应该满足SMART原则的五个特点。

创业者仔细分析创业目标特点并遵循以上原则，即可得到可靠的分目标，以此推进目标执行的进度。在目标执行的过程中，除了将目标分解到每个具体成员手中之外，提升组织成员自我管理能力也是创业者的责任之一。成员的自我管理能力就好比汽车的发动机，即使拥有准确的线路和明确的目标，缺少发动机的汽车也永远到不了终点。

创业者提升员工自我管理能力的重点在于提高员工参与度。创业者不仅可以让组织成员在制定目标时参与讨论，在目标分解时也可以采用协商式分解来满足组织成员的诉求，提升其参与度。同时，合适的激励也是提升员工自我管理能力的好方法，包括现金激励、股权激励等。

3. 结果评估

结果评估是目标管理中每一个周期的结束，也是下一个周期的开始。做好这一阶段对创业企业发展状况评估、未来趋势预测都具有重要的意义。

对应于上下级共同制定目标的制度，在结果评估时，创业者应先让组织成员进行自我评估并提供报告。预先的自我评估不仅能让创业者提前对结果有一定的了解，也能在之后的进一步评估中，通过对比体现不同层级和职能的成员对目标理解的差异并加以调整。管理团队进行进一步评估时，应该严格执行之前指定的量化标准来衡量结果。对于实在不能做定量评估的，创业者应该利用其主观能力对完成情况进行判断和评价。

根据评估的结果，创业者应该严格实行合理的奖惩制度，并展开总结分析会议，同时对下一阶段的目标进行展望。奖惩制度是一个企业塑造公平、权威的内部氛围的关键，合理的奖惩制度能达成多方满意的结果，不完善的奖惩制度则会加剧企业内部的矛盾与混乱，延缓发展节奏。在这一过程中，创业者需要谨慎把握其管理的松紧程度，杜绝过分责备与无端褒奖。

6.2 战略管理

在不少学者与企业家眼中，战略管理是创业管理中十分重要的一环。它既能从底部支撑企业目标管理的进行，又能引导企业具体项目与人力资源等内部结构的管理。本节将着重介绍波特的三种通用竞争战略并分析企业选择与实施战略管理的具体方式。

6.2.1 创业企业战略管理内涵

1. 企业战略管理概述

企业战略管理一词最早是由伊戈尔·安索夫（Igor Ansoff）在其著作《从战略规划到战略管理》中提出的。战略管理的定义在学术界有多种不同的理解，安索夫认为企业的战略管理是指将企业的日常业务决策同长期计划决策相结合而形成的一系列经营管理业务；明茨伯格（Mintzberg）从五个维度来定义战略，分别是计划（Plan）、模式（Pattern）、定位（Position）、观念（Perspective）、计谋（Ploy），也就是著名的5P模型；迈克尔·波特（Michael Porter）认为战略管理应该具备独特的价值取向、为客户精心设计的价值链、清晰的取舍、互动性、持久性。没有一个统一的标准能用于判断谁的理解更准确，其差异在于学者不同的观察角度。

而对于创业者来说，战略管理则具有更重要的现实意义。每个创业者对创业战略都有不同的理解，但总体上战略管理是要求创业者结合内外部环境对企业行动做出规划，是企业在不确定环境中为实现目标所做的部署。企业战略的具体内容包括企业所有的战略安排，如竞争战略、融资战略、发展战略、退出战略等，企业战略对企业的一系列活动起到了协调与规划的作用。

2. 战略管理对创业企业的意义

（1）保证企业的发展。我国引入战略管理正是为了解决国内创业活力不足、创业企业注销率过高等问题。将创业活动与战略管理结合有助于创业者对创业有更清楚的规划，更好地利用创业资源，提高创业成功率。

（2）使创业企业更具吸引力。相比拥有雄厚实力的大企业，创业企业很难在融资渠道与成员招聘上与其匹敌。很少有人愿意将自己的财力和时间花费在极度不确定的未来上，所以仅仅依靠创业企业的潜力和热情不足以取得投资人以及优秀人才的青睐。而战略管理能将创业者的理念传达给外界，拥有清晰战略蓝图的创业企业才有可能被拥有同样明确规划的人认同和理解。

（3）帮助创业者管理企业。战略管理能从内外两个方面加强创业者对企业的管理。在与外部对接中，战略管理能使创业者更加明确自己的客户、企业产业链、销售渠道等生产运营方式，对企业的经营方式有巨大的帮助；战略管理同时也能给企业的内部管理带来改善，虽然创业企业的组织结构相对简单，但是系统的战略管理是企业管理活动的前提。创业企业在创业初期会遇到许多困难与打击，清晰的战略规划也有助于维持组织内部的创业热情，使组织成员间的行为保持一致。

3．创业企业战略管理的特点

由于创业企业与普通企业的差异，其在战略管理方式上也表现出不同。结合创业企业的特殊性可以归纳出以下创业企业战略管理的特点。

（1）有机性。有机性对于所有企业的战略管理来说都是适用的。创业者在制定组织战略时需要考虑企业战略与内外部环境的有机结合，根据企业所处生命周期以及市场情况制定适合的战略。

（2）创新性。创业企业想从众多成熟企业的竞争之中脱颖而出，优势就在于创新性。在战略管理中同样如此，创业企业需要通过创新战略发掘市场空缺，借此进入市场。

（3）灵活性。灵活性是因创业企业自身结构简单、高不确定性产生的特点。由于自身结构简单，创业企业能在发现战略错误时及时有效地调整；而高不确定性使得创业企业不可能在创业初期制定出一份详细具体的战略，这既不符合创业企业所处中小市场变化迅速的特点，同时创业企业也不具备这样的能力。但创业企业仍然需要战略，其灵活性决定了创业企业都是在发展变化中不断调整自己的战略，随着组织的发展找到最适合的战略。

（4）个人导向性。成熟企业的战略通常取决于企业所处行业以及现阶段企业规模等外部因素，且组织结构和员工意见等内部因素也对企业战略有很大的影响，其管理层不具备对组织战略的决定性影响。但对于创业企业来说，组织的经营链和团队结构相对简单，此时创业者需要做的不是适应内外部环境而是提出主导性的战略方针。创业企业的战略会受到创业者或初创团队成员个人素质的很大影响。因此，提升自我能力以及寻找理念相同的合伙人对创业者来说至关重要。

6.2.2 竞争战略的类型与选择

如同企业目标被分为公司总目标和具体到个人的分目标，企业战略也被自上而下地划分为公司战略、竞争战略、职能战略、产品战略等不同层次。但对于创业企业来说，企业战略没有必要如此繁杂，其核心内容是竞争战略。

1．竞争战略类型

（1）波特的通用竞争战略

波特在其著作《竞争战略》中对市场竞争的五种力量，即供应商、买方、替代品、现有竞争者和潜在竞争者有深入讨论。同时，波特还提出了三种通用竞争战略，分别为总成本领先战略、差异化战略、集中战略。

① 总成本领先战略。总成本领先战略是指企业通过各种手段降低生产总成本来形成自身竞

争优势。较低的总成本能够让企业在价格战中脱颖而出，即使面对激烈的竞争和价格打压也能从容应对。就算在行业不景气、收益较低时，总成本领先战略也能让企业保持竞争力。总成本领先战略需要企业将重心放在降低生产成本上，在产品研发、生产方式等领域做出改变。

实施总成本领先战略往往需要较大的市场份额或者极强的创新能力。因为降低成本往往意味着昂贵的早期投入。提高生产效率需要专门的科研团队与生产设备，如果不具有一定的实力，企业便会夭折在战略部署的路上。而一旦成功实施总成本领先战略，其带来的利润又能使企业进行更多的生产创新投入，再次降低生产成本，从而形成企业的经营循环链。世界上最大的连锁零售商之一沃尔玛便是这一战略的忠实奉行者，其通过削减购货成本、运输成本、储藏成本等方式降低总成本。2021年，沃尔玛在全球拥有8 500家门店，并位列2021年《财富》世界500强第1位。

② 差异化战略。差异化战略是指企业致力于与同行业其他企业区分开，提供被竞争对手和顾客认可的独特的产品。企业的区分领域可来自产品形象、技术功能、服务模式等，品牌效应实际上也是差异化战略的结果之一。差异化战略可以为企业带来巨额的利润。差异化产品具备自行定价的特点，企业能够避免来自供应商和现有竞争者的压力；独特的产品对应更高的顾客忠诚度，使得企业可以抵抗来自替代品、新进入者和顾客的竞争压力。

实施差异化战略一般来说意味着企业放弃总成本领先战略，因为生产独特的产品本身就需要高昂的科研成本和营销成本。企业的战略目标就是生产出独特的又具有吸引力的产品。在使用差异化战略的案例中，近年兴起的火锅连锁店海底捞是其中的佼佼者。在所有餐饮行业还聚焦于做好产品的年代，海底捞大胆创新，将重心转至顾客服务，走出了破局的一步。通过差异化战略，海底捞成功进入《财富》中国500强。

③ 集中战略。集中战略与前两种战略有较大的差异，在某种意义上可以不将其看作一种战略而是当作企业对实施战略的区域的选择。集中战略是指企业选择市场中特定的某部分作为其销售市场。在选定的市场部分，企业可以通过差异化战略或总成本领先战略形成局部的竞争优势。与前两种在整体市场取得竞争优势的战略不同，集中战略的意义在于退出整体竞争，将工作重心集中于部分市场，并在该部分市场占有大量甚至是全部的市场份额。集中战略更像是通过巧妙的手段化解了竞争。

阅读资料6-2：

Swatch 的集中战略

在手表制造行业高度发达的瑞士，市场中存在着百达翡丽、劳力士这样的行业龙头。乍看之下，对于创业者来说进军瑞士手表行业并非明智的选择。但Swatch通过分析与调研发现了市场缺口，其发现在瑞士手表行业中价格低于100瑞士法郎的手表几乎没人生产。于是，利用这一空缺，Swatch成功进入市场，并在低端市场中取得了巨大的成功。2018年，Swatch集团成功进入世界500强。

（2）蓝海战略

20世纪90年代，几乎所有企业都在波特提出的三种通用竞争战略的引导下采取了价格、功能、广告、促销、服务、品类等方面的战略来建立自己的竞争优势。然而过度的竞争并没有使市场变好，反而由于长期竞争引起利润减损、过度开销，企业经营每况愈下，最终导致"双输"甚至是"多输"。

韩国战略学家金伟灿（W.Chan Kim）教授和美国战略学家勒妮·莫博涅（Renee

Mauborgne）教授2005年提出了蓝海战略理念。蓝海战略是从通用竞争战略的缺陷中总结出的新型战略理论，其产生背景是当今世界日益上升的创业活力。蓝海战略是指鼓励创业者探索全新的未知领域，发现一个崭新的、没有竞争的市场。通过这种方式，创业者可以避免竞争、获得大量的垄断利润。

但经过十多年的经验实践，蓝海战略并没有发展为管理者和创业者中的主流理论，其原因可总结为两点。

·随着社会的发展，空缺需求被不断挖掘，蓝海面积逐渐缩小。对于创业者来说，探索蓝海的难度日益增加。

·蓝海战略所获得的竞争优势仅限于发现市场的一瞬间，目前没有理论可以用于抵抗蓝海市场所面临的新进入者的竞争。

但是对于初创企业，蓝海战略还是能够发挥其作用的。只要创业者认为探索蓝海的成本低于短时间无竞争发展带来的利润，那么探索蓝海就是值得的。由于创业企业战略的灵活性，即使面临新进入者竞争，创业企业还是可以采用波特的三种通用竞争战略来保持竞争力的。因此，蓝海战略对创业者的预估能力和创新能力将有更高的要求。著名的蓝海战略使用者为埃隆·马斯克，其先后创立的特斯拉电动汽车、SpaceX等都是创业壮举。而且由于这些行业的高技术壁垒，马斯克的蓝海业务很少遇见与之匹敌的竞争者。他对创业的理解与追求以及对蓝海战略的使用将是未来很长一段时间内创业领域的发展风向标。

2．战略选择

了解创业企业战略的不同类型有助于企业合理地选择战略。创业企业战略的选择要结合自身创业的特点，不同类型的创业企业需要选择不同的战略组合。下面结合波特的三种通用竞争战略来分析适合不同创业企业的战略。

最初影响创业企业战略制定的主要因素可归纳为创业团队的专业技能和资金实力。根据这两种能力，初创团队可被分为图6-2中的四种类型。

结合创业企业自身特点以及三种通用竞争战略的优劣势，创业者可以完成企业战略的选择。

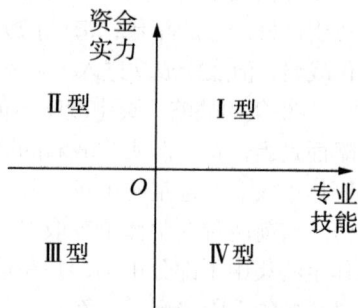

图6-2 初创团队类型

阅读资料6-3：

三种通用竞争战略的缺陷

以下为三种通用竞争战略的缺陷。

（1）总成本领先战略：①为保持成本优势，设备迭代过快，设备利用率低；②服务于降低成本战略的产品在质量上可能有缺陷，顾客忠诚度低；③竞争优势很难维持，企业研发的降低成本的生产方式很容易被竞争对手效仿。

（2）差异化战略：①独特产品与其他产品的价格差异太大，可能导致顾客被迫放弃独特产品；②随着行业成熟，行业产品趋同，差异性会逐渐减弱；③顾客对差异性的需求不高，导致无法弥补研发成本。

（3）集中战略：①随着行业成熟，行业中不同顾客群体对产品的差异化需求降低；②对选择的特定区域规模不确定，规模过小导致无法回本，规模过大超出组织能力限度；③战略区域容易遭到抢夺，先发优势不一定能抵挡成熟企业的竞争。

结合四种初创团队的特点和三种通用竞争战略的缺陷，可进行以下战略选择。

（1）Ⅰ型团队成员都是来自各行业的精英，包括成功的投资人、高校教授等。这类团队一般都已经有成功的管理经历，对创业企业战略管理也有自己独到的见解，而不局限于三种通用策略。

具体的战略选择要根据每个创业者所面临的创业环境与行业格局而定。企业战略管理对企业来说处于宏观层面，不同战略之间存在一定的矛盾，但这并不意味着企业只能选择一种战略。灵活选择战略组合，根据当前局势随机应变，切忌画地为牢才是创业者在战略选择时应有的态度。

（2）Ⅱ型团队大多由已经在职场上获得成功或者家族内有创业先例的人组成。其拥有充足的资金储备，但缺乏足够的专业技能。这类团队的首选是总成本领先战略。这类企业可以进行大量前期投入，购置先进设备、利用谈判与供应商和物流公司等达成协议，从非专业角度降低生产成本，从而进入市场并保持竞争力。由于其资金实力，创业团队也能适应各种技术与设备的更新换代，追加投入。当然，投入资金雇用科研团队研发独特产品对Ⅱ型团队来说也是值得一试的战略选择。

（3）Ⅲ型团队容易被视作"空想创业家"，只拥有创业的热情但本身并未对创业做任何准备。这类团队除了不断积累资金和学习专业技能之外，更应该主动选择蓝海战略或是集中战略。这两种战略的本质都是避免竞争，因为该类型团队在各方面都不具备与大企业竞争的优势，如果贸然进入市场，可能会产生不可挽回的亏损。避免竞争、另辟蹊径才是这类初创团队的好选择。

（4）Ⅳ型团队常见于刚进入社会不久的高校毕业生或大学教授。对于这类初创团队，差异化战略应该是其主流的选择。这类团队创业的初心往往是将其研究成果转变为独特的产品，通过寻找投融资筹集研发资金，一旦产品得到开发与认可便可能在市场上获得成功。而且这类产品科技含量高，避免了差异化产品趋同的风险。差异化战略由于其单独定价的特性，能为企业带来相对于其他战略更大的利润，但同时也增加了创业风险。创业者必须研发出得到认可的差异化产品，才能避免研究结果功亏一篑。除此之外，Ⅳ型团队承担失败的能力也弱于Ⅱ型团队。

6.2.3　创业企业战略的实施

1. 战略实施的模式及发展

企业在实施战略时有以下五种运行模式。

·指挥型：创业者决定战略总方向，由组织成员提交具体战略方案，创业者审核后，强制组织成员执行。

·变革型：创业者将关注点放在战略的具体实施而不是制定上。创业者通过激励和整体控制的方式监督战略实施。

·合作型：创业者在组织内部建立管理层，共同决定组织战略的制定和实施。

·文化型：创业者积极在组织内部建立文化，使组织所有成员共同参与战略管理，打破不同层级间的界限，提高战略实施的效率。

·增长型：创业者积极采纳组织成员对战略实施的合理意见并及时通过，形成自下而上的战略实施模式，提高成员积极性，使其为创业企业效益增长而奋斗。

企业战略实施模式的主流选择也在随着时代变化不断演变。在 20 世纪 60 年代之前，欧美企业通常奉行权威主义，指挥型模式是当时的主流选择。1962 年美国战略管理学家艾尔弗雷德·钱德勒（Alfred Chandler）在其著作《规模与范围：美国工商企业成长的若干篇章》中对管理结构的讨论引起了世界管理观念的转变，变革型模式开始出现。之后几十年，学术界思想的进步促使企业逐步开始放权，合作型、文化型、增长型三种模式应运而生。

对于初创团队来说，尚未达到使用增长型和变革型的组织规模，指挥型和合作型更加适合其特点。但五种模式的选择与战略制定一样，应该将五种模式适时地交叉运用，才能最大限度地发挥战略作用。

2. 战略实施的步骤

战略实施是一个自上而下的管理过程，而且常常需要在"分析-决策-执行-反馈-再分析-再决策-再执行"的动态循环中达成战略目标。一般企业的战略实施过程可分为四个阶段。

（1）战略发动。战略发动阶段可以简略概括为管理者为了实施新战略对组织成员的动员阶段。在战略发动阶段，管理者需要让员工充分意识到企业现阶段战略，将新战略的观点灌输给组织成员并让其充分接受。管理者应通过强调新战略的优势和旧战略的缺陷来促使组织成员转换观念；对于部分关键员工，管理者应该采取单独会谈的方式积极获取他们的支持和理解。这一阶段是形成组织共同观念的阶段，有助于为之后的战略实施扫清障碍。

（2）战略计划。战略计划阶段是指管理者在最终制定好组织战略后，对战略的实施进行分解，设定各个阶段的战略目标，制定出详细的阶段期限及不同职能部门的任务。管理者应该重视各阶段的衔接，对不同阶段做出不同详细程度的规划，越是临近的阶段就应该有越具体的要求。

（3）战略运作。在战略运作阶段，管理者应该严格监督，通过图6-3所示的战略运作六个维度将企业战略与企业日常运营切实结合，将战略理论转变为战略实践。

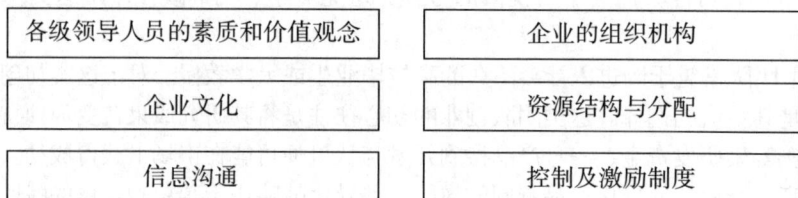

各级领导人员的素质和价值观念	企业的组织机构
企业文化	资源结构与分配
信息沟通	控制及激励制度

图6-3 战略运作六个维度

（4）控制与评估。作为战略实施的最后一个阶段，控制与评估主要是为了应对企业所面临的动态环境。管理者只有不断根据环境变化来评估并调整企业战略，才能使得企业保持在正确的战略方向上。这一阶段主要包括建立控制系统、监控绩效和评估偏差、控制及纠正偏差三个方面。

3. 战略实施的基本原则

企业在实施战略的过程中，会遇到许多偏离最初设想，甚至是没有计划的情况。对此，有三个基本原则可以作为企业战略实施的依据，避免企业走入误区。

（1）适度合理性原则。企业在实施战略的过程中，制订战略计划时对未来的预期与现实的差距逐渐变大，企业内外部环境变化大。在这种条件的干扰下，企业战略可能会有一定程度的偏离。对此，企业需要遵循适度合理性原则，即对战略的偏离有一定的包容性。只要主要战略目标都能达成，可以在一些细节和不影响企业整体发展的方面做适当调整。根据现实灵活更新、大胆变革是创业企业的特点，在战略实施中更应如此。

除此之外，企业的经营目标和战略总是要通过一定的组织机构分工实施的，也就是需要把大的战略分解到各个小的层面。在这一分解过程中，不同层级和职能对战略的理解与实施也会存在差异，此时也需要遵循适度合理性原则。不过，在初创企业中很少有专门的战略部门。

（2）统一指挥原则。创业者作为组织的领导者，能够从全局的角度观察整个组织的运行情况，对组织战略的理解也很深刻、准确。因此，为了保证组织各部门和层级稳定有序地推动战略实施，战略实施应该由创业者统一指挥。

在统一指挥原则的指导下，单个部门应该只接受一个领导者的命令。而且对于战略实施中遇到的问题，应该尽量在低级别、小范围内解决，因为问题上升到越高的级别，意味着涉及的面越广、交叉的关系越多，这在统一指挥原则中是需要避免的。但在初创企业中，一般所有部门都由创业者负责统一指挥，结构相对简单和清晰，交叉问题的影响较小。

（3）权变原则。权变原则在一定程度上与适度合理性原则是对立的，它是适用于企业实施战略时现实与预期的差距大的原则。根据适度合理性原则，企业需要接受细微的偏差，而权变原则是指当企业面对大的环境变化时需要及时调整战略方向。如果内外部环境变化过大，原先战略不能维持企业发展，创业者坚持实施旧战略则会导致企业亏损甚至破产。

在制定战略时，组织应该识别战略中的关键变量，并对这些变量做灵敏度分析，设置具体的预期范围以及对应的预案。当变量变化超过设定限度时就需要及时改变战略方向。在实际战略实施中，权变原则是很难把握的原则，如何识别关键变量及其可接受的波动范围对创业者来说都是需要深入研究的难题。

6.3　项目管理

项目管理影响企业每个具体项目的执行与完成情况，是企业在微观层面运营的关键。由于企业项目的多样性以及不稳定性，很难有一套完整的体系能够将项目管理完全描述清楚。本节首先描述项目管理的内涵，其次介绍项目生命周期，最后着重介绍被称为"项目三大管理"的项目时间、成本、质量管理。

6.3.1　项目管理的内涵

1. 项目管理概述

项目管理，是指项目的管理者在有限的资源约束下，运用管理学方法，对项目涉及的工作从计划、组织、指挥、协调、控制和评价等方面进行有效的管理，以实现或超越项目的目标。

项目管理是在"二战"后开始发展的新型管理技术，但其真正兴起是在20世纪80年代左右，尤其在美国的阿波罗登月计划中大获成功。项目管理被分为信息项目管理、工程项目管理、投资项目管理，分别针对企业IT类项目、工程类项目、金融类项目，其对企业项目目标的实现具有重要意义。

2. 项目管理的内容

项目管理内容可分为以下九个不同的维度。

- 项目范围管理：对项目具体内容的界定，包括范围的界限、范围的规划、范围的调整等。
- 项目时间管理：保证项目能在期限内完成，包括项目进度监测、完成预期、节点设置等。
- 项目成本管理：将项目总成本控制在可接受范围内，包括资源配置管理、成本预估等。
- 项目质量管理：对项目完成质量的控制，保证结果达到顾客要求，包括质量规划、质量保证等。
- 项目人力资源管理：保证项目关系人之间的协作，提高项目运行效率，包括团队建设、人员调整等。
- 项目沟通管理：确保项目的信息能在横向和纵向之间顺利传递，包括进度报告、信息传递等。
- 项目风险管理：了解管理项目涉及的风险并尽量避免，包括风险量化、风险管控等。
- 项目采购管理：了解管理项目涉及的组织外资源，包括采购规划、合同管理等。

·项目集成管理：从整体层面保证项目各板块协调运作，包括项目整体调控、总体方向把握等。

创业者需要从这九个维度分区域进行项目管理，各个板块齐头并进、相互协作，这样才能保证项目有条不紊地运行。

3. 项目管理的特点

·普遍性：对于所有的企业目标、企业战略，其细分后都是通过各个项目实现的，因此可以说项目管理是普遍存在的。

·目的性：相比其他更加抽象的管理，项目管理具有明确的目的，即达到项目目标甚至超过目标。

·独特性：项目管理是一种不同于一般创业管理的管理方式，其视项目情况不同而产生非常大的差异。

·集成性：项目管理是对整个项目全面的管控，而不是项目中的某一部分。

·创新性：依赖于不同的项目，项目管理需要使用不同的方法，没有一种通用的项目管理方法。

·临时性：与目标管理、战略管理不同，项目管理有结束的时间，随着项目目标达到，项目管理也就结束了。

这些特点反映了项目管理的内容以及它与其他创业管理之间的差异。对于项目管理来说，其没有固定的步骤和实施方法。创业者需要根据项目具体情况做出创新，这对创业者创新能力有极高的要求。

6.3.2 项目生命周期

1. 基本概念

项目同任何事物一样，有其由盛至衰的规律。项目生命周期既是对项目发展规律的描述，也是一种项目管理工具。项目生命周期就源于人们为了方便管理而对项目进行划分，其内容一般包含四个要素。

（1）项目阶段

项目阶段对应企业项目分解后各个组成部分，是对一定时间范围内任务的概括。每一个阶段都对应具体的工作内容和预期目标，划分项目阶段有助于创业者厘清管理思路、分配管理任务。不同的项目有各自独特的分解规则，不存在一套通用的项目阶段划分规则，因此创业者应该视具体任务灵活调整。

（2）项目时间

项目时间是项目生命周期中的关键要素，其赋予了每个项目阶段的起点和终点，是项目管理中能起到促进作用的要素。项目时间相比于目标管理的时效性更加具有约束力。由于各项目阶段相比企业整体目标来说都属于短期任务，其时间跨度不可能太长，且项目管理涉及企业外的多方限制，有时候几天的误差都会导致项目的失败。所以，在设置具体项目时间时，创业者应该更加谨慎。

（3）项目任务

项目任务是指在各个项目阶段需要完成的工作内容。识别项目任务是各个项目阶段稳定运行的基础。项目任务是项目难度评估、时间预计、成员分配的依据，对项目管理有重要的识别作用。

（4）项目成果

项目成果是项目各阶段需要实现的预期结果，是项目生命周期之间的过渡点、评判项目阶段的标准。

2. 项目阶段划分

项目生命周期核心的要素即为项目阶段。在实际操作中，划分项目阶段是极具挑战性的一项任务，但同时能在企业项目管理工作上起到重要的作用。项目阶段划分需要依据项目的具体内容与形式，并不存在一种通用的划分模型。一般地，我们将项目阶段划为以下四个部分。

（1）规划阶段

规划阶段是项目生命周期的起始阶段。这一阶段，创业者识别机会、分析项目目标及预期结果等，并将其呈现在需求建议书（Request for Proposal，RFP）中，交由企业管理者审核讨论。经过内部决议后，企业管理者对项目进行可行性分析并提供可能的备选方案，最终决定项目的实施方向。

（2）计划阶段

计划阶段是项目的统筹准备期。这一阶段的主要内容是对项目瞄准的问题或目标提出具体的解决方案，详细规划项目工作内容、分配任务，成立专门的项目小组。推出最终的产出物后，企业需要联系潜在客户签订合同，确保项目最终收益。

（3）实施阶段

在实施阶段，企业需要与客户进行进一步谈判，确定最终需求。实施阶段的完成度影响最终项目成果以及客户满意度，企业管理团队需要实时监督项目实施情况，并根据具体情况及时做出预估与调整，确保所有工作都服务于最终产品的生产。协调利用各类资源是实施阶段的关键。

（4）完成阶段

项目实施完成后还需要经历项目的完工与交付。企业需要对照客户需求和最初项目目标做好项目完工阶段的检查与审核工作，确保最终成果能够满足客户要求。除此之外，企业还需要对项目细节进行查漏补缺，包括财务核对、设施修复等。重要的是，在项目完成阶段企业需要对项目完成情况进行评估与总结，通过客户反馈、资源消耗情况、成员自评等信息对项目团队进行改善，并总结工作体系以便为未来类似的项目提供经验。

6.3.3　项目三大管理

项目管理内容所包含的九大维度中，时间、成本、质量管理通常是在项目管理中得到最多重视的三个要素，因此学术界将这三者称为项目管理中的三大管理。这三大要素既对立又统一，三者之间相辅相成、相互影响，是创业者在项目管理中需要注意的关键。

1. 项目时间管理

项目时间管理是为了保证项目能在期限内完成，其内容包括项目进度监测、完成预期、节点设置等。项目时间管理的执行原则就是在规定的时间内制订出高效、经济的进度计划，并在项目实施的过程中实时监控项目进度与预期并做出合理的调整。项目时间管理的五个要素如图6-4所示。

图 6-4　项目时间管理的五个要素

其中，活动定义是指确定为了完成项目所必须进行的各项具体活动。之后，创业者对确定的各项活动进行重要性评级排序，并对不同活动之间的关联性与依赖性进行分析。了解活动具体内容及意义之后，创业者对各个活动的完成时间做出预估，为活动计划制订奠定基础。计划制订要求创业者充分参照活动重要性及各个活动之间的依赖关系，这一步骤需要专门的团队采用合理的数学模型得到结果。著名的模型包括计划评审技术（Program Evaluation and Review Technique，PERT）和关键路径法（Critical Path Method，CPM）等。实时调控包括对项目进程的实时监控，对实际进程与计划进程之间的偏离的纠正。充分了解五个要素的相关内容有助于创业者在实践中不断完善与改进对项目的时间管理。

时间管理对于所有人和事都是至关重要的，正如彼得·德鲁克所说："时间是最稀缺的资源，只有它得到管理时，其他东西才能加以管理。"

2．项目成本管理

项目成本管理的根本目的就是在项目批准的成本预算之内尽可能地获得最大的价值。项目成本是指为实现项目目标而开展的一系列活动所消耗的资源形成的花费。但事实上，项目成本管理并不只是单纯地为了实现成本最小化，项目管理的所有内容都服务于提供最大的项目价值。项目成本应该与项目成果结合来看，而不应该作为一个独立的因素。项目价值可以直观地理解为项目功能与项目成本的比值，项目成本管理就是为了实现这个比值的最大化。

项目成本管理包括三个主要内容：项目成本估算、项目成本预算、项目成本控制。

项目成本估算是在项目开始前根据项目活动需要消耗的资源，结合其市场价格确定整个项目的成本。项目估算阶段的重点是人力成本的预估，因为其不同于设施或资源成本有可参考的价格，人力成本的预估需要创业者根据过往经验以及企业规定做出估算。

项目成本预算是在项目成本估算的基础上，对项目各项活动进行成本分配并限制项目整体成本。项目成本预算是项目成本管理的指导方针与控制基线，对之后项目实施过程中的成本管理至关重要。

项目成本控制的内涵是对项目的实时监控，对照项目成本预算和实际成本，对二者之间的差异进行调整与修订。所以，定期对项目成本进行核算评估是项目成本管理中不可缺少的部分。

项目成本管理的三个内容之间存在循序渐进的依存关系。为了处理这种环环相扣的要素关系，创业者在项目成本管理中要时刻保持谨慎与客观的态度。

3．项目质量管理

日本知名企业家松下幸之助曾说："对产品来说，不是100分就是0分。"产品的缺陷将导致产品整体的失败，可见项目质量的重要意义及其严格性。项目质量与项目时间和项目成本最大的区别在于其并不是一个能够直接量化的指标，所以在项目质量管理中难免会遇到一些特殊的问题。

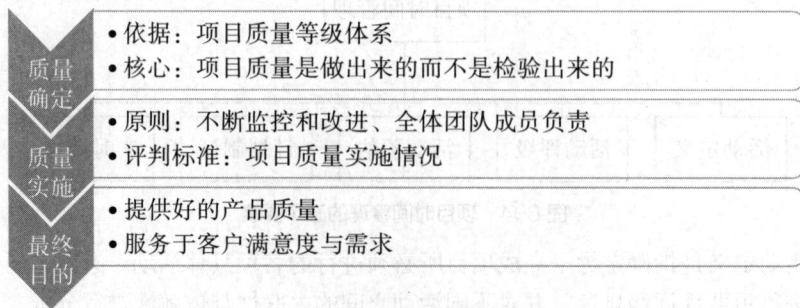

图6-5所示是项目质量管理的关键要素。在具体的实施过程中，项目质量管理包含三个内容。

·质量计划编制：确认与项目有关的质量及其实现方式。

·质量保证：确保项目实施过程及结果能够满足质量要求。

·质量控制：监控质量变化，提升产品整体质量，其常与帕累托图等技术工具相关联。

质量确定
· 依据：项目质量等级体系
· 核心：项目质量是做出来的而不是检验出来的

质量实施
· 原则：不断监控和改进、全体团队成员负责
· 评判标准：项目质量实施情况

最终目的
· 提供好的产品质量
· 服务于客户满意度与需求

图6-5　项目质量管理的关键要素

项目质量关系到项目最关键的客户满意度。项目质量管理则是为了保证产出物能够体现项目的最大价值，满足客户需求。某种程度上，客户满意代表了项目的一部分成功，且是项目整体评价的必要因素。因此，项目质量管理的重要性不言而喻。

课堂阅读

企业经营管理是一门综合性、应用性的学科。学生在学习过程中需要掌握一定的企业专业知识和管理技巧。学生需要真正了解我国优秀企业的运行模式，深刻领悟企业家精神、劳模精神、工匠精神等，树立正确的价值观。创业管理的教学核心是将新时代中国特色社会主义思想融入创业管理的全过程，引导、培养学生成为能够促进中国经济社会发展、把握正确政治方向、扎根中国大地、砥砺干事创业、敢于承担社会责任的优秀管理者。

本章习题

一、单选题

1. （　　）不属于目标管理实践的常规步骤。

A. 目标制定　　　　B. 目标执行　　　　C. 目标更正　　　　D. 结果评估

2. 在定性领域所制定的企业目标，其衡量主要依靠（　　）。

A. 事先制定的数据指标　　　　　　B. 创业者主观判断与评价

C. 员工内部认可度　　　　　　　　D. 分目标执行进度

3. （　　）不属于波特通用竞争战略。

A. 蓝海战略　　　　B. 差异化战略　　　C. 总成本领先战略　D. 集中战略

4. 具有（　　）特点的行业更加适合创业者采取集中战略。

A. 消费者需求差异小　　　　　　　B. 行业潜力已被充分挖掘

C. 产品专一化能带来更高的效率　　D. 行业内部界线模糊

5. （　　）代表从整体角度管理项目。

A. 项目时间管理　　B. 项目集成管理　　C. 项目质量管理　　D. 项目沟通管理

二、多选题

1. 目标管理的理论优势包括以下哪些？（　　）

A. 目标制定的激励　　　　　　　　B. 完善企业销售链

C. 促成企业的整体有序性　　　　　D. 促成员工的自我管理能力

2. 以下有关 DOAM 模型的说法错误的有（　　）。

A. 比起简单的目标分解法，DOAM 模型将问题复杂化了

B. DOAM 模型中，上一级行动的计划对应下一级行动的目标

C. DOAM 模型中，上一级行动的衡量标准对应下一级行动的目标

D. DOAM 模型能够将目标逐级分解，加强了目标实现和目标分配的承诺

3. 为什么说战略管理是创业管理最重要的环节之一？（　　）

A. 战略管理能保证企业的发展，提升创业活力

B. 战略管理能清晰地描绘企业的发展蓝图，提升创业企业的吸引力

C. 战略管理能帮助创业者更好地综合内外部环境来管理企业

D. 战略管理能服务于企业的宏观目标，为实现企业目标保驾护航

4.以下哪一点不是蓝海战略没有得到推崇的原因？（　　　）

A. 寻找新领域难度大　　　　　　　B. 蓝海战略带来的竞争优势不能持续

C. 蓝海战略对成熟企业没有作用　　D. 实施蓝海战略需要大量成本

5.以下有关项目生命周期说法正确的有（　　　）。

A. 项目生命周期包括项目阶段、项目时间、项目任务、项目成果四大要素

B. 项目生命周期具有严格的发展规律，任何项目都不能违背

C. 计划阶段是项目生命周期的开始

D. 项目完成阶段企业需要对照客户需求和最初项目目标做好检查与审核工作

三、名词解释

1. 目标管理。2. 逐级承接分解法。3. 波特通用竞争战略。4. 蓝海战略。5. 项目生命周期。

四、简答及论述题

1. 简述目标管理给企业带来的优势。

2. 简述目标管理在实践中的流程。

3. 简述波特通用竞争战略各自的优势与劣势。

4. 谈谈你对蓝海战略的看法。

5. 简述项目时间管理对项目的意义。

五、案例讨论

可口可乐与百事可乐的世纪之争

可口可乐和百事可乐是全世界最成功的两个可乐品牌。两家公司已经在资本市场上明争暗斗了近百年，两个品牌的热衷者也一直争论着谁才是更好的可乐品牌。

自1886年问世以来，可口可乐一直被视为美国的象征，成为美国生活方式的组成部分。可口可乐持续一百多年稳定发展，成为软饮料市场的霸主。可口可乐依靠的不仅仅是秘密配方，还有卓越的营销战略管理。可口可乐一直坚信这样一个理念："成功在于广告。"1901年可口可乐广告费预算已达10万美元，而1983年广告费更是近4亿美元。可口可乐的广告战略在过去的营销活动中，被证实是卓有成效的。单单在1916年，可口可乐就抵挡住了来自135个仿冒者的竞争压力。

"一战"过后，世界经济陷入衰退，传统企业接连受到挑战。可口可乐也在这时遇到了他们未来一百年里最大的对手——百事可乐。百事可乐之所以能从众多的可口可乐模仿者中脱颖而出，也在于其为挑战可口可乐而制定的竞争战略。

1. 百事可乐的挑战

（1）第一轮攻势。1929年，为了从比自己早诞生12年的可口可乐手中抢夺市场份额，时任百事可乐董事长的唐纳德·肯特抓住可口可乐忙于开拓海外市场的空隙，发起了他们的第一次战略性进攻。其利用总成本领先战略，在国内打出这样的广告："百事可乐不多也不少，满12盎司让你喝个够，也是5分钱，可饮两倍量，百事可乐——属于你的饮料。"这种加量不加价的销售战略以低廉的价格从可口可乐手中抢过了美国大量劳动阶层市场。

（2）第二轮攻势。20世纪60年代，由于前一轮战略进攻的显著成果，百事可乐已经拥有一定的市场地位可与可口可乐竞争。"二战"过后，年轻一代成为市场上的主力消费者。百事可乐敏锐地发现，谁能赢得年轻一代的青睐，谁就将取得成功。于是，百事可乐将当时广告和营销的重点都放在年轻一代上。在百事可乐的宣传广告中，多次出现一大批

朝气蓬勃的年轻人，其中一个令人印象深刻的广告画面是：数百名大学生在海上的皮筏里跳舞，一架直升机上的摄影机调整焦距放大镜头，发现每个人手上都拿着一瓶百事可乐饮料。百事可乐的集中战略在当时的市场上收到了很好的效果。到了 20 世纪 60 年代中期，百事可乐饮料几乎成为美国每一个年轻人都喜爱的饮料。

（3）第三轮攻势。百事可乐与可口可乐第三次较量的舞台搬向了海外。在 20 世纪 30 年代，可口可乐开拓并巩固了自己的海外市场，但国外市场对百事可乐来说还是一条未曾走过的道路。经过管理层的精密分析，百事可乐发现了那些没有被可口可乐抢占的空白区域，并果断出手。1959 年，在莫斯科举办的美国博览会上，百事可乐邀请苏联最高领导人品鉴百事可乐饮料，并在之后对此事大肆报道，最终垄断了苏联市场。之后，百事可乐又先后拿下了中东市场和日本市场，并利用 1980 年莫斯科奥运会让百事可乐在海外声名大振，当年的盈利水平超过可口可乐的 1/3。百事可乐战略制定的精准和实施的果断帮助他们后发制人，抢占了大片的海外市场。

（4）第四轮攻势。百事可乐发起的第四次进攻是整个资本市场历史上最著名且最有效的战略进攻之一。1972 年，百事可乐在美国各个街头发起了一场别出心裁的活动。百事可乐的员工在一个公共场所请行人蒙住眼睛免费饮用可口可乐、百事可乐这两种饮料，然后赠送一瓶饮用者认为更好喝的饮料。结果百事可乐出人意料地以 3∶2 的比例战胜了可口可乐。但实际上，这场看似意外的胜利早已在百事可乐的预料之中。之所以选择街头采访，是因为普通民众在根据第一印象做选择时，即使是那些更喜欢可口可乐饮料的顾客，在只喝一口的情况下往往都偏好于含糖量更高的百事可乐饮料，这就掩盖了其含糖量过高、大量饮用后造成口感变化的缺点。

这一比较的场面被百事可乐在电视上反复播放，这场比赛的结果直接引起许多一直选用可口可乐饮料的老顾客纷纷投向了百事可乐饮料，许多零售商也改弦易辙，百事可乐借此声誉猛增。1977 年，百事可乐饮料在国内的销售量超过可口可乐饮料，二者平分天下的局面至此开始。

2. 可口可乐的反击

面对百事可乐枪林弹雨般的攻势，可口可乐也展开了有效的反击战略以维持自己的市场霸主地位。

（1）针对性广告。当百事可乐为了进入市场而采用成本领先战略时，可口可乐并没有像大多数市场竞争者一样陷入与百事可乐的价格竞争。其为了抢回被百事可乐夺走的市场，仔细研究了市场。根据战后经济复苏、人民消费水平提升的特点，可口可乐试图运用广告将百事可乐贬低为"穷人专属"。有一条广告在当时广为流传：广告中的主角将百事可乐饮料倒入可口可乐饮料瓶后才拿给自己的朋友。

可口可乐的广告战略让当时许多人认为百事可乐饮料是只能在厨房里偷偷喝的饮料，不敢用它来招待客人。此举让百事可乐元气大伤，公司 1946 年的利润为 630 万美元，1949 年跌到 200 万美元，股票价格也从每股 40 美元下跌到 8 美元。可口可乐维护了自己的市场领先地位。

（2）更精细的集中。百事可乐通过集中战略博得了国内年轻一代的喜爱，这一战略让可口可乐损失了大量市场。为此，可口可乐推出了使青年入迷的"罗素摇滚"广告，从而夺回了一大批青年消费者，同时还根据年轻人的喜好，推出了不同的瓶装可乐。除此之外，可口可乐还推出了甜蜜、纯洁无邪的广告主题，以吸引那些压力过大、精神紧张的年轻人，将这个年轻人市场做了更精密的划分，弥补了此前的损失。

（3）差异化战略。1970 年，经历了海外市场竞争而受损的可口可乐终于发现了其维护市场领先地位的策略，就是利用其市场地位。可口可乐开始不断强调自己是世界上最早的可乐品牌，是唯一的地道货，并指责其他品牌都是拙劣的模仿者。他们在产品上显著地标出代表自己 7X 秘方的 7X 符号，试图利用自己独特的口味来建立起顾客的忠诚度。

可口可乐与百事可乐的世纪之争值得每一个创业者细细品鉴。两家公司在战略交锋中迅速学习并展开反击的姿态是所有企业战略管理的榜样。事实上，如今这两家公司都面临着新的挑战。

思考讨论题

1. 可口可乐最初是通过什么战略建立起其在可乐领域的霸主地位的？
2. 百事可乐作为新创小企业，运用了哪些战略手段从可口可乐手中抢夺市场份额？
3. 从百事可乐与可口可乐的争斗中，我们可以学到战略管理的意义是什么？

第 7 章
企业决策机制管理

开篇引例

福特汽车：成败
只在一念间

本章导读

  1978 年诺贝尔经济学奖获得者赫伯特·西蒙（Herbert Simon）认为："管理就是决策。"决策是管理者从事管理工作的基础。在管理过程中，管理者会面临各种各样的问题，它们都需要管理者予以解决。在实际管理工作中，最大的失误来自决策的失误。掌握科学决策的理论与方法和建立正确的决策机制是提高管理效率与效益的基础。本章介绍了企业组织形式分类及其选择、管理权结构分层、组织结构设计和决策机制建立。通过对本章的学习，读者可以了解如何设计合理的组织结构与建立合适的决策机制。

知识结构图

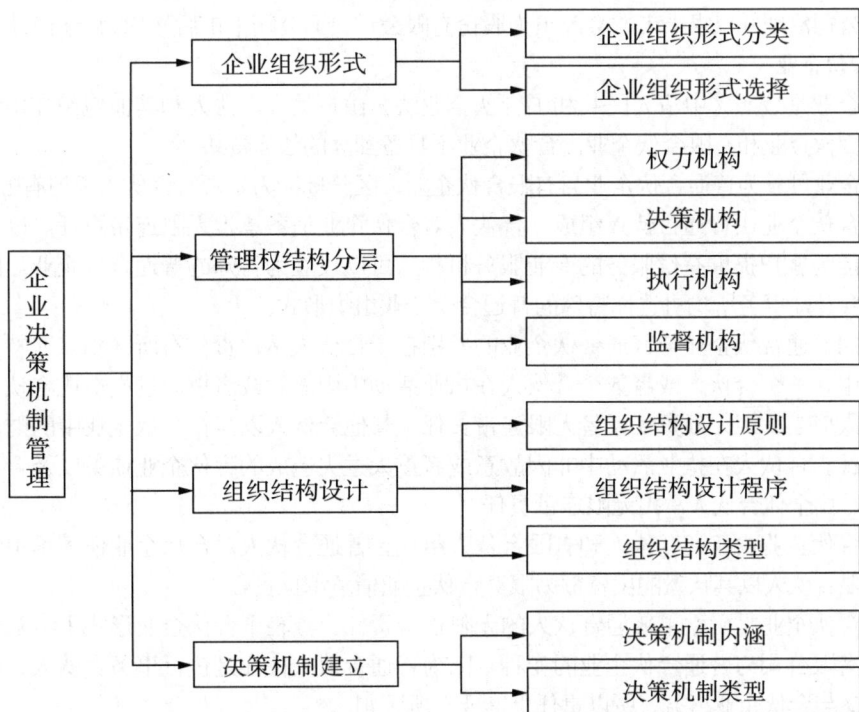

7.1 企业组织形式

创业企业的组织形式有多种。创业企业组织形式的选择直接影响企业存续期限、企业所有权、决策与控制、资本和信用的需求程度、债务责任、利润分配等，因此创业者应引起重视。

7.1.1 企业组织形式分类

根据企业所适用的法律法规，企业的组织形式主要有公司、合伙企业、个人独资企业和个体工商户、外商投资企业等。

1. 公司

公司是按照《中华人民共和国公司法》在中国境内设立的企业法人，有独立的法人财产，享有法人财产权。公司以其全部财产对公司的债务承担责任。公司具备独立的法人资格。

公司分为有限责任公司和股份有限公司。有限责任公司的股东以其认缴的出资额为限对公司承担责任；股份有限公司的股东以其认购的股份为限对公司承担责任。

有限责任公司根据创立人数量差异，可分出一人有限责任公司，即只有一个自然人股东或者一个法人股东的有限责任公司；按照股东的性质，可分出国有独资公司，即国家单独出资、由国务院或者地方人民政府授权本级人民政府国有资产监督管理机构履行出资人职责的有限责任公司。一人有限责任公司和国有独资公司除须遵守有限责任公司的一般规定外，还应当遵守相应的特殊规定。

股份有限公司与有限责任公司的股东均承担有限责任，但在公司治理、股份发行与转让等方面有重大差异。股份有限公司发行的股票如果在证券交易所上市交易，就属于上市的股份公司（即通常所称的"上市公司"）。上市公司需要遵守中国证监会和证券交易所制定的各项规章、规则和指引。

从公司的发展阶段来看，有限责任公司是公司发展的初级阶段。有限责任公司规模扩大后，为了完善公司治理并谋求上市，会改组为股份有限公司，而公司上市后又称为上市公司。

2. 合伙企业

合伙企业是按照《中华人民共和国合伙企业法》由自然人、法人和其他组织在中国境内设立的普通合伙企业和有限合伙企业。合伙企业不具备独立的法人资格。

合伙企业可分为普通合伙企业与有限合伙企业，区分标准为是否有合伙人承担有限责任。

普通合伙企业由普通合伙人组成，合伙人对合伙企业债务承担无限连带责任。以专业知识和专门技能为客户提供有偿服务的专业服务机构，可以设立为特殊的普通合伙企业。比如律师事务所和会计师事务所均可选择特殊的普通合伙企业组织形式。

特殊的普通合伙企业与普通合伙企业的差别在于合伙人承担责任有所区别。在特殊的普通合伙企业中，一个合伙人或者数个合伙人在执业活动中因故意或者重大过失造成合伙企业债务的，其本人应当承担无限责任或者无限连带责任，其他合伙人以其在合伙企业中的财产份额为限承担责任；合伙人在执业活动中非因故意或者重大过失造成的合伙企业债务以及合伙企业的其他债务，由全体合伙人承担无限连带责任。

有限合伙企业由普通合伙人和有限合伙人组成，普通合伙人对合伙企业债务承担无限连带责任，有限合伙人以其认缴的出资额为限对合伙企业债务承担责任。

有限合伙企业是确立了普通合伙人的无限连带责任，减轻了合伙企业形式下有限合伙人的责任，是有限公司与普通合伙企业的变种。因为普通合伙人往往是执行事务合伙人，有限合伙人往往不参与合伙企业事务，所以责任上需要有所区别。

3. 个人独资企业和个体工商户

个人独资企业是按照《中华人民共和国个人独资企业法》由一个自然人投资，财产为投资人个人所有，投资人以其个人财产对企业债务承担无限责任的经营实体。个人独资企业投资人可以自行管理企业事务，也可以委托或者聘用其他具有完全民事行为能力的人负责企业的事务管理。个人独资企业不具备独立的法人资格。

个体工商户是指在法律允许的范围内，依法经核准登记，从事工商经营活动的自然人或家庭。个体工商户可以个人经营，也可以家庭经营，个体工商户不具备独立的法人资格。

个人独资企业与个体工商户显著的区别仍然在于责任承担。个人独资企业一般被认为是企业形式，投资人以其个人财产对企业债务承担无限责任，只有在企业设立登记时明确以家庭共有财产作为个人出资的，才依法以家庭共有财产对企业债务承担无限责任。个体工商户一般被认为不具备企业形式，其债务如属个人经营的，以个人财产承担；如属家庭经营的，以家庭财产承担。相较而言，个人独资企业规模普遍大于个体工商户，且个人独资企业还可以聘请管理者代表自己管理事务，而个体工商户只能是自己或家庭进行经营管理。

4. 外商投资企业

为吸引和利用外资，我国曾在20世纪70年代至20世纪80年代分别出台了《中华人民共和国中外合资经营企业法》《中华人民共和国外资企业法》《中华人民共和国中外合作经营企业法》（简称"外资三法"）。根据"外资三法"设立的具有外资股东背景的企业，享受优于我国本土企业的税收优惠等条件，也受到出资金额及比例、进入行业等方面的部分限制。

为适应新的国际形势变化，增加中国市场对外资的吸引力，更好地保护外商投资合法权益，营造法治化、国际化、便利化营商环境，我国立法机构推动"外资三法"合一。《中华人民共和国外商投资法》自2020年1月1日起施行，"外资三法"将同时废止。根据"外资三法"设立的外商投资企业，在《中华人民共和国外商投资法》施行后五年内可以继续保留原企业组织形式等。

7.1.2　企业组织形式选择

创业企业面临两个平台组织形式的选择，一是创业企业，二是持股平台。

1. 创业企业

创业企业应该选择公司形式。在我国，只有公司才能在证券交易所发行股票并上市，因此创业企业在企业组织形式的选择上，应该选择公司形式。由于普通有限责任公司设立门槛较低，因此多数创业企业会选择有限责任公司形式，只有少数具备较强的资金实力、业务实力和人才实力的创业团队才会直接选择股份有限公司形式。

2. 持股平台

持股平台一般选择有限合伙形式。有限合伙企业的税收方式为"先分后税"，即自然人投资者在获得收益后，只需缴纳个人所得税；而公司则需要先缴纳企业所得税，在分配红利给自然人股东后，再缴纳个人所得税。

普通合伙人对有限合伙企业控制力较强，在上市过程中将有限合伙企业持有创业公司的股权之控制权归属于普通合伙人。因此在创业企业进行股权激励时，持股平台多数选择有限合伙形式，由创业企业实际控制人担任普通合伙人，以便突出实际控制人对创业企业的控制地位。

7.2　管理权结构分层

创业企业的形式有多种，当下最普遍、最常见、最实用的形式之一是有限责任公司，本节主要在该组织形式的框架下介绍公司管理权的结构分层。

所有权、决策权、执行权、监督权分立是现代企业制度的原则，公司制企业都需要在该原则的基础上建立一个科学、合理、有效的公司决策机制和治理结构。

7.2.1 权力机构

股东会（有限责任公司）或股东大会（股份有限公司）是公司最高权力机构，其他机构都由它产生或根据它的授权而产生，并对它负责。

股东（大）会是指由全体股东组成的，决定公司经营管理的重大事项的机构。其职权包括：（1）决定公司的经营方针和投资计划；（2）选举和更换非由职工代表担任的董事、监事，决定有关董事、监事的报酬事项；（3）审议批准董事会的报告；（4）审议批准监事会或者监事的报告；（5）审议批准公司的年度财务预算方案、决算方案；（6）审议批准公司的利润分配方案和弥补亏损方案；（7）对公司增加或者减少注册资本作出决议；（8）对发行公司债券作出决议；（9）对公司合并、分立、解散、清算或者变更公司形式作出决议；（10）修改公司章程；（11）公司章程规定的其他职权。

7.2.2 决策机构

董事会是公司的决策机构。董事会由股东（大）会产生，负责公司业务经营活动的指挥与管理，对股东（大）会负责并报告工作。股东（大）会所做的决定公司或企业重大事项的决定，董事会必须执行。

董事会的职权包括：（1）召集股东会会议，并向股东会报告工作；（2）执行股东会的决议；（3）决定公司的经营计划和投资方案；（4）制订公司的年度财务预算方案、决算方案；（5）制订公司的利润分配方案和弥补亏损方案；（6）制订公司增加或者减少注册资本以及发行公司债券的方案；（7）制订公司合并、分立、解散或者变更公司形式的方案；（8）决定公司内部管理机构的设置；（9）决定聘任或者解聘公司经理及其报酬事项，并根据经理的提名决定聘任或者解聘公司副经理、财务负责人及其报酬事项；（10）制定公司的基本管理制度；（11）公司章程规定的其他职权。

7.2.3 执行机构

经营管理层是公司的具体执行机构，以公司高级管理人员为代表，一般包括总经理、副总经理、财务负责人、"三总师"（总工程师、总会计师、总经济师）等。总经理由董事会决定聘任或者解聘，并对董事会负责；其他高级管理人员由总经理提名，由董事会决定聘任或者解聘。

总经理的职权包括：（1）主持公司的生产经营管理工作，组织实施董事会决议；（2）组织实施公司年度经营计划和投资方案；（3）拟订公司内部管理机构设置方案；（4）拟订公司的基本管理制度；（5）制定公司的具体规章；（6）提请聘任或者解聘公司副经理、财务负责人；（7）决定聘任或者解聘除应由董事会决定聘任或者解聘以外的负责管理人员；（8）董事会授予的其他职权。公司章程对经理职权另有规定的，从其规定。

高级管理人员可兼任董事。

7.2.4 监督机构

监事会是公司的监督机构。监事会由股东和职工代表组成，主要负责对公司董事、高层管理人员的行为进行监督。有限责任公司设监事会，其成员不得少于三人；股东人数较少或者规模较小的有限责任公司，可以设一至二名监事，不设监事会。监事会应当包括股东代表和适当比例的公司职工代表，其中职工代表的比例不得低于三分之一，具体比例由公司章程规定。监事会中的职工代表由公司职工通过职工代表大会、职工大会或者其他形式民主选举产生。

监事会、不设监事会的公司的监事的职权包括：（1）检查公司财务；（2）对董事、高级管理人员执行公司职务的行为进行监督，对违反法律、行政法规、公司章程或者股东会决议的董事、高级管理人员提出罢免的建议；（3）当董事、高级管理人员的行为损害公司的利益时，要求董事、高级管理人员予以纠正；（4）提议召开临时股东会会议，在董事会不履行规定的召集和主持股东会会议职责时召集和主持股东会会议；（5）向股东会会议提出提案；（6）依法对董事、高级管理人员提起诉讼；（7）公司章程规定的其他职权。

董事、高级管理人员不得兼任监事。

7.3　组织结构设计

企业的组织结构对创业企业的前景有着非同一般的影响。下文从组织结构设计原则、组织结构设计程序和组织结构类型三方面介绍如何设计合适的内部组织结构。

7.3.1　组织结构设计原则

企业组织结构指企业内部根据其目标和规模而采取的组织管理形式，即根据分工、层次、职能与目标确定需要，而采取的与之相应的管理体制。形象而言，其就是规定企业内部各种分工协作关系的基本框架，这种固定了责权分配、管理范围、联络路径的基本框架非常重要。创业企业根据分工的原则，要把企业按工作和业务的需要划分为不同部门，各个部门由一名负责人负责、控制、协调或计划。大的部门可以再细分为子部门，形成多个层级。企业组织结构是关键竞争要素之一，企业必须围绕产品和需求做好企业组织结构的设计和管理。

组织结构设计是对组织活动和组织结构的设计过程，组织结构设计的结果是组织架构形式。组织结构设计应遵循以下原则。

（1）精简原则。根据业务需要设置机构或部门，突出"精"，以精求简、精干高效。

（2）任务与目标原则。组织结构设计的根本目标，是使企业管理科学化、高效化。企业不同机构担负着不同任务，离开了目标和任务，机构设置就会陷入盲目，导致机构设置不足或臃肿。

（3）分工协作原则。分工协作要根据管理的专业化要求，按不同的管理方式设置不同的管理机构。为了实现精简、高效的目标，要把目标、任务进行分类，达到分工粗细适宜，相互协调。

（4）责权对等原则。所谓责权对等，就是指权力和责任相适应。不能有权无责，也不能有责无权，或者权大责小、责大权小。组织给每个部门、每个人分配任务，要求他们对自己的工作负责，就必须授予他们与责任相应的权力，使他们在履行职责过程中，在自己的责任范围内能够处理和解决问题。

（5）统一指挥原则。任何组织结构都应分层设置，实行统一计划，下级必须服从上级指挥。统一指挥要求避免越级指挥、多头指挥、职责不清的现象。

（6）合理幅度原则。管理的幅度是指一个管理人员直接管理的下属的数量。研究表明，在组织结构的高层领导中，通常是 4 ～ 8 人；在组织结构的低层领导中为 8 ～ 15 人。在实际操作中，需要具体分析每个管理者的管理幅度的影响因素。随着知识经济时代的到来，知识更新和技术创新的速度越来越快，企业组织结构扁平化、开放化、层次减少、柔性化以及网络化等趋向于较宽的管理幅度。

（7）弹性原则。根据客观情况的变化实行动态管理。

7.3.2 组织结构设计程序

一般来说，组织结构设计可遵循以下基本程序。

（1）对管理工作过程进行总设计。围绕创业目标的完成进行管理过程的总体设计。在管理方案中，要选择时间短、岗位设置少、费用低的管理过程，并能够实现管理的四个衔接，即工作目标衔接、岗位衔接、实物衔接、信息衔接，从而达到管理过程的最优化。

（2）设计管理岗位。管理岗位是组织结构的基本单位。岗位设置要适度，既要考虑管理工作过程的需要，又要考虑管理的方便。

（3）规定岗位的输入、输出与转换。要对岗位进行工作分析，规定输入与输出业务的名称、时间、数量、表格、实物、信息等，并找出该岗位最优的管理程序，用工作规范将其固定下来。

（4）给岗位定员定编定质。按工作量需要确定人员编制，按岗位分析，确定人员素质需求。

（5）规定岗位人员的薪酬制度与考评制度。薪酬制度与考评制度相辅相成，两者在执行过程中有着密切的关系，二者在执行时均需注意内部公平性和外部公平性。

（6）设置内容机制的组织机构。按照职责和权力的层级分布和具体分工，设置内部机制完善有效的组织机构。

7.3.3 组织结构类型

传统的组织结构通常有以下几种类型。

1. 直线管理制结构

直线管理制结构又称扁平化管理模式，其基本框架是将企业内部划分为几个垂直管理的层次，从最高管理层到最低管理层按垂直体系进行管理。各管理层负责人直接行使对下属统一的指挥与管理职能，不专门成立职能机构，一个下属单位只接受一个上级负责人的指令。直线管理制结构具有机构简单、权责分明、决策迅速、指挥及时、工作效率高等优点，但也有缺少专业分工、要求负责人是全能式人物、领导者管理负担过重等缺点。从其运行模式看，各个层次在权力、地位方面的等级区别十分鲜明，企业内部运行机制主要反映为一种纵向的控制与协调关系。其具体表现为：①总部是整个企业的最高行政部门，负责企业生产经营决策和生产经营计划的指挥、实施；②指令从上到下按照纵向等级关系层层下达，总部通过层层监督、层层负责的形式，对具体指令的执行状况进行控制。

直线管理制结构一般适用于处于初创阶段、员工人数较少、产品单一、生产工艺简单的小型企业。

2. 职能管理制结构

职能管理制结构的基本框架是企业内部按照横向专业分工的原则，设立若干个专门在一定领域内对上参谋、对下管理的职能管理部门。大多数企业中，基本的职能机构包括研究开发、生产运作、市场营销、财务管理、技术与质量保障、人力资源、内控与审计等部门。从其运行模式看，职能管理制结构的显著特点是各级职能机构对下一级单位均有权根据本职能部门的要求下达指令，并监督、控制具体的执行过程。这种结构使企业各级之间的业务联系更为直接和具体，有利于专业或职能管理工作的正规化和及时化，但它也存在容易引起多头领导的指令冲突、控制和协调系统紊乱等缺点。

职能管理制结构适用于规模较大、所处环境复杂且稳定、生产技术难度大同时又要求全面实行标准化的企业组织。

3．直线职能制结构

直线职能制结构是现代较为常见的一种组织结构形式。从职能机构设置上看，这种形式包括以下几种基本类型：顾问性的直线职能制、控制性的直线职能制、服务性的直线职能制、协调性的直线职能制。从其运行模式上看，各级负责人对下属单位具有全面指挥和领导的权力，对所属范围内的工作负有全权处理的责任，职能机构对下级组织在行政上没有领导关系，也不拥有发布指令进行指挥的权力，但在各有关专业事务上，则负有对下级进行指导的责任，并在职责范围内可以对下级提出业务要求和实施监督控制。

直线职能制结构主要适用于简单稳定的环境、可按标准化技术进行常规型大批量生产的企业。这样的企业往往规模较大，但只生产少数种类的产品。这种结构常被处于成熟阶段的组织采用。

4．事业部制结构

事业部制结构首创于 19 世纪 20 年代，最初由美国通用汽车公司斯隆创立，又称"斯隆模型"。它是在产品部门化基础上建立起来的。事业部制结构按地区或所经营的各种产品和事业来划分部门，各事业部独立核算、自负盈亏、分权管理。同时，事关大政方针、长远目标，以及一些全局性问题的重大决策权集中在总部，以保证企业的统一性。事业部制结构突出的特点是"集中决策、分散经营"，这是在组织领导方式上由集权制向分权制转化的一种改革。

事业部制结构的主要优点：适应性和稳定性强，有利于组织的最高管理者摆脱日常事务而专心致力于组织的战略决策和长期规划，有利于调动各事业部的积极性和主动性，并且有利于企业对各事业部的绩效进行考评。

事业部制结构的主要缺点：由于机构重复，造成了管理人员浪费；由于各个事业部独立经营，各事业部之间要进行人员互换就比较困难，难以相互支援；各事业部主管人员考虑问题往往从本部门出发，各事业部间独立的经济利益会引起相互间激烈的竞争，可能发生内耗；由于分权易造成忽视整个组织的利益、协调较困难的情况，也可能出现架空领导的现象，从而减弱总部对事业部的控制。

这种组织结构形式适用于产品多样化和从事多元化经营的组织，也适用于所处市场环境复杂多变或所处地理位置分散的大型企业。

5．控股型结构

控股型结构是在非相关领域开展多元化经营的公司所常用的一种组织结构形式。由于经营业务的非相关或弱相关，大公司不对这些业务经营单位进行直接的管理和控制，而代之以持股控制。大公司便成为一个持股公司，受其持股的单位不但对具体业务有自主经营权，而且保留独立的法人地位。

控股型结构建立在公司间资本参与关系的基础上。由于资本参与关系的存在，一个公司就对另一个公司持有股权。基于这种持股关系，对那些公司单位持有股权的大公司便成了母公司，被母公司控制和影响的各公司单位则成为子公司或关联公司。子公司、关联公司和母公司一道构成了以母公司为核心的公司集团。

母公司亦称集团公司，处于公司集团的核心层，故称之为集团的核心公司。集团公司或母公司与它所持股的公司单位之间不是上下级之间的行政管理关系。母公司作为大股东，对持股单位进行产权管理控制的主要手段为：母公司凭借所掌握的股权向子公司派遣产权代表和董事、监事，通过这些人员在子公司股东（大）会、董事会、监事会中发挥积极作用而影响子公司的经营决策。

阅读资料 7-1：

"华为基本法"的组织政策基本原则

华为在 1998 年发布了"华为基本法"，对组织结构确立了一系列的基本原则，包括组织建立方针、组织结构建立原则、职务设立原则等。

（1）组织建立方针。组织的建立和健全，必须：①有利于强化责任，确保公司目标和战略的实现；②有利于简化流程，快速响应顾客的需求和市场的变化；③有利于提高协作的效率，降低管理成本；④有利于信息的交流，促进创新和优秀人才的脱颖而出；⑤有利于培养未来的领袖人才，使公司可持续成长。

（2）组织结构建立原则。要求：①公司始终是一个整体；②战略决定结构是建立公司组织的基本原则，具有战略意义的关键业务和新事业生长点，应当在组织中有一个明确的负责单位，这些部门是公司组织的基本构成要素；③组织结构的演变不应当是一种自发的过程，其发展具有阶段性；组织结构在一定时期内的相对稳定，是稳定政策、稳定干部队伍和提高管理水平的条件，是提高效率和效果的保证。

（3）职务设立原则。要求：①管理职务设立的依据是对职能和业务流程的合理分工，并以实现组织目标所必须从事的一项经常性工作为基础；②职务的范围应设计得足够大，以强化责任、减少协调和增强任职的挑战性与成就感；③设立职务的权限应集中，对设立职务的目的、工作范围、隶属关系、职责和职权，以及任职资格应做出明确规定。

7.4 决策机制建立

企业决策机制是企业在享有充分的法人财产权的情况下，对生产、经营等经济活动做出抉择的机制。创业企业选择采用公司这一企业组织形式，根据《中华人民共和国公司法》的规定设立各分层管理机构后，就可以结合组织设计原则建立具体的决策机制。对于企业而言，决策机制的设计需要结合企业自身特点，经过合理的安排发挥出最大作用。下面主要介绍决策机制的内涵与决策机制类型。

7.4.1 决策机制内涵

企业经营运行机制中，决策系统影响企业决策行为的有效性程度，健全的决策机制是有效决策的必要条件。企业决策机制在经营机制中处于主要地位，不仅是设计其他机制的基础，而且贯穿其他机制运行的始终。决策机制由以下三个方面组成。

（1）权力结构。权力结构明确企业内部的权力关系。其内容有两个方面。①明确决策主体。企业决策分布于一个从简单到复杂的连续频谱，所涉及的领域也极其广泛，为增加决策的有效性，必须明确规定各种决策以谁为主体。②权力均衡或称权力分散化，以保证决策的民主性。权力过分集中既违背合理幅度原则，又不利于广大职工积极性、创造性的发挥。

（2）责权利关系。决策者的行为由利益推动，由责任约束，由权力保证。为了保证决策行为合理化，要建立起与权力结构相适应的利益结构，正确处理责权利关系。

（3）组织保证体系。决策主体要行使其职能，除了要有权力保证以外，还要依托组织保证，如智囊团、决策中心、信息系统等保证。这些组织为决策者出谋划策，做好方案评估、方案论证和决策宣传，提供及时、准确、适用的信息支援等。

7.4.2 决策机制类型

1. 分散型决策机制

企业决策机制的中心环节是决策主体的确立，它是企业良性运作的关键条件。从经济发展的历史来看，经济活动初始的决策者是单个的人，这种以个人独立的、互不重叠的决策权为特征的决策机制称为分散型决策机制。

分散型决策机制的优点有：①分散型决策机制对信息的搜集最直接，反应最灵敏，处理也最快捷；②分散型决策机制下的个人是对自己劳动资源的最优控制者，因为这种控制与个人效益最大化的目标直接相关联；③独立的决策权可以使决策主体的动力得到根本保障。

分散型决策机制的缺点有：①建立在个人基础上的决策不可能不受到个人能力的限制；②分散型决策机制完全通过市场行为来实现，势必会增加交易费用，使决策成本增加。因此，随着经济的发展，层级式决策机制应运而生。

2. 层级式决策机制

层级式决策机制是指一个决策者的辖区内，决策权的层级分配和层级行使。

层级式决策机制的优点有：①可以发挥集体决策的优势以弥补个人决策的不足；②组织内部的分工与协调使交易费用大大降低，从而形成对市场交易的替代。

层级式决策机制的缺点是：①由于信息的纵向传输和整理，最高决策者的决策容易失误；②这种决策机制是一种自上而下的行政性领导过程，所以难免出现各层级决策的动力不足，以及由此而产生的偷懒和"搭便车"行为。

3. 混合式决策机制

混合式决策机制又称分散式层级决策机制。分散型决策机制和层级式决策机制各有优缺点，为扬长避短，一种更为完善的、两者结合型的决策机制相应产生，即混合式决策机制。这是一种以分散型决策机制为基础的层级式决策机制。这种决策机制既保留了分散型决策机制在信息收集、资源控制和动力来源方面的优点，也吸收了层级式决策机制的分权和成本较低的优势，因而成为现代企业决策中常用的一种典型形式。

阅读资料 7-2：

某公司的混合式决策机制

某公司发文，决定采用混合式决策机制，并就相关事项确定如下。

（1）决策机制类型：混合式决策机制。

（2）决策机制方式：授权决策，自下而上。以利益为动力、以责任为约束、以权力为保证，在遵循公司相关制度和规则的原则下，各部门负责人全权处理本部门日常事务。

（3）超范围决策：部门负责人处理日常事务，涉及重大项目、重要人事调整、大额资金使用和跨部门协作时，需将解决方案或建议上报直接主管领导。

（4）决策原则：谁决策、谁负责、谁受益。

（5）决策组织：以部门为决策单位，以主管领导为重心，以总经理为核心，以董事会为重大事项争议终局裁决机构。

课堂阅读

内蒙古银行原董事长杨某某涉嫌犯受贿罪、挪用公款罪、贪污罪，于2014年6月18日被内蒙古人民检察院决定刑事拘留，并于同年7月5日被决定逮捕。2015年1月24日，案件由内蒙古自治区人民检察院侦查终结，并依法移送审查起诉。包头市中级人民法院于2015年3月7日上午公开开庭审理该案。

2018年12月21日，内蒙古自治区包头市中级人民法院公开宣判内蒙古银行股份有限公司原党委书记、董事长杨某某受贿、贪污、挪用公款案，对被告人杨某某以受贿罪被判处死刑，缓期二年执行，剥夺政治权利终身，并处没收个人全部财产，在其死刑缓期执行二年期满依法减为无期徒刑后，终身监禁，不得减刑、假释；以贪污罪判处有期徒刑十一年，并处罚金人民币六十万元；以挪用公款罪判处有期徒刑十五年，决定执行死刑，缓期二年执行，剥夺政治权利终身，并处没收个人全部财产，在其死刑缓期执行二年期满依法减为无期徒刑后，终身监禁，不得减刑、假释。对扣押在案的杨某某犯罪所得依法予以追缴，不足部分继续追缴。

一个企业的管理层对该企业的未来起着至关重要的作用。即使身在高位也不能迷失了自己。身为管理层与决策者更应该谨言慎行、每日三省，做好榜样，带领企业走向成功。

本章习题

一、单选题

1. 现代企业制度三权分立不包括（　　）。

A. 决策权　　　　　　B. 执行权　　　　　　C. 建议权　　　　　　D. 监督权

2. （　　）不属于管理权结构分层。

A. 股东大会　　　　　B. 董事会　　　　　　C. 监事会　　　　　　D. 理事会

3. 根据合理幅度原则，组织结构的高层领导通常是（　　）人。

A. 1～2　　　　　　　B. 2～4　　　　　　　C. 4～8　　　　　　　D. 8～15

4. 组织结构设计基本程序共有（　　）项流程。

A. 4　　　　　　　　　B. 6　　　　　　　　　C. 8　　　　　　　　　D. 10

5. "斯隆模型"的优点是（　　）。

A. 适应性、稳定性强　　　　　　　　　B. 便于全面指挥和领导

C. 责权分明、决策迅速　　　　　　　　D. 各级之间业务联系直接、具体

二、多选题

1. 组织结构设计原则固定了（　　）。

A. 责权分配　　　　　B. 管理范围　　　　　C. 联络路径　　　　　D. 岗位衔接

2. 组织结构设计程序包括（　　）。

A. 设计管理岗位　　　　　　　　　　　B. 设置受控制的组织机构

C. 对管理工作过程进行总设计　　　　　D. 给岗位定员定编质

3. 传统组织结构包括（　　）。

A. 直线管理制结构　　　　　　　　　　B. 职能管理制结构

C. 直线职能制结构　　　　　　　　　　D. 事业部制结构

4. 决策机制由（　　）组成。

A. 权力结构　　　　　B. 控股组织　　　　C. 责权利关系　　　　D. 组织保证体系

5. 内部决策机制的类型分为（　　）。

A. 分散型决策机制　　　　　　　　B. 层级式决策机制

C. 直线式决策机制　　　　　　　　D. 混合式决策机制

三、名词解释

1. 股东大会。2. 监事会。3. 统一指挥原则。4. 分散型决策机制。5. 层级式决策机制。

四、简答及论述题

1. 现代企业制度的显著特点是什么？公司制企业需要建设什么样的内部治理结构？

2. 监事会的意义是什么？

3. 组织结构设计的原则包括哪些？

4. 组织结构设计程序的六项流程是什么？

5. 内部决策机制的类型有哪些？

五、案例讨论

小米公司成功的经验

小米科技有限责任公司（以下简称"小米公司"）正式成立于 2010 年 4 月，是一家专注于智能手机自主研发的移动互联网公司。3 年时间，其销售收入突破百亿元；不花钱营销，竟打造了一个三线城市都熟知的品牌；开创了新品类"互联网手机"，刷新中国互联网公司的成长速度；通过"发烧友手机"的定位，实现去山寨化，成为一线厂商。小米公司获得成功的经验主要有以下几点。

（1）花 80% 的时间找人

小米团队是小米公司成功的核心原因。当初雷军决定组建一个超强的团队，前半年花了至少 80% 的时间找人，幸运地找到了 7 个合伙人。合伙人都有技术背景、经验极其丰富，平均年龄为 42 岁。3 个本地人士加 5 个海归人士，分别来自金山、谷歌、摩托罗拉、微软等，他们理念一致，大都管理过超过几百人的团队，充满创业热情。

（2）少做事，管理扁平化

采用扁平化管理基于小米公司相信优秀的人本身就有很强的驱动力和自我管理的能力。小米公司的组织结构基本上是三级：核心创始人—部门领导—员工。而且小米公司不会让团队太大，稍微大一点就拆分成小团队。小米公司的办公布局就能体现出这种组织结构，一层产品、一层营销、一层硬件、一层电商，每层由一名创始人坐镇，能一竿子插到底地执行。大家互不干涉，都希望能够管理好各自分管的领域。

除创始人有职位，其他人都没有职位，都是工程师，晋升的唯一奖励就是涨薪。这样的管理制度减少了层级之间互相汇报浪费的时间。

（3）强调责任感，不设 KPI

全员高强度工作，小米公司坚持了将近 3 年。小米公司从来没有实行过打卡制度，而且也没有施行公司范围内的 KPI 考核制度。

小米公司强调把别人的事当成自己的事，强调责任感。比如我的代码写完了，要让别的工程师检查一下，那么别的工程师再忙，也必须第一时间检查我的代码，然后再做自己的事情。在小米公司，它要求工程师把技术创新做好，工程师必须对用户价值负责。

（4）透明的利益分享机制

小米公司有一个理念，就是要和员工一起分享利益，并尽可能多地分享利益。小米公司刚成立的时候，就推行了全员持股、全员投资的计划。小米公司最初的 56 个员工，自掏腰包总共投资了 1 100 万美元，均摊下来每人投资约 20 万美元。

小米公司也给了足够的回报：一是工资符合主流；二是在期权上有很大的上升空间，而且每年公司还有一些内部回购；三是获得了用户的极佳反馈。

（5）与"米粉"交朋友

如果你的朋友来找你帮忙解决问题，你会怎么做？那当然是你能解决就立刻帮他解决了，解决不了也要想办法帮他解决。这就是小米强调的与"米粉"交朋友。

小米把这变成一种文化，变成一种全员行为，给一线员工赋予权力。比如，用户投诉的时候，客服有权根据自己的判断，赠送手机膜或其他小配件。又如，曾有用户打来电话说，自己买小米手机是为了送客户，客户拿到手机还要去自己贴膜，这太麻烦了。于是在配送之前，小米公司的客服在订单上加注了"送手机膜一张"，这位用户就感受到了小米公司的贴心。

再如，小米公司对客服有个规定：15 分钟快速响应用户需求。为此，其还专门开发了一个客服平台。不管是用户的建议还是吐槽，很快就有小米公司的人员进行回复和解答。为了让员工拥有产品经理思维，小米公司从一开始就要求所有员工，在用户使用小米手机过程中遇到问题时，无论是硬件还是软件问题，无论是使用方法或技巧的问题，还是产品本身出现了问题，都要以解决问题的思路去帮助用户。小米公司还要求所有工程师通过论坛、微博和 QQ 等渠道和用户直接取得联系。

小米公司还让工程师直面用户对每段代码成果的反馈，当一项新开发的功能发布后，工程师马上就会看到用户的反馈。小米公司甚至要求工程师参加和粉丝聚会的线下活动。这样的活动让工程师知道他做的东西在服务谁，感受到用户是一个实实在在的人。这让工程师觉得写程序不是为了小米公司，而是为了他的粉丝，这种价值实现是很重要的。

思考讨论题

1. 小米公司如何设计内部组织结构？这样设计有什么好处？
2. 小米公司的决策机制属于哪一种类型？对此你有什么看法或建议？

第8章
企业文化塑造

开篇引例

海尔：创新文化
的成功

本章导读

　　企业文化不同于厂房、生产设备等有形资产，其存在形式是在组织内部或市场上形成的一种氛围或一种印象。虽然缺少具体的形式，但企业文化能从内部结构、市场营销等多方面影响企业的生存与发展。本章重点介绍了企业文化的内容、层次和功能，以及创业企业文化的基本特征和分析企业文化的方法，帮助读者理解企业文化的重要性，了解企业文化的分析方法。

知识结构图

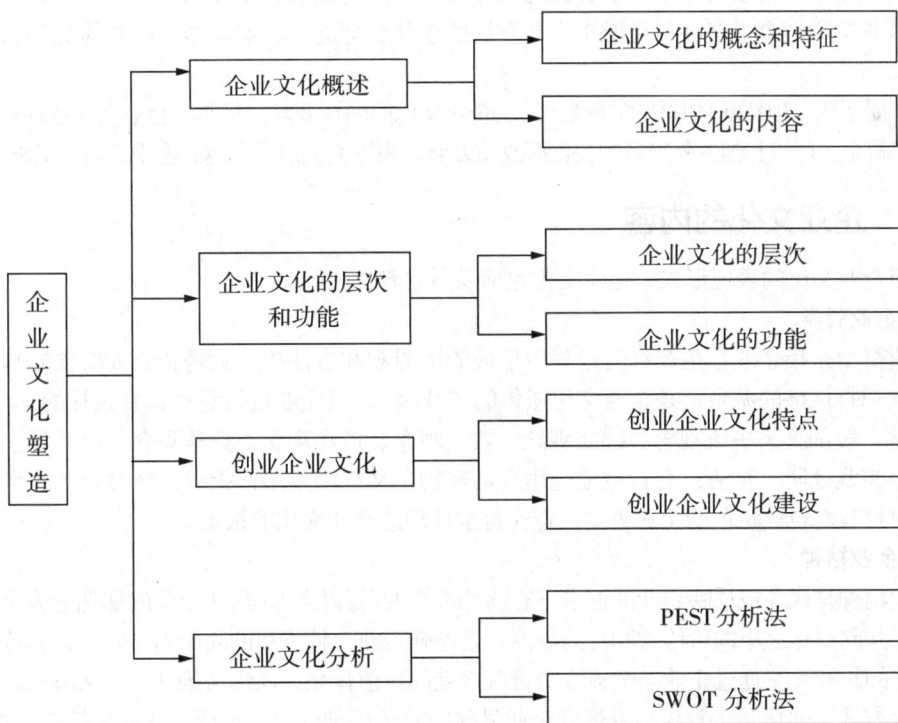

8.1 企业文化概述

8.1.1 企业文化的概念和特征

企业文化是在一定的条件下，企业生产经营和管理活动中所创造的具有该企业特色的精神财富和物质形态，是企业在经营活动中形成的经营理念、经营目的、经营方针、价值观念、经营行为、社会责任、经营形象等的总和，是企业个性化的根本体现，是企业生存、竞争和发展的灵魂。企业文化由企业制度的严格执行衍生而成，制度上的强制或激励最终促使群体产生某一行为自觉，这一群体的行为自觉便组成了企业文化。

企业文化具有以下特征。

（1）独特性。企业文化具有鲜明的个性和特色，具有相对独立性，每个企业都有其独特的文化积淀，这是由企业的生产经营管理特色、企业传统、企业目标、企业员工素质以及内外部环境所决定的。

（2）继承性。企业在一定的时空条件下产生、生存和发展，企业文化是历史的产物。企业文化的继承性体现在三个方面：一是继承优秀的民族文化精华，二是继承企业的文化传统，三是继承外来的企业文化实践和研究成果。

（3）相融性。企业文化的相融性体现在它与企业环境的协调和适应性方面。企业文化反映了时代精神，它必然要与企业的经济环境、政治环境、文化环境以及社区环境相融合。

（4）人本性。企业文化是一种以人为本的文化，强调人的理想、道德、价值观、行为规范在企业管理中的核心作用，强调在企业管理中要理解人、尊重人、关心人，注重人的全面发展，用愿景鼓舞人，用精神凝聚人，用机制激励人，用环境培育人。

（5）整体性。企业文化是一个有机的统一整体，人的发展和企业的发展密不可分。企业文化引导企业员工把个人奋斗目标融于企业发展的整体目标之中，追求企业的整体优势和整体愿景的实现。

（6）创新性。创新既是时代的呼唤，又是企业文化的内在要求。优秀的企业文化往往在继承中创新，随着企业环境和国内外市场的变化而改革发展，引导人们追求卓越、追求成效、追求创新。

8.1.2 企业文化的内容

按照企业文化的表现形式，企业文化包括以下内容。

1. 企业哲学

企业哲学是指企业在生产经营过程中形成的世界观和方法论。它是企业人格化的基础，是企业形成独特风格的源泉，是企业文化遗传的"基因"，是企业进行总体信息选择的综合方法。企业哲学一般都具有系统观念、物质观念、效益观念、市场观念、竞争观念、信息观念、人才观念等。实践证明，企业只有自觉地运用辩证唯物主义哲学方法作指导，经过艰苦的努力，才能创造出具有本企业特色的企业哲学。企业哲学是塑造企业文化的根本。

2. 企业精神

企业精神是代表或反映企业的追求、志向和决心的总体倾向，是在企业内部把全体员工的力量统一于共同目标之下的价值观和行为规范，是增强企业全体成员的凝聚力、向心力和持久力的意识形态的总和。它通过企业内全体成员普遍接受的价值体系，以含义确切、词义清晰、语言具体的表达方式，强化员工意识，以追求企业最佳的整体精神优势，形成一致的目标感、责任感、使命感，对员工和企业行为进行柔性控制和约束。企业精神在一定层次上讲，是企业文化各方面内容的概括。企业精神是实现企业价值的中介和桥梁，是全面建设企业文化的关键一环。

3. 企业价值观

企业价值观是指企业在追求经营成功过程中所推崇的基本信念和奉行的目标、宗旨，是经营管理者和员工共享的群体价值观念，它影响着企业存在的意义和目的，是企业各项规章制度的价值和作用的评判标准，为企业的生存和发展提供基本的方向和行动指南，影响企业全体员工的行为取向。从哲学上说，价值观是关于对象对主体有用性的一种观念，企业价值观是企业全体或大多数员工一致赞同的对企业意义的终极判断。企业价值观是企业文化的核心。

4. 企业伦理

企业伦理又称企业道德，是一种特殊的行为规范。它是企业法规的必要补充，是协调企业与国家、企业与企业、企业与员工之间经济利益关系的准则。它以善良与邪恶、正义与非正义、公正与偏私、诚实与虚伪、勤奋与懒散等相互对立的道德范畴为标准来评价企业与员工的各种行为。企业伦理的养成，一方面通过舆论和教育方式影响员工的心理和意识；另一方面又通过舆论、习惯、规章、制度等形式约束员工的行为。

5. 企业风尚

企业风尚是指企业、企业员工所表现出来的行为特点。它是一个企业员工的愿望、趣味、情感、传统、习惯等心理和道德观念的表现，受企业精神和企业道德制约影响而形成，是构成企业形象的主要要素。企业风尚又分为传统风尚与习惯风尚。企业的传统风尚形成时间比较长，往往成为员工的行为支柱，具有权威性；而企业的习惯风尚一般指企业的一些惯例和行为方式等，也有一定的约束性。

6. 企业目标

企业目标代表一个企业的发展方向和未来。它代表着企业的强烈追求，是激励员工奋斗、进取的精神力量。企业目标包括物质目标和精神文化目标。企业目标是一个多元体系，从决策角度上可以分为战略目标和战术目标；从性质上可以分为定性目标和定量目标；从时间上可以分为远期目标、中期目标、近期目标；从范围上可分为整体目标、部门目标和岗位目标。有了明确的、符合本企业发展状况的企业目标，就能使员工的思想和行动集中到完成企业目标的轨道上来，在竞争中为本企业的生存和发展而努力奋斗。

7. 企业制度

企业制度是企业颁布的办事规程和行为准则。它是企业在生产经营管理活动中形成的带有强制性的义务，是实现企业目标的有力措施和手段。企业制度的内容包括规章制度和技术操作规范、工作标准等。企业制度通常具有三个主要特征：一是具有实现企业愿景的目的性，并以规范化的文件体现；二是有其存在的明确性并有一定的持续性；三是要求员工尽一定的责任、义务，并享有相应的权利，即具有强制性。

8. 企业民主

企业民主是指员工对企业决策、生产经营等各项工作有发表建议的权利。它包括员工的民主意识、民主权利和民主义务等，还包括人格尊严、参与意识等非社会性、非政治性的因素。企业民主的作用主要有：一是有利于确立企业员工的主人翁地位；二是有利于改善干群关系；三是有利于提升企业在市场竞争中的应变能力；四是有利于企业精神的培育。

9. 企业礼仪

企业礼仪是企业有系统、有计划的日常例行事务所构成的动态文化。一个企业的传统习惯，主要通过企业仪式、典礼等活动方式表现出来。仪式及典礼反映着一个企业的文化及作风。一个企业要想建立良好的作风、树立自己的文化，就必须注重仪式及典礼的科学性、多样性和象征性，寓本企业的作风、文化于各种仪式、典礼中。

10. 企业形象

企业形象是指社会大众和企业员工对本企业的整体评价。良好的企业形象是一种无形的宝贵财富。它包括两方面：一是外部形象，即企业的标志（如公司Logo）、注册商标、产品设计、装潢和广告，以及各种附属印刷品的设计等，这些构成人们对企业的印象；二是内部形象，即产品质量的优劣和管理作风的好坏。当企业的良好形象建立起来后，社会就会对企业给予加倍的回报，这对企业的开拓和发展至关重要。

8.2 企业文化的层次和功能

由于企业文化的内容和载体过于抽象和庞杂，为了便于实务界更好地理解企业文化的内涵，学者对企业文化进行了层次和功能的研究，并提出了不同的理论。本节根据简练、实用原则，分别介绍如下。

8.2.1 企业文化的层次

企业文化在其发展过程中，根据其表现形式及内核的差异形成了不同的层次。关于企业文化层次的理论在学术界百花齐放，不同的理论将其定义为三个层次、四个层次或者五个层次。不同理论都有各自的依据，没有对错之分。本书采用美国麻省理工学院教授埃德加·沙因（Edgar Schein）的企业文化层次学说。埃德加·沙因认为，企业文化可以分为四个层次，像一个洋葱一样被一层一层地依次分解剖析，因此这种划分也被称为企业文化洋葱图，如图8-1所示。

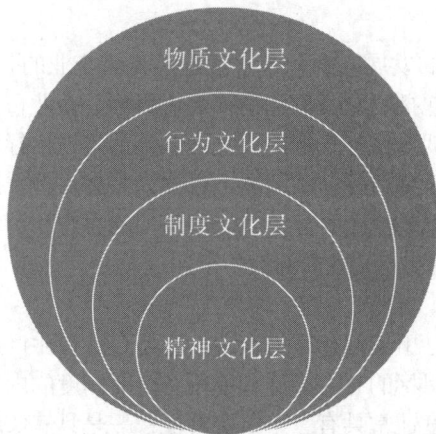

物质文化层

行为文化层

制度文化层

精神文化层

图 8-1　企业文化洋葱图

1. 物质文化层

企业物质文化是指企业外显的文化，称为企业的"硬文化"，是外界和内部都能看得见、摸得着的文化象征。例如，企业的Logo、工作服、办公设施风格等。企业物质文化主要影响的是企业给外界的第一印象。如果创业者曾参观过国内的大企业，不难发现很多成功企业的办公环境与设施都是行业顶尖的。中小企业的资金几乎全部用于生产研发的投入，没有多余的能力投入企业物质文化的建设，当企业发展到一定阶段后，其所处的市场地位将上升到一个更高的层次。这时的企业，无论是进行商业谈判还是引进高级人才，其物质文化都将成为重要的影响因素。

对于初创企业来说，物质文化的建设不是当前阶段的重点，应该将工作重心放在企业核心文化的开发中。只有当企业发展到一定阶段，并且企业已经具备能在各方面长期稳定运转的实力后，才应该将企业物质文化作为企业文化建设的重点。

2. 行为文化层

企业行为文化，是指企业员工在企业经营、教育宣传、人际关系活动、文娱体育活动中产生的文化现象。它是企业经营作风、精神风貌、人际关系的动态体现，也是企业精神、企业价值观的折射。企业行为文化的建设直接关系到员工工作积极性的发挥，关系到企业经营生产活动的开展，关系到整个企业未来的发展方向。企业行为文化集中反映了企业的经营作风、经营目标、员工文化素质和员工的精神面貌等文化特征，它直接影响着企业经营业务的开展和经营活动的成效。

企业的行为文化主要由三方面构成，分别是企业家行为、模范人物行为和员工群体行为。海尔前总裁张瑞敏在一次员工大会上，当着众人的面将76台质量不佳的电冰箱砸烂，这是比较有名的企业行为文化案例。也正是这一砸，才砸出海尔这个响当当的品牌。由此可见，企业行为文化影响企业的经营风格与未来发展方向。

3. 制度文化层

企业制度文化是企业领导体制、组织机构和管理制度的具体体现。企业的制度文化是企业文化核心层和物质层的连接。制度文化是一定精神文化的产物，它应适应精神文化的要求，同时它又是精神文化的基础和载体；而物质文化是制度文化的前提，一定的物质文化才能产生与之相适应的制度文化。

企业制度文化是企业文化的重要组成部分，是塑造企业精神文化的根本保证，是企业精神文化所倡导的一系列行为准则。作为企业文化中人与物、人与企业运营制度的中介和结合，作为一种约束企业和员工行为的规范性文化，企业制度文化能够使企业在复杂多变、竞争激烈的环境中处于良好的运转状态，从而保证企业目标的实现。

4. 精神文化层

企业精神文化是用以指导企业开展生产经营活动的各种行为规范、群体意识和价值观念，是以企业精神为核心的价值体系。精神文化反映着企业的信念和追求，是企业群体意识的集中体现。

企业精神文化是支撑企业文化体系的灵魂。企业精神是体现全体员工共同一致、彼此共鸣的内心态度、意志状况和思想境界的精神风貌。企业文化作为整体是动态的，被企业外部环境制约。时代的变化、消费模式的变化，都会影响企业文化的发展变化。

阅读资料 8-1：

某互联网企业的 "四化"

（1）办公环境亲人化。企业办公楼随处可见健身设施、按摩椅、台球桌、帐篷等，整个办公空间采用了不同的色调搭配，色彩明亮鲜活。这些都让人感到轻松自在。除此之外，每名新员工都将得到100美元用于装饰办公室，可以在自己的办公室中"恣意妄为"。好的办公环境就是要激发人的效能，只有让员工感到舒适，员工才会产生更好的创意和想法。

（2）人员自由流动化。从创立之初，企业就规定管理层不能限制员工在企业内部自由流动，员工可以自由地到一个新的部门做自己喜欢的事情。"一个想法有人支持就可以去做"，这种宽松的政策和环境使得该企业生产出深受用户好评的产品。

（3）20% 时间私有化。企业允许每位工程师拥有 20% 的自由支配时间。这也是企业深以为傲的一个小秘诀。企业的企业文化魅力是鼓励创新，即使每项工程都要有计划、有组织地实施，企业还是决定留给每位工程师 20% 的私有时间，让他们去做自己认为更重要的事情，而许多好项目都源自这 20% 的时间。

（4）内部沟通扁平化。企业人人平等，管理职位更多是强调服务，工程师受到更多尊敬。每个人距离总裁的级别可能不超过 3 级，人人不仅可公平享受办公空间，还具备零距离接触高层反馈意见的机会。每逢周五，企业的创始人以及首席执行官都会与员工共进午餐，以满足员工提出的种种"非分"要求。一般情况下，创始人都会满足员工的"非分"要求。

8.2.2 企业文化的功能

在上一小节企业文化内容的介绍中，我们知道企业文化的不同内容组成都有其对应的作用与意义。本小节则通过系统地总结，将企业文化的整体功能归纳为对企业的导向、约束、凝聚、激励、调适等五种功能。

1. 导向功能

企业文化对企业的引导主要体现为对价值观和企业目标的引导。

价值观念作为企业文化的一部分，是企业文化的核心内容。企业共同的价值观念规定了企业的价值取向，有助于员工对事物的评判形成共识、共同的价值目标，企业的领导者和员工为着他们所认定的价值目标去行动。具备明确的价值观念，是企业在经营上取得成功的第一步。

除此之外，企业文化的导向功能还将以更具象的形式体现在企业的战略目标上。正确的企业文化能够让企业管理层更深入地了解市场的诉求，从而制定出更切合实际的企业战略目标。

企业的引导作用通过企业文化与市场的结合传递给企业管理层，再由管理层传递给企业全体员工。

2. 约束功能

从整体上看，企业文化不是强制性地约束，虽然其内容也包含规章制度等内部规范，企业的领导者和企业员工必须遵守和执行，但企业文化的约束作用更多依靠的并不是制度的强制性，而是企业文化统一的排异性。

企业文化是全体员工共同遵守的思想观念与行为准则，当企业文化发展到一定程度，企业内部将形成统一的价值观念和行为准则，每一个组织成员能够做到自觉遵守企业文化。一旦整体企业文化形成，任何违背企业文化的行为都将难以融入企业环境，新成员只能选择自我调整融入企业文化体系，或者黯然离开。企业文化的排异性是其对企业起到约束作用的保障。根据破窗效应，假设某家企业办公用品摆放杂乱、不注重公共环境卫生，新加入员工的办公桌同样会因为从众心理而变得杂乱；但如果每位员工都将自己的办公桌布置得整洁有序，新加入员工的办公桌就不可能杂乱无章。

3. 凝聚功能

缺乏整体企业文化的企业是不完整的。只有通过整体企业文化的形成，因共同的价值观念形成了共同的目标和理想时，员工才会把企业和自己看成一个命运共同体，把工作看成实现共同目标的重要组成部分。当员工能够清楚感受到企业独有的文化并愿意奉行和发扬它之后，员工对自己成员身份的感知和作为企业一部分的荣誉感才会不断加强，最终使员工和企业凝聚为一股力量。

除了增强成员和组织的凝聚力，企业文化还有助于打破成员与成员之间的壁垒。企业文化以人为本，尊重人的感情，强化团体意识，有助于企业员工之间形成强大的凝聚力和向心力。特别是对于不同职能部门或者不同层级的成员，在缺乏企业文化共识的企业里，成员之间的关系就只是工作上的对接与协作关系；只有在共同企业文化的引导下，所有成员形成步调一致、团结友爱、相互信任的和睦氛围，不同成员才能作为一个整体推进企业的运营和发展，形成"1+1>2"的效果。

4. 激励功能

共同的价值观使每个员工都感到自己存在和行为的价值，而自我价值的实现是人的最高精神需求的一种满足，这种满足可以产生强大的激励作用。在构建起以人为本的企业文化后，领导积极关心员工状况，员工忠实追随领导，由此在领导与员工之间形成一种双向激励作用。

企业文化对组织成员的激励作用多来自精神层面，是对员工的一种无形的内在激励，包括向员工授权、认可员工的工作等。根据马斯洛需求层次理论，自我价值的实现是最高层次的需求，当员工的精神需求得到满足时，企业会得到相应的激励回馈。

5．调适功能

企业文化的调适功能是企业文化所有功能中极不容易被察觉的。调适就是调整和适应。企业各部门之间、员工之间，由于各种问题难免会产生一些矛盾，解决这些矛盾需要各自进行自我调节；企业与环境、顾客、国家、社会之间都会存在不协调、不适应之处，这也需要企业进行调整和适应。企业文化有助于管理层和员工更科学地处理这些矛盾、自觉地约束自己，卓越的企业形象就是调适的结果。

8.3　创业企业文化

上一节介绍了企业文化的层次和功能。其中提到，一些企业文化的内容，特别是出于物质层的企业文化建设并不适合成为初创企业的工作重心。由此可见，企业文化的建设需要适应企业所处的生命周期阶段。本节结合创业企业的特点，介绍创业企业文化的特点以及建设方式。

8.3.1　创业企业文化特点

1．集思广益

对于一个初创企业来说，即使是创始人也不应该将自己作为一个特殊的个体与其他成员区分开来。集体的头脑风暴是有益于创新的方式，初创团队不应该形成严格的权力层级与职能划分，专职于各自擅长的领域的同时又能做到集思广益才是好的发展结构。

2．使命感强

比尔·盖茨曾说过："在我辍学创业的那一段时间里，每天早晨醒来，一想到所从事的工作和所开发的技术将会给人类生活带来巨大的影响和变化，我就会无比兴奋与激动。"

那些注定取得成功的创业者和团队，其最终目标并不是享受荣华富贵，也不是把自己正在做的事称作枯燥的工作，而是真正坚信自己承担的是对世界和人类社会的责任。对于这些人来说，即使他们有能力轻而易举地找到一份酬劳丰厚的工作，也依然会执着于自己选择的道路，而缺乏使命感的初创团队往往会陷入创业目标的飘忽不定和无端地抱怨创业艰辛的循环之中。

3．拒绝平庸

创业的内核是创新，对于创业活动来说，拒绝平庸的企业文化是必要的。虽然在狭义范围内，学术界将创业定义为创办新企业，但是在大部分成功的企业家和创业者眼里，只有从 0 到 1 的创造才是真正的创业。而大部分创业者做的仅仅是从 1 到 N 的复制，究其原因就是创业企业成立初期没有在内部形成拒绝平庸的企业文化。

在创业初期，无论是对项目还是员工，创业者都应该严格奉行拒绝平庸的创业企业文化。创业企业需要淘汰平庸的员工和项目，在企业内部形成创新竞争，留下真正具有创新能力的员工和项目。

4．居安思危

创业企业相比一般企业较大的风险就在于其发展的不确定性。看似风平浪静的创业市场可能在一瞬间发生天翻地覆的变化。创业企业必须把居安思危的企业文化传达给每一个员工。

比尔·盖茨常常对公众说："微软离破产只有 18 个月。"华为也经常提到"冬天来了"和"活下去"。微软和华为这样的行业巨头都在不断地提醒自己，一般的创业企业更应如此。

5．勤俭节约

创业企业初期的发展需要大量的资金来维持，特别是进入成长期的企业，无论是产品开发与改进还是市场的开拓与扩增，都需要不断地投入资金。很多富有想象力的创新想法，最终都因为在发展的某个环节存在大量资金缺口，而不能转变为实际产品。创业企业的文化中需要包括勤俭节约，以提高资金使用效率。

优秀的大企业也会塑造勤俭节约的企业文化。当然，创业企业本身就不具有稳定的现金流，不需要像大企业这样营造节俭的环境，但大企业塑造节约文化的方式值得每一个创业者学习。

6．共创共享

创业远不止于产品的开发，其包含整个企业管理的内容。股权激励是创业团队管理中的一项法宝。好的创业企业文化有助于营造一种氛围，即大家在一起是做一件有意义的事情，企业迟早是会有价值的，参与的员工都能享受未来的收益。差一些的企业文化可能会完全依赖于短期的现金激励，其结果就是员工对组织的未来毫不关心。创业者有义务将企业未来的长期发展作为自己的责任，而不是仅仅追求企业的短期利润，而股权激励就是使员工重视企业未来的有效的企业文化。

7．以身作则

创业企业的领导者即创业者应是企业的"文化领袖"，需承担责任并以身作则。创业者本身很清楚企业需要何种文化来引领团队，其起作用的方式更多的是感染和影响而不是强制约束和监督。

8．灵活可塑

创业企业文化并不是经过历史的继承而产生的，而是通过不断地尝试、总结和完善，在扬长避短中整理和概括而得的。创业企业文化并不像成熟企业一般具备稳定性，除了因为其易调整外，创业企业在初期并不具备形成稳定的企业文化的经验，也不能不顾业务专门进行企业文化的建设。因此，创业者在创业初期应该紧紧把握企业文化的核心价值，不断尝试，在一次次失败之中吸取经验，为企业未来完整文化的建设奠定基础。

8.3.2 创业企业文化建设

创业企业的文化建设是一个从无到有的创造性过程。创业企业文化中的理念和习惯可以在各处生根发芽，它可以产生于一个有影响力的个人、工作集体、部门或分支机构，也可以产生于组织等级中的低层或高层。本小节将创业企业文化的建设从宏观上分为四个阶段，帮助创业者理解建设创业企业文化的核心要素。

1．无意识地文化创造

企业在创立和发展过程中逐渐形成一套行之有效、组织内部广泛认可的组织运营理念或者思想。这一阶段企业文化的基本特点是具有鲜活的个性特征，是零散的而非系统的，在组织内部可能是"未经正式发布或声明的规则"。企业应关注发展进程中那些难忘的、重大的事件或者案例背后所体现出的文化气质或者精神价值。这些事件或者案例往往是组织在面临着巨大的利益冲突和矛盾的情境下发生的，这种冲突和矛盾下的企业选择正是企业价值观的具体体现。

在文化创造阶段，企业文化处于一种自发的状态，可能形成好的文化，也有可能演变为组织的毒瘤。员工乃至创业者本身很难意识到企业文化的诞生，但员工逐渐开始把一些行为作为企业内部理所当然的行动，为下一个阶段企业文化体系的形成奠定了基础。

2．有意识的文化提炼

企业经过一段时间的发展，在取得一定的进步或者成果时，就需要及时总结和提炼企业成功的核心要素。企业管理层逐渐认识到一些对企业发展具有长期意义的事务，其影响企业文化的雏形。自发性文化形成中，企业文化不分好坏地出现，创业者须从中剔除毒瘤，留下能够帮助企业的好的文化。

在文化提炼阶段，创业者梳理与总结文化，通过集体的系统思考进行价值观的挖掘与讨论，并在共同的使命和愿景的引领下确定价值共识，对未来企业文化的形成起到良好导向作用。

3．文化落地与冲突管理

企业文化建设的第三个阶段是总结前面两个阶段，形成企业文化并具体执行，让企业文化在企业内部深入人心。为了使总结和提炼的理念得到更大范围组织成员的认同，创业企业需要做好文化落地和冲突管理两大事项。

（1）文化落地。从实践来看，创业企业在文化落地阶段应该遵循"从易到难、由内而外、循序渐进"的原则开展文化落地建设。首先要建设一个打通内外、联系上下的传播平台，既能对内凝聚人心，又能对外宣传形象，同时能够建立管理层和普通员工之间的交流沟通；其次要重点做好人才输入时的价值观甄选、组织内部价值观检测和员工的价值观培养与矫正，从员工入职到其参与企业生产经营活动，都应该不断地检测其对企业文化的理解程度和执行情况，保证所有员工的价值观与企业保持高度一致。

（2）冲突管理。创业企业并不是一个封闭的个体，在发展中会遇到许多与企业文化冲突的谈判、交易等，即使是企业内部也会由于对企业文化理解的不同而产生冲突。创业者面对文化冲突时需要沉着应对，分析当前冲突的矛盾点，根据企业所处环境和时代背景，分析新兴观点和传统观点的优劣，最终将两种观点融会贯通，服务于企业文化的建设。

阅读资料 8-2：

五种冲突管理风格

根据组织成员介入冲突的方式，研究者区分了五种冲突管理风格。每种冲突管理风格均可用两个维度上的不同水平组合来标识。维度一为武断性，代表成员试图满足自身利益的动机；维度二为合作性，代表成员试图满足他人利益的动机。这两个维度形成了五种典型的冲突管理风格。

（1）协同。协同是指双方通过积极地解决问题来寻求互惠和共赢。其特征是双方乐于分享信息，并善于在此基础上发现共同点，找到最佳解决方法。通常，协同是首选的冲突管理方式。但只有在双方没有完全对立的利益，且彼此有足够的信任和开放程度来分享信息时，协同才能有效地发挥作用。

（2）回避。回避是指试图通过逃避问题情境的方式来平息冲突。这种比较消极的冲突管理方式在应对不太紧要的问题时比较有效。此外，当问题需要被冷处理时亦可采用回避作为权宜之计，以防止冲突进一步激化。但是，回避无法从根本上解决问题，且容易导致自己和对方产生挫败感。

（3）斗争。斗争是指以他人的利益为代价，试图在冲突中占上风。这种不合作的冲突管理方式通常不是最佳解决方案。但是，当确信自己是正确的，且分歧需要在较短时间内被解决时，斗争是必要的。

（4）迁就。迁就是指完全屈从于他人的愿望，而忽视自身的利益。当对方权力相当大或问题对于自身并不是太重要时，迁就是比较有效的方式。但它容易令对方得寸进尺，从长远看，迁就并不利于冲突的解决。

（5）折中。折中是指试图寻求一个中间位置，使自身的利益得失相当。折中方法比较适合难以共赢的情境。当双方势均力敌，且解决分歧的时间比较紧迫时，折中比较有效。但由于忽略双方的共同利益，因此折中往往难以产生令人满意的问题解决办法。

4. 文化的再造与重塑

创业企业文化的再造与重塑是企业文化建设的最终阶段，但这并不意味着企业文化建设的结束。

文化建设对企业而言是一个关乎企业生存与发展的核心命题，也是一个没有终极答案的建设过程。阶段性的总结和提炼并不代表创业者掌握了真理，创业者需要不断思考、不断总结、不断扬弃。一个健康的组织一定有一个"活的"文化体系与之相伴相生，企业需要持续地系统思考，并根据组织内外的环境与组织发展的需要进行文化更新、进化，甚至是再造。

文化建设过程是企业主动进行的一次从实践到理论，进而由理论指导实践的过程。只有牢牢把握价值观管理这个核心，企业文化的建设才不会出现大的偏差或者失误。

8.4 企业文化分析

塑造优秀企业文化，创业者需要不断向成功企业学习，吸取精华、摒弃糟粕，理解并学习其企业文化，从中提炼出适合自身特点的文化。因此，学会分析企业文化至关重要。本节将介绍两种常见的企业文化分析方法，帮助读者更好地在实践中分析、理解和学习企业文化。

8.4.1 PEST 分析法

PEST 分析法是一种常见的剖析企业文化的方法，其本质是分析企业所处的宏观环境，从而对企业文化的合理性与适应性做出评判。PEST 分析法包含四个方面的内容：P 代表政治（Politics），E 代表经济（Economy），S 代表社会（Society），T 代表技术（Technology）。下面从这四个维度介绍企业所处的宏观环境与企业文化的关系。

1. 政治（Politics）

政治要素主要包括政治制度与体制、政局和政府的态度等。企业文化应与现行的政治体制相适应、遵守目前的制度规定。当政治体制与制度、政府对组织所经营业务的态度发生变化时，或是当政府发布了对企业经营具有约束力的法律、法规时，企业文化应随之调整。反垄断法的推出就要求企业摒弃垄断文化。处于竞争中的企业应仔细研究政府和商业有关的政策和思路，及时对企业文化做出相适应的调整。对于创业者来说，了解关键的法律变化是有必要的，下面列出一些要素。

企业和政府之间的关系、外交状况、政府财政支出、产业政策、财政与货币政策、进出口限制、税法、环境保护法、专利法、劳动保护法的修改等。

2. 经济（Economy）

经济要素，是指一个国家的经济制度、经济结构、产业布局、资源状况、经济发展水平以及未来的经济走势等。由于企业是处于宏观环境中的微观个体，经济环境影响其自身文化的形成，经济全球化还带来了国家之间经济上的相互依赖性，因此企业在各种文化的形成过程中还需要关注、搜索、监测、预测和评估其他国家的经济状况。而合适的企业文化又会反过来作用于企业和社会经济的发展。

在经济紧缩时代，企业应该在内部推崇节约的文化；在行业创新蓬勃发展的时期，企业又应该将创新文化作为文化建设的重点工作。在不同的经济时期形成相适应的企业文化有助于企业顺利发展，而与市场经济相逆的行为会导致企业陷入寸步难行的困境。

创业者在做 PEST 分析中的经济分析时，应该关注以下要素。

经济形态、可支配收入水平、利率规模经济、消费模式、政府预算赤字、劳动生产率水平、通货膨胀率、货币市场模式、国民生产总值变化趋势等。

3. 社会（Society）

社会要素，是指组织所在社会中成员的民族特征、文化传统、价值观念、宗教信仰、教育水平以及风俗习惯等因素。构成社会环境的要素包括人口规模、年龄结构、种族结构、收入分布、消费结构和水平、人口流动性等。譬如，人口规模直接影响着一个国家或地区市场的容量，年龄结构则影响消费品的种类及推广方式。

同企业一样，每一个社会都有其核心价值观，它们常常具有高度的持续性，这些价值观和文化传统是历史的沉淀。不同的群体有不同的社会态度、爱好和行为，从而表现出不同的市场需求和不同的消费行为。企业迎合社会文化来塑造企业文化，才能真正地融入社会之中。社会要素的区别可以根据地域划分，也可以根据种族和民族划分。几乎每一个国际级企业，其内部文化都是因地制宜的。

值得企业注意的社会文化因素如下。

企业或行业的特殊利益集团、对退休的态度、社会责任感、对经商的态度、公众道德观念、对环境污染的态度等。

4. 技术（Technology）

技术要素不仅包括那些引起革命性变化的发明，还包括与企业生产有关的新技术、新工艺、新材料的出现和发展趋势以及应用前景。在过去的半个世纪里，技术变化日新月异，如微软、惠普和通用电气等高技术公司的崛起改变着人们的生活方式。具有技术优势的企业在市场上往往比一般企业更具竞争力。

在分析一家企业的文化时，大多数人不会把技术实力与企业文化挂钩，但事实上这是在分析企业文化时不可忽视的一点。技术的革新代表着企业内部创新文化的发展程度。技术创新是一项复杂而艰巨的工程，加之创新人才稀缺，能够推出重大技术性革新的企业，其内部形成了发达的创新文化，组织成员敢于研发突破、管理者敢于放权。因此，分析企业的宏观技术实力是解读企业文化的重要步骤。

在进行技术分析时，以下因素需要创业者单独关注。

企业技术转移和商品化情况、企业技术受国家资助情况、企业技术整体行业发展趋势、企业技术专利申请情况等。

8.4.2　SWOT 分析法

SWOT 分析法本身是一种企业竞争态势分析方法，其通过评价自身的优势（Strengths）、劣势（Weaknesses）、外部竞争中的机会（Opportunities）和威胁（Threats）对研究对象所处的情景进行全面、系统、准确的研究，从而根据研究结果制定相应的发展战略、计划以及对策等。

这种分析方法同样可以用于企业文化的分析中。创业者可以利用 SWOT 分析法来理解目标企业的文化并在此基础上扬长避短。下面就对 SWOT 分析法进行具体的阐述。

1. 企业外部分析——机会和威胁

外部环境是创业者建设企业文化时的重要约束条件，因此对外部环境的分析至关重要。在外部环境分析中，创业者需要考察政治、经济和社会文化等因素，通过这些数据和知识，创业者可以了解竞争对手正在做什么、即将通过的法案会产生什么影响、企业经营区域内的劳动力水平等可能影响到企业文化合适程度的大事件。

创业者进行了外部环境分析后，很大程度上能认识到企业当前可能存在的机会和潜在的威胁，也就是外部环境的积极趋势和消极趋势。对此，创业者就需要将这些机会和威胁传达给内部员工，保证企业能够抓住市场机会，走在正确的路上。

2. 企业内部认识——优势和劣势

对企业的内部认识有助于了解企业所具备的资源与能力这一重要信息。企业资源是企业所拥有的金融资产、人力资本和无形资产等各种资产；企业能力是指企业用来从事所有活动的技能和才智，即企业是如何工作的。

企业的资源和能力代表企业的核心竞争力。由于企业是一个整体，并且竞争优势来源广泛，所以在做优劣势分析时应覆盖整个价值链，将企业与竞争对手做详细的对比。在了解企业的优势和劣势之后，创业者需要分析目标企业的文化内容是否有利于发扬其优势并弥补劣势，从而评判企业文化的好坏与合适度。

从整体上看，用SWOT分析法分析企业文化可以分为两部分：第一部分为SW，主要用来分析内部条件；第二部分为OT，主要用来分析外部条件。企业利用这种方法可以找出对企业自身有利的、值得发扬的因素，以及不利的、要避开的因素。企业发现存在的问题，找出解决办法，明确以后的发展方向，并最终将这些要素与企业文化相匹配，以此为基础做出调整和修改，这样才能塑造出合适的企业文化内涵。

课堂阅读

改革开放以来，企业文化管理在我国许多企业兴起，企业普遍接受这一新兴管理科学，因为运用其推动了文明建设和经济发展。企业思想政治工作也是企业文化的重要组成部分，这有助于改变员工不正确的认知、观念和思想，引导员工树立正确的世界观、人生观和价值观，既有利于推动企业的发展，也能为社会培养出更多的优秀人才。

本章习题

一、单选题

1. 企业文化洋葱图从外到内的正确顺序是（　　）。
A. 物质文化层、行为文化层、精神文化层、制度文化层
B. 物质文化层、精神文化层、制度文化层、行为文化层
C. 物质文化层、行为文化层、制度文化层、精神文化层
D. 精神文化层、行为文化层、物质文化层、制度文化层

2. 企业文化对企业的约束出于它的（　　）。
A. 强制性　　　B. 排异性　　　C. 创新性　　　D. 同一性

3. 下列不属于创业企业文化特点是（　　）。
A. 办公室政治　　B. 居安思危　　C. 拒绝平庸　　D. 灵活可塑

4. 以下关于创业企业文化的说法正确的是（　　）。
A. 创业企业应该节省每一分钱，甚至刻意营造节俭的环境
B. 早期创业企业文化中不需要包含股权激励这样专业性强的内容
C. 创业企业文化不需要积极向上，而要安于现状
D. 创业企业文化相比成熟企业应该更加具有灵活度、更易调整

5. 以下有关PEST分析说法错误的是（　　）。
A. 政治环境分析主要包括对政治体制与制度、政局、政府的态度等内容的分析
B. 经济环境影响企业自身文化的形成

C. 企业文化的核心价值观应该迎合社会核心价值观

D. 技术环境是四个环境中研究最困难、变化最缓慢的

二、多选题

1. 下列有关企业文化功能的说法正确的有（　　）。

A. 企业文化能够引导企业价值观和战略目标

B. 企业文化能够增强组织凝聚力，从而提升组织工作效率

C. 正确的企业文化能对员工产生精神激励

D. 企业文化是联结企业不同层级与不同职能部门之间的桥梁

2. 下列关于企业文化洋葱图说法正确的有（　　）。

A. 物质文化层是企业文化中最表象、最不重要的一层

B. 行为文化层是企业文化由具象到抽象的过渡

C. 制度文化层是一种规范式的员工行为要求

D. 精神文化层是指导企业开展生产经营活动的各种行为规范、群体意识和价值观念

3. 下列有关创业企业文化建设正确的有（　　）。

A. 创业企业文化建设最初是一个自发的无意识过程

B. 创业者在最初文化形成的提炼中有重要的引导作用

C. 企业在文化落地阶段应该遵循"从易到难、由内而外、循序渐进"的原则

D. 创业企业文化一经建设就需要严格固定，不能更改

4. 下列有关 PEST 分析法的说法正确的有（　　）。

A. 政治要素包括企业和政府之间的关系、外交状况、环境保护法、政府财政支出

B. 经济要素包括企业内外部的经济形态、消费模式等

C. 社会要素包括行业中的特殊利益集团、社会责任感等

D. 技术要素包括企业技术转移和商品化情况、企业技术受国家资助情况

5. 下列有关 SWOT 分析法说法正确的有（　　）。

A. 通过分析企业可能存在的机会可以分析企业的外部环境

B. 通过分析企业受到的威胁可以分析企业的内部环境

C. 通过分析企业的优势可以分析企业的外部环境

D. 通过分析企业的劣势可以分析企业的内部环境

三、名词解释

1. 企业文化洋葱图。2. 文化的调适功能。3. 文化的灵活可塑。4. 冲突管理。5. SWOT 分析法。

四、简答及论述题

1. 简述企业文化洋葱图各个层次的内涵。

2. 根据创业企业文化的特点，谈谈创业企业文化与成熟企业文化的差异。

3. 分析创业企业文化中"共创共享"与"以身作则"两者的关系。

4. 简述创业企业文化建设的过程。

5. 简述 PEST 分析法各个维度的意义及分析要点。

五、案例讨论

腾讯企业文化——在沉默中绽放

腾讯取得持续成功很大程度上依赖于企业文化建设。本案例结合腾讯企业文化与员工关系部总监陆某某的授课实录对腾讯的企业文化进行分析。

（1）拒绝纸上谈兵的文化建设

乔布斯曾说过："文化不是纸面上怎么宣传，而是信仰什么，如何思考，如何做事。"腾讯内部每年都会进行满意度调研，而文化一直是所有指标中的核心。这显示出腾讯对企业文化建设的重视。

腾讯文化的低调与神秘并不是刻意营造出来的，而是企业全体员工和领导者共同塑造形成的。陆某某分享过一个故事："当有圣诞晚会时，总办团队要上台演节目。决定他们演什么的时候，并不会说为了某一个人如马化腾，其他人就当绿叶。每个人都要求自己很帅，自己一句台词不好都会修改。"这正是腾讯管理者在日常运营中给整个组织留下的低调的印象，腾讯的神秘感亦是如此留下的。许多人认为神秘是腾讯的营销战略之一，但事实上并不是这样的。据说腾讯在创业初期，马化腾进电梯就躲在电梯一角，跟谁也不说话，电梯里面非常安静。

（2）文化的核心是人

无论发展到怎样的阶段，腾讯内部的文化始终坚持以人为本。关注员工的喜好一直是腾讯文化建设的重点。在腾讯的内部有 BBS 和乐问这样比较出名的交流平台，在平台管理上，他们奉行自由主义，只要员工不发布违反政治原则和法律法规的内容，管理人员就不会删帖。正是这样的平台交流文化深深地抓住了员工的心，让那些平时少言寡语的"互联网人"能够袒露自己的心声。陆某某还分享了一件有趣的事情："有一个同事吐槽过财付通。他想买一个微信相框，用财付通支付，但体验不好。他截屏、用段子手的写法，表达了对财付通这个产品很差的体验感。这个问题被指出来之后，马化腾回复了这篇帖子说："财付通是很烂。"当时所有人跑到马化腾那里回复留言："老大原来真的在这个论坛上活着。"

腾讯内部这种以人为本的企业文化对形成融洽、高效的工作氛围有莫大的帮助，亦无不透露出腾讯作为互联网领头羊的大胆与创新。

（3）"快"文化

腾讯在互联网行业与其他企业竞争时展现的显著文化特点就是"快"，典型的例子就是微信的成功。小米创始人雷军曾说过："米聊失败的原因是，微信可以一周更新一到两个版本，米聊一个月才更新一个版本。"这就是腾讯在市场竞争中对其文化运用的体现，尤其是在互联网市场，雷厉风行的作风就是其成功的关键。腾讯的"快"从最初的内部作风要求逐渐发展到了其企业特征。在 2018—2021 年，腾讯更是以迅雷不及掩耳之势上演了一场"急速改革"。

2018 年 9 月，腾讯启动第三次战略升级，提出"拥抱产业互联网"，转向被人称为腾讯最不擅长的 To B 领域；2019 年 11 月，提出新愿景使命"用户为本，科技向善"；2021 年，启动第四次战略升级，把"可持续社会价值创新"纳入核心战略。不到三年的时间，腾讯便在市场上轻巧地完成"大象转身"。要知道，对于这种体量级别的企业，哪怕是很小的改变也需要经过深思熟虑、层层运作才能实现，而腾讯却出人意料地做到了不可能做到的事。

（4）文化落地与产品

腾讯的企业文化不仅仅是员工的精神寄托和行事准则。事实上，腾讯企业文化真正地从产品开发的具体层面推动了企业发展。

早年腾讯内部一直有新年发红包这样的文化习惯。正月初八那一天，所有员工什么都不做，就只是拿着充电宝、排着长长的队伍等着从马化腾等高层手中领红包。马化腾和其他创始人也就一整天站在门口，背后放着几万个红包来发给员工。这样的文化习惯持续了十多年。终于，一位员工突发奇想："我们作为互联网的王牌公司，为什么内部领红包的文化习惯不能改为一种线上活动？"正是这样一个想法，使腾讯推出了"微信红包"功能，正是因为这个功能，腾讯才开始在支付这一块得到提升。

（5）让文化成为民间故事

腾讯有很多民间故事，其和每位员工都息息相关。腾讯热衷于塑造模范人物，让这些人在每位员工心里都留下深刻的印象，同时也将腾讯文化烙在他们心中。

腾讯有一位员工，最开始是公司的一名保安，现在是公司的一名产品经理。他做保安时，每次员工来，他都非常有激情地说早上好，一下就唤醒了大家。他还经常看程序方面的书。一位产品经理说这个小伙子很用功，有一天问他愿不愿意到他们部门去工作。保安欣然同意，开始做产品运营，后来担任了产品经理。

腾讯有很多这样的模范人物和民间故事，而管理者也擅长用他们来塑造企业文化，或是对他们进行表彰以激励内部成员，或是让他们作为产品代言人展现给外界。腾讯的企业文化就是在这样的宣传中得到了不断的改进和强化。

腾讯的企业文化成就了他们在市场上的成功。在长期的发展中，腾讯的发展战略和营销策略都体现出他们的内部文化。这样的文化塑造值得每一个创业者学习。

思考讨论题

1. 腾讯是怎样塑造企业文化的？
2. 腾讯的企业文化为腾讯带来了哪些好处？创业者能从中学到什么？

第9章
创业融资

开篇引例

蒙牛速度

本章导读

　　创业企业每时每刻都在消耗资金。在盈利且现金流转正前，融资是创业企业的主要资金来源，亦是创业管理的重要事项。本章从创业融资的前期准备切入，阐述融资的相关基础知识，介绍银行贷款、众筹融资等融资方式，并着重介绍风险投资相关知识，最后总结创业者寻找融资的方式以及应注意的要点，帮助读者掌握创业融资的基础知识。

知识结构图

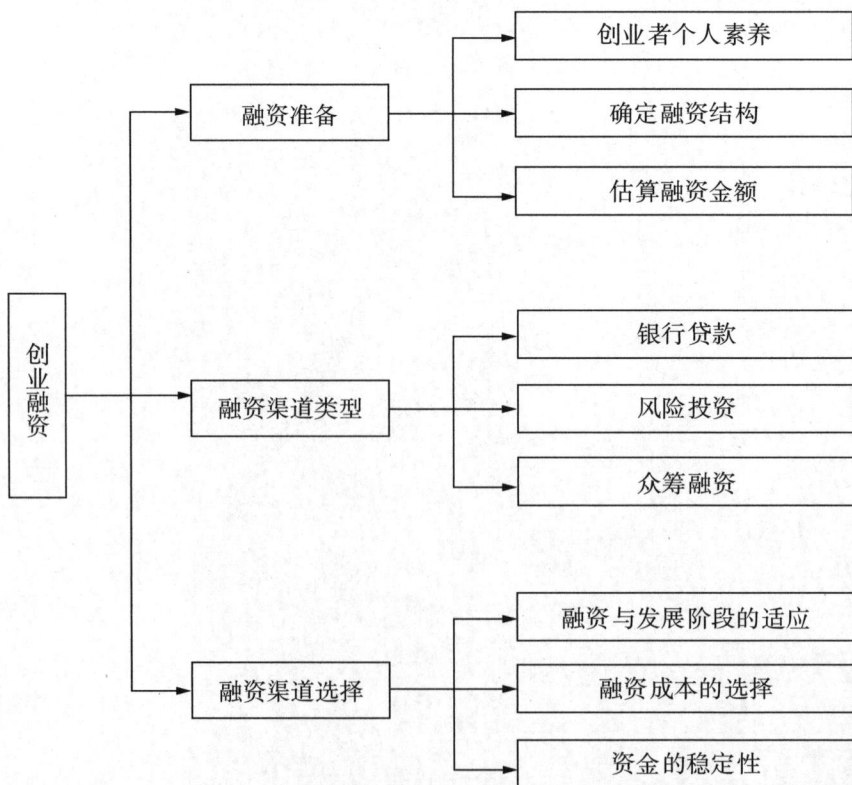

9.1 融资准备

在正式寻找融资之前，创业者需要具备一定的条件，满足这些条件后创业企业才有可能筹集到所需要的资金。本节从创业者个人素养、确定融资结构、估算融资金额三方面来介绍融资准备条件，帮助读者更好地理解融资准备的内容与必要性。

9.1.1 创业者个人素养

创业者自身需要具备良好的个人素养，这样才能受到投资人的青睐。在融资领域，创业者个人素养主要包括以下两方面的内容。

1. 个人信用

创业者的个人信用是一个重要的因素。个人信用是社会信用的基础，是顺利取得银行贷款的关键。在其他融资途径中，创业者个人信用也将影响投资人的决策。个人信用将体现在个人信用报告中，其主要内容包括个人基本身份信息、信用历史、公众记录、查询记录。在信息透明化的今天，越来越多的信用中介机构出现，信用体系日趋完善，个人信用将完全地被反映在个人信用评分之中。对创业者来说，保持良好的个人信用意味着个人素养的提升，其中基本的就是做到"有借有还，再借不难"。

2. 人际关系

创业者的人际关系也将影响其融资结果。每一个朋友都可能成为创业者未来的资源，在创业过程中，情商和智商有同等重要的作用。创业计划再好，创业者也需要用精练的语言介绍给投资人，将创业产品中最吸引投资人的一部分呈现出来。甚至有些时候，成功融资和失败融资之间的差距就是一场普通的社交活动。对于创业者来说，结交各行各业的朋友能够影响其融资甚至整个创业生涯。

9.1.2 确定融资结构

1. 融资结构概述

融资结构是企业在进行融资前需要确定的事项之一，它是指企业在筹集资金时从不同渠道所取得的资金所占的比例。创业者首先需要考虑通过融资发放的股权数量，这关乎企业日后的利润分配和创业者对企业的控制权。股权发放数量与创业者的自有资金紧密相关。创业者的自有资金在一定程度上限制了创业融资数额。根据过往各行各业创业人才的实践，建议创业者在启动创业时，拥有不低于启动所需的总资金1/3的自有资金。占比低于1/3的自有资金一般被认为是创业者对自身能力缺乏认知、对企业缺乏有效控制的表现，也可能是失败的创业的开始。根据这一经验，创业者可以依据创业企业的估值和资金需求，合理设置发放股权的数量。

2. 融资类型

常见的两种融资类型是债务融资和权益融资，其中债务融资属于间接融资，权益融资属于直接融资。我国企业的融资结构正逐渐由财政主导型向金融主导型转变，直接融资的比重正在不断扩大，但现阶段间接融资依然占据主导地位。

对于企业来说，典型的融资方式是债务融资和权益融资的结合。创业者如何合理分配二者的融资额度、确定最优的融资结构是融资准备的必修课程。

（1）债务融资

债务融资是指企业对外直接借款或者发行债券筹集资金，并承诺在规定的期限内向债权人还本付息的融资方式。债务融资的资金使用费就是支付给债权人的利息部分。提高债务融资的比例可以减少企业运营中的道德风险，因为债务融资是由具有法律效力的合同约束，在到期日前必须偿还的融资方式，企业管理人员必须采用高效的方式管理企业现金流，从而减少出于私利的高风险投资。除此之外，提高债务融资比例能够改进企业股权结构，因为创业者不需要稀释股权，不需要在日后向投资人分红，能加强对企业的控制。

债务融资也会为企业的运营带来一些困难。第一，大多数创业企业想要取得债务融资需要通过资产抵押的方式，但创业企业一般自有资产有限；第二，债务融资一般属于中短期负债，创业企业很可能还未开始盈利就面临巨大的债务偿还压力。为了平衡债务负担，创业者可以利用权益融资的方式取得资金。

（2）权益融资

权益融资又称股权融资，是一种出让企业部分股权以此获得资金的融资方式。权益融资取得的资金不需要偿还，其融资成本是所有投资人参与企业盈利分红，同时投资人还依据法律规定享有相应的管理权利。对于投融资双方来说，权益融资都是一个需要谨慎做出的选择。

权益融资的资金不用偿还，企业不会面临巨大的还债压力。企业一旦开始支付融资成本便证明企业正在盈利，释放了一个好的信号。但权益融资会稀释创业者所持的企业股权，减少创业者享有的利润，且企业股权被分配、稀释，创业者对企业的控制减弱，股东之间对企业的管理运营可能产生意见和分歧，影响企业发展。对于投资人来说，因为其投入资金存在无法收回的风险，投资人对权益投资的决策会异常慎重。许多白手起家的创业者很难取得天使投资或风险投资，即使他们拥有非常好的创业构想。

在这两种类型的融资方式之下，又可以细分出多种不同的融资方式，这些融资方式具有各自的特点和风险。创业者还需要深刻理解融资成本。融资成本是资金所有权与资金使用权分离的产物，其实质是资金使用者支付给资金所有者的报酬。在实践中，企业的融资成本包括融资交易费用和资金使用费。融资成本是创业者做出正确融资决策的关键，也是不同融资方式之间差异的重要体现。创业者需要从融资类型、融资成本、股权结构等重要层面对比债务融资和权益融资的差异，认真权衡利弊，做出合理的选择。

9.1.3 估算融资金额

创业融资并非资金量越大越好，而是要与企业的战略规划和发展阶段相适应。无论哪种融资方式都存在融资成本，或是增加了债务负担，或是稀释了企业股权，减弱了创业者对企业的控制。如果盲目地追求最大的资金量，导致融资额远远超过企业偿还能力或者股权发放比例超过最初预期，都将对企业的发展造成打击；而短缺的融资额则会影响企业的生存经营能力，阻碍创业计划实施，没有足够资金的企业最终只会迎来破产的结局。

找到愿意投资的对象是创业融资的基础，合理估计融资额度才是创业融资的关键。

1. 创业启动资金预估

创业者面临的第一次融资活动就是获得创业启动资金。启动资金是指创业者开办企业以及在企业开办到开始盈利之间用来填补资金空缺所需的资金。

任何企业都不是一开始就能取得利润，而在企业开办到开始盈利的这一阶段就是创业项目的潜伏期。创业者正确预估潜伏期是预估启动资金的第一步。一般来说，企业成立的前六个月不会盈利，也就是潜伏期一般为六个月。创业者还需要根据项目的差异来调整，有的特殊的创业项目，其创业潜伏期能持续几年之久，甚至更长。比如新药研发项目，其潜伏期可能长达10年甚至更久。

对创业启动资金的预估也就是对企业开办时购买资产和潜伏期维持企业生存所需资金的预估。创业启动资金主要分为企业开办费用和潜伏期运营费用，且二者之间并没有明确的界限。以一般的生产经营类创业举例，启动资金主要用途包括如表9-1所示内容。

表 9-1 启动资金主要用途

创业时期	资金用途
企业开办	生产设备
	生产原料
	土地租赁、房屋装修
	营业执照
	研发投入
潜伏期运营	水电费、日常维护
	税费
	员工薪酬
	生产链运转
	宣传费用

对创业启动资金的预估很难得到详细的数字，创业者在这一步时应该尽可能地考虑周全，将各种必要的花费计入融资计划中。

2. 持续融资预估

创业者在最初启动时需要进行首轮融资拿到创业启动资金。而企业从开始经营到实现长期盈利是一个漫长的过程，在这一过程中，企业将会不断做出革新战略，这也要求企业持续融资获得新的资金来支持企业决策。

企业实现长期盈利需要长时间的持续经营，对这一段时间内企业的支出做出合理预估几乎是不可能的。因此，大部分企业通过制定预计财务报表来反映企业未来时间的财务状况、经营成本。预计财务报表包括预计利润表、预计资产负债表和预计现金流量表。

（1）预计利润表。预计利润表与企业实际的利润表格式、内容基本相同，只不过其数据均是面向企业未来发展的预测。预计利润表反映了企业预期的利润水平，其内容是以预估期内销售预算、成本预算、费用预算、营业外收支等科目为基础编制的。

（2）预计资产负债表。预计资产负债表也与实际资产负债表格式相同，其内容是结合企业本年度的资产负债表、次年度的支出预算等各项财务数据预测编制的。编制预计资产负债表的目的是反映企业预期的财务比例。

（3）预计现金流量表。预计现金流量表反映企业预算期内现金及现金等价物流出和流入的情况，其编制往往以现金预算为基础，格式与企业实际的现金流量表相同。通过预计现金流量表可以看出企业预期的现金流状况。

通过编制预计财务报表，企业不仅能清楚展现预期目标，还能对发展的偏差进行及时的调整。针对实际财务报表与预计财务报表的差异，企业需要通过持续融资手段调整。相应地，对于估计持续融资的资金额度也可以从实际报表和预计报表的差异中总结。一份详细的预计财务报表既可以修正企业发展的方向，又可以对企业持续融资额做出合理的估计。

9.2 融资渠道类型

正如上节所说，创业融资主要有债务融资和权益融资两种类型，而这两种类型各自又可以细分为多种不同的融资方式，包括发行债券、发行股票、寻找风险投资等。由于受创业企业的资源、人脉等限制，发行公司债券、股票等方式并不适用于创业企业。本节将介绍几种适用于创业企业的融资渠道。其中，重要的是掌握风险投资的流程及其寻找方式。

9.2.1 银行贷款

1. 基本定义

银行贷款是债务融资的一种，也是为人熟知的融资方式。随着银行体系的逐渐完善以及我国不断出台鼓励创业的政策，近年来我国推出了越来越多的贷款类型，贷款门槛也逐渐放低，为更多的创业者提供了平台。

2. 主要贷款类型

（1）个人创业贷款。个人创业贷款是指具有一定生产经营能力或已经从事生产经营的个人，因创业或再创业提出资金需求申请，经银行认可有效担保后而发放的一种专项贷款。

创业贷款是商业银行迎合国家政策，意在为社会注入创业活力开发的贷款产品。商业银行对于符合贷款条件的创业者，根据其偿还能力和个人信用状况，发放不同额度的贷款。创业贷款是一种中短期贷款，其贷款期限一般在1年到3年。创业贷款利息可以在同时期同档次利率的基础上下调20%。在国家一部分地区推行的创业政策中，创业者可以享受国家提供的一定比例的政府贴息。

创业贷款的具体申请条件如下。

· 借款人具有完全民事行为能力，年龄在50岁以下。

· 持有工商行政管理机关核发的工商营业执照、税务登记证及相关的行业经营许可证。

· 从事正当的生产经营活动，项目具有发展潜力或市场竞争力，具备按期偿还贷款与本息的能力。

· 资信良好，遵纪守法，无不良信用及债务记录，且能提供银行认可的抵押、质押或保证。

· 在经办机构有固定住所和经营场所。

· 不同地方银行规定的其他条件。

（2）商业抵押贷款。商业抵押贷款是银行的另一种贷款形式，与其类似的还有典当贷款。抵押贷款是指创业者或创业企业利用自己或他人名下的房产作为抵押物，向商业银行申请一笔信贷资金，用以进行大额消费或是创业，贷款到期后对银行进行还本付息。

抵押贷款额度取决于抵押品价值和贷款率。商业银行一般不会向贷款人发放等额贷款，因为抵押品在抵押期间会产生损耗、贬值等。抵押品价值一般由贷款人和银行双方协商，并聘请具有一定权威的中介机构进行估值。抵押贷款率的确定相对复杂，它主要取决于抵押品在市场的流通性以及其价值变动趋势，任何经济或技术性的贬值都将引起贷款率降低。

申请商业抵押贷款要求创业者或创业企业本身拥有一些具有高价值的抵押品，常见的是房屋抵押。相对来说，申请抵押贷款更容易取得创业资金；在申请抵押贷款之前，创业者应该慎重决策，切忌为了资金而不考虑后果地盲目抵押。

（3）保证贷款。保证贷款是担保人以其自有的资金和合法资产保证借款人按期归还贷款本息的一种贷款形式。对于创业者来说，拥有稳定收入的家人和朋友都有可能成为其担保人。相比于创业贷款和商业抵押贷款，保证贷款的门槛较低，办理手续较为简单，且不需要借款人用任何资产作为抵押物。但对于用于项目贷款的创业企业来说，保证贷款有限定的适用范围。

· 借款人必须是经工商行政管理部门核准注册，并按规定办理纳税登记和年检手续的企事业法人。

· 产品有市场，生产经营有效益，不挤占挪用信贷资金，恪守信用。

· 有按期还本付息能力，原应付贷款本息和到期贷款已清偿。

· 按银行企业信用等级评定标准核定，原则上信用等级必须为A级（含）以上。

· 已在银行开立基本存款账户或一般存款账户。

·除国务院规定外，有限责任公司和股份有限公司对外权益性投资累计额未超过其净资产总额的50%。

·借款人的经营和财务制度健全，主要经济和财务指标符合银行的要求。

·申请中长期贷款的项目必须经国家主管部门批准，新建项目的企业法人所有者权益与项目总投资的比例不低于国家规定的投资项目资本金比例。

保证贷款的重点审核对象是借款人的担保人，在《中华人民共和国担保法》中有详细的对贷款担保人的限制。创业者在申请保证贷款时应该仔细阅读相关法律条文，判断自己的担保人是否符合政策要求。法律对《中华人民共和国担保法》的解释已经越来越偏向保护借款人的安全，所以创业者在要求身边人为自己做担保时应该向其如实说明相关法律情况。

保证贷款对于借款人来说是一个很好的筹集资金的方式，但近几年保证贷款产生了许多的不良影响。第一，它损害了商业银行的声誉。保证贷款造成了大量不良贷款，借款人和担保人相互推脱债务，银行面对这种赖账行为一般都束手无策，导致更多赖账问题的出现，由此形成恶性循环。第二，保证贷款增加了银行的风险。因为银行在审核借款人和担保人资格时，审核内容是两者的经济实力，但经济实力是一个动态因素，在贷款期内很可能发生大的变化。除此之外，也不乏假借他人作为担保人的借款人。

创业者应具备法律意识，这在贷款融资时尤为重要。创业者应该尽全力杜绝贷款时的不良行为，做一个具有崇高创业精神的创业者。

9.2.2　风险投资

1. 风险投资概述

风险投资（Venture Capital，VC）也被称为创业投资，是指向初创企业提供资金支持并取得该企业股份的一种融资方式。风险投资属于股权投资的一种，但不同的是，传统股权投资是为了长期持有企业股权并从分红中获利，而风险投资的目的是帮助企业扩大生产，通过卖出股权的方式退出并获得利润。

风险投资是目前创业融资最流行且最有效的手段之一，其发展历史最早可以追溯到19世纪末期时一些美国私人银行对钢铁和石油的投资。但真正为风险投资拉开帷幕的是在1946年，美国哈佛大学教授乔治·多威特（George Doriot）和一批新英格兰地区的企业家成立的第一家具有现代意义的风险投资机构——美国研究和发展公司（AR&D）。20世纪80年代，风险投资开始风靡全球，包括微软、苹果在内的多数科技创新企业都接受过风险投资。在国内，腾讯、百度、大疆、迈瑞医疗、中微半导体等知名公司也得到过风险投资的帮助。

2. 风险投资的利弊

创业者在寻找风险投资之前，应该清楚意识到它的两面性。

（1）风险投资的优势

创业者引入风险投资的优势主要可以概括为两方面：资金支持和软实力支持。第一，创业者进行融资的首要目的是引入资金，不管是起步还是扩张，创业活动都需要大量的资金支持。引入风险投资能极大地提升创业企业的财务实力，且并没有加重创业者的债务负担。第二，当风险投资进入创业企业后，投资人和创业者一样希望创业企业能够顺利发展，因为创业企业的发展与投资人的利益挂钩。因此，投资人及其团队会利用其经验在组织管理、战略制定、资源对接等软实力层面为创业企业提供帮助。投资界成功人士言传身教对创业企业带来的帮助有时候甚至超过其提供的资金。

（2）风险投资的劣势

除了优势，创业者引入风险投资给创业企业带来的潜在隐患也不可忽视。其劣势主要表现在两方面：创业者控制权减弱和目标分歧。下面通过两个简短的案例来说明这两种劣势在创业活动中的具体表现。

阅读资料 9-1：

黯然出局的王志东

引入风险投资是以创业企业的股权作为代价的，虽然创业企业不需要偿还资金和利息，但需要根据企业运营状况给股东分红。然而，转让股权对创业者显著的影响是其控制力的削弱。新浪网的创始人王志东对此深有体会。

1993年，王志东拿着500万港币创立了新浪的前身——四通利方信息技术有限公司。随着研发不断进展，500万港币所剩无几，公司面临危机。通过多次商谈，四通利方信息技术有限公司成功获得一笔650万美元的风险投资。1998年，四通利方信息技术有限公司并购华渊生活资讯网，并改名为新浪，王志东任CEO。改名之后，新浪又进行了两轮融资，创始人王志东的股权被稀释至不足6%。最终，在2001年新浪股价跌入谷底之后，董事会决定撤销王志东新浪CEO一职，同时免去其新浪董事的资格。王志东的亲身经历告诉创业者，天底下没有免费的午餐。

除了股权被稀释、话语权减弱以外，创业者还必须注意的问题就是在引入风险投资后，自己的创业目标与投资人目标之间的差异。在融资谈判时，创业者不能盲目地为了获得资金而改变创业目标。

阅读资料 9-2：

永乐家电的对赌风波

有"低价先锋、服务专家"之誉的永乐家电，始终坚持"珍视消费、尊重权益"的企业经营理念，展开讲就是珍惜他人的付出、承担自己的责任、尊重他人的权益。陈某于1996年建立了永乐家电，致力于建立小而精的商业模式。在成立初期，永乐家电通过规模经营、买断经营、统购分销、集中配送等先进经营方式建立起巨大的成本优势。从成立初年销售额只有100万元，到2003年实现销售额突破100亿元，陈某在当年获得年度"中国零售业十大风云人物"荣誉。

2004年，永乐家电成功引入美国摩根士丹利战略投资。投资协议设定了对赌条款，约定永乐家电需要完成一定的净利润指标。为达业绩目标，永乐家电彻底告别了曾经独特的小而精模式，开始肆意扩张。但当时的永乐家电并不具备如此庞大的资金实力，策略的改变使其陷入了一个进退两难的困境。2006年，永乐家电不得不被卖给了另一家家电零售巨头。

永乐家电的小而精模式一开始并不需要大量的资金，运营状况也长期处于稳中向好的态势。而一次不成功的权益融资，导致其管理层和股东目标产生巨大分歧，最终难逃被收购的命运。

3. 股权让渡估算

创业企业在接受风险投资时，如何决定让渡的股权数量并设置相关合同条款，是创业融资中最重要、最关键的环节之一。让渡的股权和条款的设定依赖于创业者的谈判技巧、资金、人脉等因素。让渡股权数量的根本依据是创业者和投资人对企业的估值。在目前的风险投资领域，有以下几种常见的估值方法。

（1）可比公司法。可比公司法是指创业企业挑选出与自身规模及业务领域相似的上市企业作为创业企业估值的参考。创业企业可以利用上市企业的股价与其他财务数据计算相关财务比率并以此估算企业市值。常见的财务估值包括P/E（市盈率）、P/S（市销率）、P/B（市净率）、本杰明·格雷厄姆（Benjamin Graham）成长股估值公式等。需要注意的是，在使用可比公司法时，创业者需要注意上市企业与非上市企业关键财务比率之间的差异。一般来说，上市企业的市盈率等指标是非上市企业的3～4倍。

（2）现金流贴现法。现金流贴现（DCF）是一种很严谨的计算企业市值的方式，其原理是通过预测目标企业的未来现金流和资金成本并对其贴现处理，企业市值即为企业未来现金流的现值。其计算公式如下：

$$DCF = \frac{CF_1}{(1+r)^1} + \frac{CF_2}{(1+r)^2} + \frac{CF_3}{(1+r)^3} + \cdots + \frac{CF_n}{(1+r)^n}$$

其中，CF_n是指公司第n年的现金流，r为企业贴现率。企业价值的核心在于其未来盈利的能力，因此风险投资机构往往将现金流贴现法作为企业估值的首选。现金流贴现法是能规避风险的估值方法，但这种方法往往适用于成熟企业估值，因为创业企业的贴现率远高于成熟企业的贴现率，这会导致其公司估值大打折扣，使创业企业在股权让渡谈判中处于劣势。

（3）重置价值估计法。重置价值估计法就是由投资人估计建立一家完全一样的企业需要花费多少资金。理性的投资人不会花费超过企业实际效用的资金对企业进行投资，因此重置价值估计法就得到了多数投资人的青睐。风险投资机构内部会建立专门的评估小组，从多方面对企业资产与重建成本进行估计。

但重置价值估计法主要计算的是企业的有形资产，没有考虑到企业的无形资产以及未来的盈利价值。所以，重置价值估计法往往也是对创业者最不利的估值方法之一。

4．风险投资的流程

一位合格的创业者要想为自己的企业引入风险投资，就需要清楚地了解风险投资机构寻找投资目标的流程，以此作为参考去尽力满足投资人的要求。风险投资一般按下述流程开展投资工作。

（1）寻找项目。投资机构会广泛搜集同行业的所有项目。不同的风险投资机构都有自己所关注和偏好的领域，由于受到资金与技术的限制，他们往往会选择内部人员熟悉的领域进行投资。关于投资的金额则牵涉风险投资机构的基金规模以及管理费用。风险投资机构会选择所处发展阶段与其基金规模相匹配的创业企业进行投资，企业不同发展阶段对应资金规模如表9-2所示。

表 9-2　企业不同发展阶段对应资金规模

发展阶段	资金规模
种子期	50 万～ 500 万元
创业期	501 万～ 5 000 万元
成长期	5 001 万～ 10 000 万元
成熟期	10 001 万元以上

表9-2所示的融资轮次和融资金额并没有严格意义上的界限，视企业类型和企业发展速度而定。有些发展得好的创业企业可能会跳过种子期甚至创业期，直接进入成长期，金额也可能突破亿元级。有些内生增长非常强的企业可能通过自我造血功能持续发展壮大，不需要进行外部融资而直接进入成熟期并首发上市。

为了更有利于对投资企业进行管理，风险投资机构特别是管理大额资金的风险投资机构一般只进行大额投资。比如国家集成电路产业投资基金超过10亿元的投资，这种方式可以减少投资的企业数量，减轻管理负担。创业者应该对企业融资规模做出合理判断，以此选择合适的投资机构和投资人。

（2）项目初审。当投资经理或投资机构合伙人与创业者进行两次以上的深度交流后，一般就意味着该项目进入了投资机构的初审项目库。此时，投资经理会协同研究员进行项目研究，并进行初步论证。当决定继续推进项目后，投资经理会制作一份项目概况表，对项目进行分类、编号和入库，并提交立项负责人申请立项。

（3）项目立项。不同的投资机构对项目立项的标准不一样，有些投资机构的项目立项类似于投资决策委员会前置程序，由投资决策委员会成员组成立项会。该机制对立项的标准要求极高，立项前的工作也做得比较充分；立项后的尽职调查中若不出现反转式的重大情况，投资机构大概率会做出投资决策。

很多投资机构的立项会没有那么严格，立项后才展开全面的财务和法务的尽职调查，以及对行业、上下游进行深入的尽职调查。该机制下，项目通过立项会并不意味着会通过投资机构的投资决策委员会。

（4）出具投资条款清单（Term Sheet，TS）。通过立项会后，投资机构会向创业企业出具一份TS，就投资估值、投资金额、股份比例及投资方对企业的特殊要求等重大事项做出约定。创业者拿到TS，并不意味着已经顺利达到了融资目的，不少投资机构仍然会否决投资。有些投资机构根据尽职调查情况所发现的事项，提出估值调整等涉及交易结构变更的要求，如果创业者接受不了，该次融资也会宣告失败。

（5）尽职调查。投资机构决定立项批准后，投资经理会组织行业、财务和法务等专业人员对创业企业进行全面尽职调查，也有可能会组织召开专家论证会，对项目的技术及产品先进性进行论证。召开专家论证会时，投资机构可能会要求创业团队的主要负责人和技术负责人参加，就相关技术问题回答专家的提问。

由于尽职调查涉及创业企业的核心技术和核心商业秘密，创业企业在接受尽职调查前，应当要求投资机构签署TS和保密协议。在投资机构签署TS和保密协议前，创业企业最好婉拒投资机构的尽职调查安排。

（6）投资决策。在投资经理的组织下，项目组会在完成尽职调查的基础上，对创业企业进行投资价值和投资风险分析。认为可以投资的企业，项目经理会撰写投资建议书，经公司业务会讨论通过后，向投资决策委员会提交投资建议，由投资决策委员会讨论。

阅读资料 9-3：

投委会的不同表决机制

投委会是投资决策委员会（Investment Committee，IC）的简称，是风险投资机构内部的最高决策机构。不同风险投资机构的投委会拥有不同的表决机制，可以将其总结为以下几类。

① 全票通过制：对于任何拟投资项目，都需要得到每一位投委的支持。

② 大数通过制：对于任何拟投资项目，支持者需要得到约定的多数投委的支持。

③ 分级通过制：依据投资额度将项目分为不同类型，对投资额度越高的项目采取越严格的支持比例作为通过标准，超过某个特定额度的投资项目则需要全票通过。

④ 银子弹制度：对于拟投资金额低于某个标准的项目，只需要一位投委或合伙人支持即可通过，且每位投委或合伙人每年只拥有少量（如一次）机会。

（7）签约交割。投资决策委员会通过后，双方正式进入协议签署阶段。协议的签署原则上不会背离TS，但会就控制条款、限制条款和退出条款等进行详细的约定，对创业企业和创业团队进行较大程度的约束和限制。投资协议签署生效后，就进入股权交割期。先由投资机构将投资款打给创业企业，再由创业企业向工商登记管理部门申请注册资本和股权结构等工商登记事项的变更。待变更完成以后，企业的该次融资流程结束。

5．如何寻找风险投资

风险投资既能帮助创业者走向成功，又能帮助创业者走出困境。要想取得风险投资，创业者及其创业项目要非同一般。具体怎样取得风险投资受经济环境、国家政策的影响。从已经成功获得风险投资并将企业打造成优秀企业的创业者身上，我们可以总结出创业者应当具备的创业品质。

（1）积极了解投资人。在寻求风险投资时，创业者需要明白投资人与创业者之间是一种双向寻找的关系。投资人不会也不可能只是坐在办公室里等待，他们时刻关注市场和科研院所的最新科研动向。在这种情况下，创业者必须知道投资人寻找的是什么、哪些特点能说服他们将资金投入自己的项目中。

（2）永不放弃的决心。遭受打击是创业者在寻求融资的路上不可避免的经历，创业者可能被100个投资人拒绝，但被第101个投资人接受。罗马不是一天建成的，融资往往也不是来自第一个接触到的投资人。创业者应拥有永不放弃的决心，坚持不懈地走在创业道路上。

（3）丰富的社会经验。这一品质是许多创业者都缺乏的，但它恰恰又是创业者最重要的品质之一。越来越多的投资人开始强调，风险投资是对人的投资。在常人的理解中，投资人看中的是创业者的想法；但在投资人眼中，更重要的是创业者本身。好的创业者在受挫或市场改变时很快就能提出新的意见，及时对环境变化做出响应。投资人相信，丰富的社会经验有助于创业者提升综合素质。这也解释了为什么投资人更偏好那些由在工作中取得成功的人士组成的创业团队，而不是一群刚刚毕业的大学生。

（4）敏锐的商业思维。创业者不可能仅仅通过一个好的想法打动投资人。在创业者向投资人展示的过程中，投资人常常会用一些问题打断创业者。诸如："市场的具体规模有多大？""产品有怎样的销售渠道？""是否有常规的销售对象？"回答这些问题要求创业者具有敏锐的商业思维。

商业思维包括财务规划、系统性思考、组织管理和落地执行等内容。其具体体现为，当遇到商业事件时，创业者能够迅速地把握其背后的商业逻辑，并做出合理的决策。

培养商业思维对于所有创业者来说都是一道难题，甚至一些已经小有成就的企业家也并不具备出色的商业思维。本书在此仅强调商业思维对创业融资以及在投资人眼中的重要性，并不阐述培养商业思维的方式。创业者需要明白，敏锐的商业思维并不是在读过一本书、签下一笔合同后就会获得的，其离不开大量知识的沉淀、与业界成功人士的交流，以及日积月累的训练。

9.2.3 众筹融资

1．众筹概述

众筹是一项由发起人、跟投人、平台构成的活动，其目的是向群众募资来支持发起人的行为，而众筹平台就是这类活动的中介。众筹的兴起源于美国网站kickstarter。众筹最初多用于为艺术家筹集资金，后来经过不断的演变，发展成了初创企业、个人为自己的项目筹集资金的重要手段。2020年度，kickstarter的募资规模达到7.3亿美元，世界银行报告预计2025年全球众筹募资规模将达到960亿美元。

众筹是网络时代兴起的标志性产物之一。在古代，常常有征用军粮、众筹修庙等类似行为，在网络发达的今天，众筹逐渐渗入社会的各行各业。无论是创业筹资还是爱心筹款，众筹都为这个社会带来了巨大的便利。

2. 国内众筹的兴起

相比起欧美国家已经较为完善的众筹体系，对于国内来说，众筹还是一种新兴的融资模式。2011年，国内一家网络平台将kickstarter的模式搬到了中国，但当时国人对众筹的概念缺乏了解，并没有引起较大的反响。直到2013年，众筹网的成立成为当年我国互联网众筹行业最为重要的事件之一，也为普通民众做了一定的知识普及。2014年，全球众筹峰会召开，将众筹模式推向了行业热点，至此众筹模式才真正在国内广为人知。

3. 众筹融资的模式和特点

（1）众筹融资的模式

一般来说，众筹融资有四种模式，具体如下。

① 股权众筹。股权众筹是投资人对项目或公司进行投资后，从项目或公司得到一定比例的股权。

② 债券众筹。债券众筹是指投资人对项目或公司进行投资，获得一定比例的债权，未来获取利息收益并收回本金。

③ 公益众筹。公益众筹是一种纯公益行为，是由非营利性组织和项目发起的类似于爱心捐款的活动，如为山区贫困儿童捐款等。

④ 回报众筹。回报众筹类似于一种提前购买的行为，参与者提前购买发起人的项目，待项目完成后可以免费享受发起人提供的产品或服务。

（2）众筹融资的特点

上述几种模式很大程度上与股权融资和债券融资相似。众筹融资的特点并不在于其不同的模式，而在于"众筹"一词的特殊性，也就是对大众力量的利用。创业者要想寻求大众的支持，就应把握以下众筹融资的特点。

① 低门槛。众筹融资对于创业者来说最大的便利之一就在于其相对较低的门槛。无论创业者的年龄、行业、性别、人脉关系如何，只要有想法都可以在平台上发起筹资项目。比起风险投资和银行贷款，众筹融资对创业者商业思维和资金储备实力的要求较低，能够激励更多的创业者。

② 多样性。主流的投资人都将自己的资金押在高新科技和有巨大盈利空间的项目上，导致许多富有创意的项目无人问津。而众筹融资给这些项目提供了机会。众筹的方向包括设计、科技、音乐、影视、食品、漫画、出版、游戏、摄影等各行各业的创意，甚至非盈利的项目都能通过众筹来获取资金。

③ 创意优先。在众筹平台上，大众投资人对创业者的资金背景、商业模式并不太关心，其比较在意的是创业项目的创意性。大众投资人觉得项目有趣，就会将资金投入。这也是众筹融资显著的特点，要想吸引投资人，就让他们对项目感兴趣。

④ 创意可视化。在寻求风险投资时，创业者需要将自己的想法通过详细的商业计划书和精简的PPT以路演的方式呈现给投资人；在申请银行贷款时，创业者需要提交大量的法律材料说明贷款的用途。但这种烦琐的文字表达方式在众筹融资中不太适用。为了抓住大众投资人的兴趣，创业者可以通过几张生动的图片或是一段富有趣味的视频将自己的创意展现在平台上。越能在一瞬间从视觉上吸引大众投资人的项目，越容易在众筹平台上取得成功。

⑤ 快餐式融资。众筹平台上的融资模式接近一种快餐式的消费。第一，在众筹平台上取得的融资一般都是小份额的，创业者不可能通过众筹的方式筹集到像风险投资那样的千万元级资金；第二，在众筹平台上，投资人往往是普通民众，其投资原因一般只是单纯的兴趣，所

以在获得起步资金后，创业者很难在平台上像风险投资那样取得二轮、三轮的投资。

4. 众筹融资与非法集资的界限

众筹和集资都是向社会或者公众吸收资金，但二者之间却有本质的不同。众筹融资是通过合法的网络平台为项目发起人筹集从事某项创业或活动的小额资金，并由项目发起人向投资人提供一定回报的融资模式。非法集资是指使用诈骗方法集资，数额较大，因此构成犯罪。非法集资不是一个独立的罪名，在实践中从事非法集资活动的行为人一般根据具体情形以非法吸收公众存款罪或集资诈骗罪论处。创业者需要从以下几个方面把握二者的界限。

（1）是否违反金融监管。创业者必须在合法的众筹平台上发布众筹融资需求。平台若不合法，创业者则很可能违反金融监管，具有非法集资的嫌疑。

（2）项目是否真实。众筹融资的项目必须真实，所筹资金也必须全部用于对应的众筹项目。若项目虚假，或项目虽然真实，但筹到的款项被挪作他用，则推断出项目方具备欺诈主观故意，具有非法集资的嫌疑。

（3）信息是否公开透明。众筹是一种新经济的运作形态，在项目的启动、市场定位、众筹计划的发布、产品的研发、产品的制作等各环节都全方位地公布信息，公开透明是众筹的核心价值观。非法集资项目中公开的信息非常有限，在被质询时甚至采取逃避、隐遁的手法以逃避监管。

（4）是否承诺约定回报。非法集资通常都承诺在一定期限内还本付息，且承诺的利息往往远高于银行利息。股权众筹没有承诺固定的回报，投资者享受股东权利也承担股东风险。

9.3 融资渠道选择

了解了企业在融资前的准备以及各种融资方式后，创业者还需要掌握如何在不同的融资渠道之间做出选择。不同的融资渠道对企业会产生不同的影响，甚至决定企业融资后的发展方向。本节从企业发展阶段、融资成本、资金稳定性三个角度阐述创业者选择融资渠道的要点，帮助创业者做出更好的决策。

9.3.1 融资与发展阶段的适应

目前，高新技术企业的生命周期大致可分为种子期和天使期、创业期、成长期和成熟期四个主要阶段。每个阶段所需要的资金、承受的风险以及收益都大不相同，因此单一的融资模式是不可行的。创业者要根据企业的发展要求，制订合理、有效的融资计划，这样不但能够分散、降低融资风险，还能最大限度地获得资金，满足企业需求。下面介绍创业者如何根据企业所处的不同阶段选择合适的融资方式。

1. 种子期和天使期

种子期和天使期是创业的最早阶段。这一阶段的企业往往除了创业想法之外一无所有，没有具体的研究成果、没有明确的商业目标。在投资人眼中，在该阶段投入资金大概率会面临有去无回的结果，因此创业者很难在这一阶段引入风险投资。同样地，由于没有经营经验和信用记录，创业者很难在银行申请到创业贷款。因此，在这一阶段创业者应该依靠的是内源融资。团队成员的自有资金和熟人投资资金能帮助创业团队挺过艰难的种子期。

除此之外，如果经过再三评估之后，创业项目确实需要大量资金协助启动，创业者可以主动寻找天使投资。天使投资类似于风险投资，是指拥有充足资本金的敏锐投资主体（个人或机构），被具有强大发展潜力的中小企业吸引，选择在最早时期一次性投资于中小企业的一种权益资金投资方式。

2. 创业期

进入创业期的企业，创业研发已初见成效。此时企业面临的最大问题之一是产品开发和目标定位，这需要大量的资金支持。一般的创业者依靠自有资金已经很难支持企业的日常运营与研发，空白的信用记录仍然很难帮助创业者取得银行贷款。因此，这一阶段就是创业企业引入风险投资的最好时机。此时企业产品初见雏形，投资人看重中小企业规模小、灵活性高、容错率高的特点。只要创业者拥有富有吸引力的想法和优秀的创业团队，就会有很大概率拿到投资人的资金。

3. 成长期

成长期的企业已经基本完成了产品开发，确定了目标市场。成长期是企业整个生命周期中十分需要资金的阶段，创业企业需要不断地加大投入来扩大自己的产品供应与市场规模。虽然成长期企业的融资能力相比之前已经有了巨大的提升，但其提升的幅度往往低于资金缺口的增长。因此，这一阶段创业者仍然需要大量的外源融资来为企业的经营提供动力。创业者可以通过申请抵押贷款或是信用贷款，或者可以利用发行债权的方式融资，以及引入新一轮的风险投资。但无论哪一种融资方式，为了填补巨大的资金缺口，都可能造成过度融资，要么导致企业负债压力超负荷，要么导致创业者控制权减弱。因此，如何在成长期权衡各种融资模式，为创业企业提供融资的最优解是影响企业未来走向的关键一环。

简单来说，成长期企业融资的关键就在于融资战略选择的多样性，包括企业内源融资和外源融资的选择、权益融资和债务融资的选择等。如何调配不同对立因素之间的比例需要创业者根据企业状况决定，其中创业者可以对债务杠杆、低股利、商业信用等工具加以利用。

阅读资料 9-4：

债务杠杆

债务杠杆也称杠杆作用，指企业使用债务融资，运用其资本结构，以提高企业股东的投资报酬率，通常以总负债对总资产的比率为衡量的标准，该比率称为负债比率。举例来说，当企业投资一个为期一年、利率为20%的项目时，仅使用企业现有资金100万元，一年后获利20万元；如果企业为该项目增加100万元的杠杆融资，利率为10%，一年后企业即可获利30万元。一般而言，债权人较偏爱低的负债比率，因为负债比率越低，债权人在企业清算中的受保障程度越高；但就所有权人而言，其较喜欢债务杠杆而不喜欢发行新股，因前者会增加盈余，后者会削弱一部分的控制权。

---

4. 成熟期

进入成熟期的企业，首要目标就是检验前面各个阶段的研发、运营成果，维持自己当前的市场份额。成熟期的企业已经具备了足够的盈利能力，运营状况良好的企业拥有稳定的现金流和前期积累的大量内源资金。这一阶段的企业可以不再过度依靠外源资金。同时，企业可以考虑通过公开发行债券或IPO的手段获取资金，以获得更大的盈利空间。这一阶段创业者追求的是企业稳定的运转。

9.3.2 融资成本的选择

创业者在选择融资渠道时要注意不同融资模式的融资成本。融资成本是资金所有权与资金使用权分离的产物，实质是资金使用者支付给资金所有者的报酬。不同融资渠道的成本在上节"融资渠道类型"中也做了基本介绍。本小节的目的是帮助读者总结归纳不同融资渠道的融资成本。

1. 内源融资

创业团队内部人员自有资金和熟人投资资金等内源资金在前期的使用中几乎没有融资成本，但在后期对内源资金过度使用可能导致企业现金流减少、企业稳定性被削弱。

2. 债券融资

债券融资的融资成本为需要支付给债权人的利息。债券融资分为长期和短期。债券期限时间越长，债权人风险越高，相应的利率也就越高，那么融资成本增加。

3. 权益融资

权益融资的融资成本为企业股权和日后支付给股东的分红。相对而言，权益融资成本的影响是较为显著的，不仅影响企业利润的分配，还会直接影响创业者对企业的掌控权。

综合不同融资渠道的融资成本分析，创业者可以根据企业的发展需求，通过不同融资渠道合理配置融资结构。

9.3.3　资金的稳定性

创业企业在融资时不应该仅仅注意融资金额和融资成本，也应该从长远的角度来考虑融资选择对企业后续的影响。其中，资金的稳定性是创业者需要特别注意的因素。

虽然债券融资具有融资成本上的优势，但大部分创业企业在成立初期还是会选择风险投资等权益融资，做出该决定所考虑的一个重要因素就是资金的稳定性。

创业项目要实现盈利，不是几个月的时间能实现的。短期的债券融资会导致企业一直陷入债务危机中，长期处于"拆东墙，补西墙"的循环；而长期的债券融资需要承受高额的融资成本，且寻找长期债券融资的难度也较大。相比之下，权益融资往往是经济实力强的个人或组织带来的，这对长期的资金支持更有保障。当企业长期难以实现盈利而没有债务偿还能力时，权益融资是企业能够继续经营下去的选择之一。因此，权益融资成了多数创业企业起步、成长时的首选。

<hr>

课堂阅读

创业融资是创业的必修课程。随着大学生和社会各界人士创业热情高涨，市场的融资需求不断增加，可惜大部分创业者对融资缺乏合法、全面和准确的理解。本章通过强调融资准备的个人素质以及合法融资与非法融资的区别，将诚信与法治观念融入融资课程，同时培养读者细心谨慎的职业素养，启发读者思考现象背后的本质，注重引导读者发现矛盾、探索本真的能力，培养读者求真务实的精神。读者通过思考，可以自我探寻正确的人生观和价值观，内生出诚信价值观。

<hr>

本章习题

一、单选题

1. 下列不属于融资准备工作的是（　　）。

A. 提升个人信用　　B. 确定融资结构　　C. 完善企业结构　　D. 估算融资金额

2. 下列说法正确的是（　　）。

A. 权益融资是比债务融资更好的融资方式

B. 创业自有资金越多越好

C. 创业启动资金包括企业开办所需的生产设备、土地租赁等

D. 预计资产负债表反映企业预算期内现金及现金等价物流出和流入的情况

3. 下列不属于创业者贷款渠道的是（ ）。

A. 个人创业贷款　　　　B. 商业抵押贷款　　　　C. 私人贷款　　　　D. 信用贷款

4. 以下属于风险投资的劣势的是（ ）。

A. 无须偿还融资本金

B. 得到投资者的专业管理建议

C. 影响企业现金流运转

D. 削弱创业者对企业的控制权

5. 某公司前三年的现金流分别为108万、193万、271万元，企业贴现率为3.5%，企业的现金流贴现市值为（ ）万元。

A. 528.9　　　　　　　B. 552.7　　　　　　　C. 572　　　　　　　D. 592

二、多选题

1. 以下有关融资结构说法错误的有（ ）。

A. 融资结构是指企业在不同发展阶段所取得的融资比例

B. 初创企业最好的融资结构是由债务融资构成的

C. 完整的融资结构只包括债务融资、权益融资以及它们细分出的融资方式

D. 创业者必须在正式融资之前就确定融资结构

2. 引入风险投资能为创业企业带来的好处有（ ）。

A. 为企业提供大量的资金支持

B. 保持创业者对创业企业的控制权

C. 获得专业投资人的管理经营意见

D. 提升创业企业的知名度与吸引力

3. 以下有关企业估值的说法正确的有（ ）。

A. 创业企业可以利用上市企业的股价与其他财务数据计算相关财务比率并以此估算企业市值，其中所挑选的上市企业需要是与创业企业相似的企业

B. 现金流贴现法的原理是通过预测目标企业的未来现金流和资金成本并对其贴现处理，企业市值即为企业未来现金流的现值

C. 现金流贴现法是最适合创业企业的估值方法

D. 重置价值估计法的原理就是由投资人估计建立一家完全一样的企业需要花费多少资金

4. 以下属于众筹融资的特点有（ ）。

A. 门槛高　　　　　B. 创意优先　　　　　C. 创意可视化　　　　　D. 资金持续性

5. 以下有关融资渠道选择说法正确的有（ ）。

A. 创业企业选择融资渠道应该注重融资方式与企业发展阶段相适应

B. 企业发展到成长期后具有较强的资金实力，外源融资不再是必要需求

C. 从企业长期发展的角度来看，创业企业选择融资渠道时应该重视资金的持续性

D. 企业如何选择融资渠道将影响企业未来的发展方向

三、名词解释

1. 融资结构。2. 风险投资。3. 银子弹制度。4. 众筹融资。5. 创业种子期。

四、简答及论述题

1. 除了教材中提到的个人信用与人际关系，你认为创业者还需在融资前提升哪些个人素养？

2. 企业应该如何估算融资金额？

3. 简述风险投资的流程。

4. 创业者应该具有哪些品质以获得风险投资？

5. 简述众筹融资与非法集资的区别。

五、案例讨论

大疆创新的竞价融资

大疆创新（以下简称"大疆"）成立于 2006 年，在无人机、手持影像、机器人教育等前沿创新领域不断革新技术产品与解决方案，是全球无人机龙头企业，曾获"2019 中国品牌强国盛典十大年度新锐品牌"等荣誉。

大疆不但在产品上持续创新，在融资上也曾有过创新的案例。在投资机构与创业企业之间，创业企业一般处于弱势地位，投资机构会与创业企业进行估值洽商，建议创业企业向下调整所报估值。大疆反其道而行之，在一次融资时，采用投资机构竞价的方式，给自己确定了一个"股权融资 + 债权融资"的融资方案。

2018 年，大疆以投前估值 150 亿美元启动一轮 10 亿美元的融资，并进行了竞价设计，让投资机构进行竞争。

在第一阶段，大疆要求潜在投资者必须满足适用法律下的合格投资者或成熟投资者的标准，必须满足融资材料中的最低认购要求，完整填写并签署认购申请表，交纳 10 万美元诚意金。方案一公布，投资圈一片哗然，但其 2017 年 43 亿元人民币的利润吸引了诸多投资机构。在首轮竞价后，共有近 100 家投资机构递交了诚意金和竞价申请，认购金额超过计划融资额 30 倍。

在第二阶段，大疆要求投资者自行申报认购一定比例无收益 D 类普通股，这样才有可能获得 B 类普通股的投资资格。D 类普通股本质上是一种无息债和认股权，没有投票权，可在三年后转股或者由大疆回购。对大疆而言，这种融资设计一方面有利于筛选出优质投资机构，另一方面有利于降低融资成本。各家投资机构纷纷报价。最后，大疆确定了 B : D 的比例为 1 : 1.5 的折中方案，从几百家投资机构中选定了不足 20 家投资机构参与投资。

在完成融资后，大疆的发展进一步提速，全球市场占有率超过 70%，成为中国科技的一张闪亮"名片"。

思考讨论题

1. 大疆的融资方案与传统的融资方案有何不同？这对大疆有何益处？
2. 大疆为何敢于设计竞价融资方案？

第 10 章
创业收益与退出

开篇引例

"中国大学生创业第一人"的失与得

本章导读

　　创业收益和创业退出是很多创业学教材忽略的内容。创业收益是创业者在创业过程中所获取的各种鼓励和福利，是每个创业者的动力和追求。然而创业并非一帆风顺，在公司需要扩大经营或者难以维持需要退出市场之时，不可不慎思其方式方法。本章先从公司与个人、政府与社会的角度阐述创业带来的收益，随之探讨了创业退出的原因和方式。通过对本章的学习，读者可以较为全面地了解创业活动的各项收益，客观分析创业活动的退出原因，理性选择创业活动的退出方式。

知识结构图

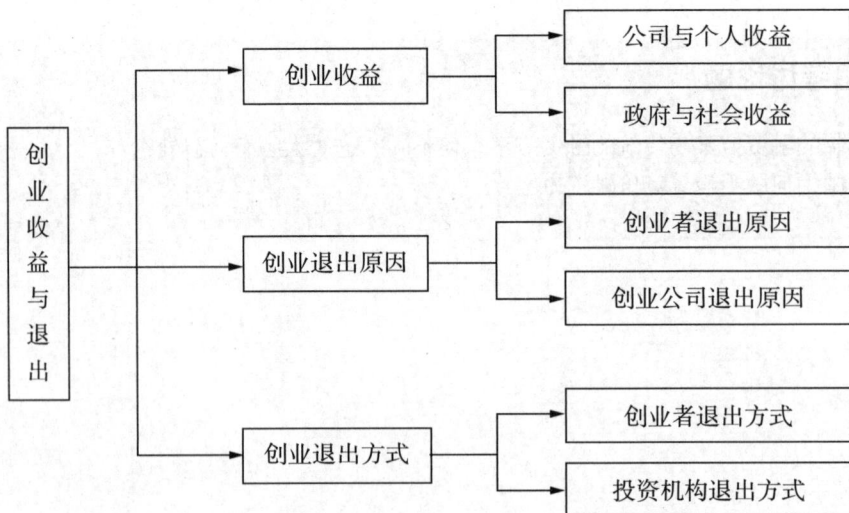

10.1　创业收益

创业收益是指创业者在创业过程中所获取的丰富多样的鼓励和福利，是创业者的原始激励和社会经济前进发展的驱动力。对于创业公司和创业者而言，获取大量的创业收益不仅能给公司带来资本积累，使其可以继续经营下去，提升品牌效应，也能在一定程度上提高创业者的积极性。同时，创业活动增加了就业岗位、财政税收、物质财富和精神财富。因此，创业收益的意义是多样的，既有对公司和个人的意义，也有增加社会总福利的社会意义。

10.1.1　公司与个人收益

1. 显性收益

（1）精神收益

精神收益主要是指创业者在创业时于精神上所获得的愉悦感、成就感、满足感和价值感等精神感受。精神收益往往因为太过主观而无法衡量。

创业者积极发挥其主观能动性，综合运用已有的知识、经验、资源、信息和技术去创造出独特、新奇的新产品、新服务、新方法时，其精神状态会随着创业过程的变化而波动。创业者承受压力并解决问题，在不断取得阶段性成果的过程中，也在不断创造着精神收益，获得不同程度的愉悦感、成就感、满足感和价值感。

（2）货币收益

货币收益是创业公司和创业者最直接的显性收益。

创业者通过获取货币收益，不仅能积累更多的创业资金，而且能不断坚定信念和信心，形成良性循环。

公司资本实力不断增强，可逐步扩大经营规模、提升公司的商业信用，在市场竞争中逐步提高优势地位。

货币收益还可推动各项创业的积极要素，提升创业公司的项目质量和拓宽创业者的眼界，便于公司持续引进高知识、高技能人才，使创业成为改善收入分配、实现资本向上流动的可行选择。

（3）创业者声誉收益

创业者的声誉收益是创业者在创业过程中所获取的积极影响力和广泛人脉资源，其来自并存在于社会和市场环境中，持续时间长、辐射范围广、影响深远。

创业者通过拓展商业活动，结交更多客户、供应商和创业伙伴，可以不断积累人脉资源；创业者通过创新创业发明，参加各项赛事、接受媒体采访、发表公众言论等，可以获得良好声誉。

（4）创业公司品牌价值收益

品牌是指消费者对某类产品及产品系列的认知程度，品牌价值本质是品牌拥有者的产品、服务或其他内容优于竞争对手，能为目标受众带来同等或高于竞争对手的价值。品牌价值既包括用户价值，也包括自我价值。品牌的功能、质量和价值是品牌的用户价值要素，即品牌的内在三要素；品牌的知名度、美誉度和忠诚度是品牌的自我价值要素，即品牌的外在三要素。品牌的用户价值取决于内在三要素，品牌的自我价值取决于外在三要素。

品牌价值收益是指公司品牌价值的持续提升，及提升后给公司发展带来更强劲的发展动力等益处。当品牌的自我价值持续提升后，品牌会给公司带来品牌溢价。创业公司品牌价值的提升是经营的阶段性成果展示，也意味着产品销量的稳定和公司市场地位的稳固。

优秀的品牌可获得市场的普遍认可和大众的长期忠诚，品牌价值更高，公司经营发展更加稳健，且能较长时间地维持较高利润水平，形成公司资产增长、业务发展的驱动力。

2. 隐性收益

（1）专业知识技能

专业知识技能是指创业者在创业活动领域所掌握的专业知识和具备的技术能力。专业知识技能既是创业活动的基础，也是创业过程中获取的隐性收益，涵盖专业知识、研发能力、工程技术、管理知识等。

创业活动需要面对技术、产品和市场，需要融合社会、自然和人力资源，是一种综合性强、难度系数大、复杂性高的活动，因此创业者需要不断学习理论知识并付诸实践。不论创业活动的结果如何，创业者的专业知识技能会更加丰富、更加系统，也更加实用。这种隐性收益的获取与提升，无论是对创业者的再就业还是再创业都具有很大作用，创业者将因为创业活动所带来的专业知识技术的提升而更具市场竞争力。

（2）自我管理技能

自我管理技能是指创业者创业成功所必不可少的强大心理素质和与之对应的果敢行动能力。

"决定开始创业"这一选择本身就是创业者具备强大心理素质的体现。创业是勇敢者的游戏，其过程漫长曲折、艰苦卓绝且变幻莫测，其结果不必然成功。创业者应无惧风险和失败，具备强大的抗压能力和坚定的意志力，能够敏锐洞察、果断决策并迅速行动，以应对种种困难和挑战。在创业过程中不断锻炼出来的抗压能力、情绪调节能力、为人处世能力和积极进取的人生态度，都是创业者自我管理技能的重要组成部分。

（3）风险防控技能

风险防控技能是指创业者在创业过程中预防风险、识别风险和处置风险的能力。

创业者经过创业历练和市场磨砺，既能增强对市场需求的敏锐感知，又能提升对资源的整合能力以及对商业机会的识别、把握能力，还能提升判断、预测、防范和管控风险的能力。这些在预防风险、识别风险和处置风险过程中锻炼和收获的能力，对创业者的生活和工作都有着重要意义和作用。

10.1.2 政府与社会收益

根据中国经济统计数据，民营经济为我国贡献了50%以上的税收、60%以上的GDP、70%以上的技术创新、80%以上的城镇就业和90%以上的市场主体数量。创业活动与民营经济没有明显界限，其为政府和社会带来的收益既有显性收益，也有隐性收益。

1. 显性收益

（1）就业岗位

提供就业岗位是创业活动对政府和社会十分重要的贡献。创业者通过创办公司、投入资金、吸引融资从而进行生产经营活动，为社会创造了大量就业岗位。

就业的重要性不言而喻。劳动所得是大多数社会成员的基本收入来源，只有就业岗位稳定，才会有稳定的收入来源，才能保障衣食住行等基本的生存需求，因此就业是稳定之基。经济发展离不开就业者的劳动创造，而就业岗位增加离不开经济的快速发展，二者相互促进，因此就业是发展之要。

我国的基本经济制度坚持以公有制为主体，多种所有制经济共同发展。社会主义公有制经济是满足社会成员日益增长的物质文化需要，实现劳动人民经济上、政治上的主人翁地位和全体社会成员共同富裕的不可缺少的物质保证。民营经济相比公有制经济具备更大的活力，而民营经济的创办者和经营者理论上都可以被定义为创业者。创业首先要设立经济实体、投放资金，然后聘请员工，为社会带来就业岗位。因此，对于政府和社会而言，创业重要的显性收益是新增就业岗位。

（2）社会财富

社会财富是指劳动者在生产过程中创造或提供的、对人有使用价值和交换价值的劳动产品或服务。为社会提供广泛而丰富的各种产品或服务是创业活动对政府和社会直接的贡献。

我国经济领域中，对关系国民经济的重要行业和关键领域，国有经济占支配地位，如能源、交通、通信、军工等领域。但随着社会经济的发展，人民群众对美好生活的向往与中国经济不平衡、不充分的发展之间的矛盾成了当今社会的主要矛盾。人民群众对美好生活的向往包含了大量多样化、个性化的需求，这些需求是公有制经济不可能全部满足的。创业活动提供了多样化、丰富程度极高的产品或服务，创业企业是社会财富的重要创造者。

（3）税收来源

税收是国家为实现其职能，凭借政治权力，按照法律规定的标准，通过税收工具，强制地、无偿地征收参与国民收入和社会产品的分配和再分配取得财政收入的一种形式。税收是每一个国家收入的主要来源。

我国税收的主要来源是增值税、消费税、企业所得税和个人所得税，以及海关征收的产品进口环节的关税和增值税。民营企业是我国国家税收的重要来源，为国家贡献了大量的税收。

（4）技术创新与技术创新人才

知识促进经济的发展，是以高素质的创新型人才为基础的。构建科技创新体系，建设创新型国家，需要一大批既具有创业精神又能够脚踏实地的创新型人才。

创业企业由于其灵活的体制、创新的文化、高度的市场敏感度和充分的市场竞争，技术创新异常活跃。根据中国科技统计年鉴，近年来民营企业发明专利占比已经稳居75%以上。在2021年度全球研发投入排行榜中，中国排名第1位的华为以1 257亿元的研发投入排名全球第2位。中国排名第2位和第3位的分别是阿里巴巴和腾讯，分别位列全球第17位和第33位。这3家企业均是成功的民营创业企业。可见，创业活动为政府和社会提供了大量的技术创新成果与技术创新人才。

阅读资料 10-1：

ESG——企业社会责任

　　近年来，上市公司增加了一个《企业社会责任报告》，即我们通常所说的 ESG[①] 报告。"企业社会责任"概念从 20 世纪 80 年代兴起，英文简称为 CSR（Corporate Social Responsibility），后来被 ESG 的概念迭代。ESG 是 Environmental（环境）、Social（社会）和 Governance（治理）的首字母组合，是一种关注企业环境、社会、治理绩效而非财务绩效的投资理念和企业评价标准。基于 ESG 评价，投资者可以通过观测企业 ESG 绩效、评估其投资行为和企业（投资对象）在促进经济可持续发展、履行社会责任等方面的贡献。

　　ESG 理念认为，企业若以利润为唯一目标，往往实现不了利润最大化。相反，企业如果以做大社会价值为宗旨，利润就会像副产品一样自然产生。

　　默克公司是 ESG 理念的受益者。20 世纪 80 年代，默克公司研发了一种治疗盘尾丝虫病的新药。盘尾丝虫病主要在西非和拉美蔓延，通过黑蝇传播，一旦侵入眼睛会导致失明，又称河盲症。当时约有超 1 800 万名西非贫困人群感染。默克公司需要花费 200 万

① 2018 年 9 月，中国证监会《上市公司治理准则》修订，增加了利益相关者、环境保护与社会责任章节，规定上市公司应当依照法律法规和有关部门要求披露环境信息（E）、履行扶贫等社会责任（S）以及公司治理相关信息（G）。

美元来建分销渠道，2 000万美元来组织生产。默克公司找西非当地政府，政府没钱；求助世卫组织，世卫组织也拒绝。默克公司没有放弃，决定生产这种药并免费送给西非所有病患，直至西非消灭河盲症。

默克公司的上述行为赢得了全世界的称赞。默克公司连续7年被《财富》杂志评为美国最受尊敬的企业之一。后来无数优秀人才加入，默克公司发展为世界上最大的制药公司之一，市值超过2 000亿美元。投资者给予默克公司更多关注，同时也从中受益。1978年以后，默克公司股票的投资者享受到13%的年均回报率，是同期标普500指数回报的1.5倍。

2. 隐性收益

（1）积极向上的创业氛围

创业活动不仅需要创业之初的冲劲，还需要面对艰难险阻时无所畏惧、敢于挑战、突破自我的精神。

我国长期以来以农业为主要经济形态，重视经验传承，缺乏创新与冒险精神，民众对创业普遍缺乏认同感。相比以美国为代表的西方发达国家，我国的创新精神和创业文化相对欠缺。美国历史文化中敢于冒险、无惧风险的开拓精神，为其形成活跃的创新创业氛围奠定了良好基础，吸引了各国大量精英人才。

创业者创新创业，整个社会形成不断探索、积极向上、充满激情的创业氛围，一定程度上能引导社会树立正确的就业观念，推动社会形成崇尚科学、崇尚创新的新环境；而良好的创业环境是创新发展的重要保障，既能集聚更多创新创业资源，也能提升创新创业效率。

（2）配套完善的教育体系

人才资源对创新创业尤为关键，创新驱动归根到底是人才驱动。高校创新创业教育作为大学生创业者创业前的基础，是培养其各项创业综合能力的直接有效的途径。对高校来说，贯彻落实创新驱动发展战略，必须深入推进创新创业教育，不断增强学生的创新精神、创业意识和创新创业能力，为建设创新型国家提供源源不断的人才和智力支持。

创新创业活动以人才需求为动力，在一定程度上可以有效推动高校在课程体系、能力培养等方面进行教育改革，让高校教育和社会需求相互匹配和相互融合，高效培养创新创业实用型人才。

（3）精准高效的扶持政策

创业活动中客观数据的对比、对所碰到的困难和障碍的反馈，可以为政府决策提供更全面、更客观的依据，使得政策制定者更精准地制定政策，也使得政策更高效地发挥作用。

政府作为政策的制定和提供者，为社会的发展和运行发挥了重要导向作用。创业政策对创业者的创业意识、创业环境和创业质量都有着显著影响，政策支持能帮助创业者减少创业过程中面临的行政监管障碍，为创业活动提供宽松友好的监管环境。

阅读资料 10-2：

《关于促进以创业带动就业工作的指导意见》

国务院办公厅批转了人力资源社会和保障部等11部门联合发出的《关于促进以创业带动就业工作的指导意见》（以下简称《指导意见》）。《指导意见》将给创业者带来五大利好。

（1）创业者市场准入门槛降低。《指导意见》放宽对新办企业注册资金和经营场所的限制，简化程序、提高效率，将小企业的产品和服务纳入政府采购范围。扩大政府采购范围，制定促进小企业发展的政府采购优惠政策。

（2）创业者将获更多能力培训。《指导意见》针对创业者提升创业能力的要求，明确提出加大创业培训力度。要求健全创业培训体系，将有创业愿望和培训需求的人全部纳入创业培训范围。同时，加强普通高校和职业学校的创业课程设置。

（3）创业者将有更多融资渠道。《指导意见》明确提出，积极探索抵押担保方式创新，对于符合国家政策规定、有利于促进创业带动就业的项目，鼓励金融机构积极提供融资支持。

（4）创业者将有更好的市场环境。《指导意见》要求，全面实行收费公示制度和企业交费登记卡制度，禁止任何部门、单位和个人干预创业企业的正常经营。同时，简化审批、办证手续，开辟创业"绿色通道"。要求全面落实鼓励创业的税收优惠、小额担保贷款、资金补贴、场地安排等扶持政策。

（5）创业者将获更多公共服务。《指导意见》明确提出，根据城乡创业者的需求，组织开展项目开发、方案设计、风险评估、开业指导、融资服务、跟踪扶持等"一条龙"创业服务，建立创业信息、政策发布平台，搭建创业者交流互助的有效渠道。

（4）迅猛发展的高新产业

传统创业者多集中在服装、餐饮和制造加工等市场相对饱和、同质化严重的劳动密集型行业，科技型、创新型创业由于投入高、风险高、周期长和回报难等特点，创业活动并不够活跃。近年来，国家政策对此予以调整，对资本市场进行了注册制改革，提高了资本市场的包容性。科创板鼓励"六大"[1]高新技术企业上市，创业板鼓励"三创四新"[2]企业上市，北京证券交易所鼓励"专精特新"[3]企业上市。

在我国鼓励技术创新创业情境下，一大批创新型企业萌芽，并在发展过程中获得资本和市场的青睐，推动产生了一个个细分新兴产业。高新产业的产生带来了大量发展机会，为新产品开发活动提供了更多契机。受国家出台政策对高新技术企业的大力支持、市场环境的转变和创业者自我能力的不断提升等综合因素的影响，创业者逐渐改变创业传统思路，敢于在高新技术领域不断探索突破，高新技术产业得到了更多发展。表10-1所示为中国公司市值10强变化，该表可以充分说明高新技术产业的发展状况。

表 10-1 中国公司市值 10 强变化

单位：亿元

排名	2010 年公司	2010 年市值	2020 年公司	2020 年市值
1	中国石油	19 992	腾讯控股	45 530
2	工商银行	15 395	阿里巴巴	42 015
3	建设银行	14 699	台积电	31 911
4	中国移动	13 181	贵州茅台	25 099

---

① 新一代信息技术、高端装备、新材料、新能源、节能环保、生物医药。

② 企业符合"创新、创造、创意"的大趋势，或者传统产业与"新技术、新产业、新业态、新模式"深度融合。

③ 中小企业具备专业化、精细化、特色化、新颖化的特征。

续表

排名	2010 年公司	2010 年市值	2020 年公司	2020 年市值
5	中国银行	9 233	工商银行	17 128
6	农业银行	8 901	中国平安	15 377
7	中海油	7 009	美团	14 589
8	中国石化	6 698	拼多多	14 217
9	中国人寿	6 446	建设银行	12 521
10	中国神华	5 018	五粮液	11 328

（数据来源：Wind 资讯）

对比 2020 年和 2010 年中国公司市值 10 强，可以发现有一些明显的变化。首先，2010 年中国公司市值 10 强全部是金融、能源、通信等大型国有垄断企业，而在 2020 年，腾讯控股、阿里巴巴、台积电、美团、拼多多五家企业上榜，数量占比达 50%；其次，新上榜的企业以互联网、半导体、平台经济等高新技术创新型企业为主；最后，新上榜创新型企业的总市值已经远超国有垄断企业。可见，创业活动和国家政策的良性互动，推动了高新技术产业得到更多发展。

10.2 创业退出原因

创业退出包括创业者退出与创业公司退出。创业者退出是指创业者从自己创办的公司的管理岗位上退出，将创业公司的管理权（和所有权）让与第三方的行为。创业公司退出，指创业公司为了实现某种股东目的或市场战略，暂时或永久性地退出某一产业并结束市场活动的过程。

投资机构是创业活动的重要支持力量，投资机构的退出亦不可忽视。在我国，从投资机构角度，创业公司首次公开发行股票并上市、创业公司或创始人回购股份等可让投资机构回收投资、获得回报的其他方式也被视作创业投资活动的退出。

市场竞争要求创业公司有进有退、能伸能屈，这样才能赢得创业活动的持续健康发展。在决定退出时，必须对退出公司的价值进行评估，比较公司从市场退出的预期收益和机会成本的大小。当预期收益大于机会成本时，退出是正确的；当预期收益小于机会成本时，则可能还没有到最佳退出时机。

阅读资料 10-3：

大学生创业三年后过半退出

第三方社会调查机构麦可思研究院发布的《就业蓝皮书：2019 年中国大学生就业报告》显示，2018 届大学毕业生自主创业比例为 2.7%，其中高职高专毕业生自主创业比例则达到 3.6%，高于本科毕业生的 1.8%。2015 届毕业即自主创业的大学毕业生中，3 年后仍坚持创业的为 44.8%，超过一半选择自主创业的创业者退出了自主创业活动。

坚持创业者也获得明显的收益。2015 届本科毕业生半年后自主创业人群的月收入为 5 131 元，3 年后为 11 882 元，涨幅为 132%，明显高于 2015 届本科毕业生平均月收入水平（半年后为 4 042 元，3 年后为 7 441 元，涨幅为 84%）。2015 届高职高专毕业生半年后自主创业人群的月收入为 4 601 元，3 年后为 9 726 元，涨幅为 111%，明显高于 2015 届高职高专毕业生平均月收入水平（半年后为 3 409 元，3 年后为 6 005 元，涨幅为 76%）。

10.2.1　创业者退出原因

驱动创业者开展创业活动的核心因素有获取财富、掌握权力和实现情怀等。当创业者已经实现或者预期不可能实现创业目的时，创业因素的作用逐步减弱甚至消失，创业者可能主动或者被动选择退出。

1. 实现创业目的

当创业者认为其创业活动已经实现创业目的时，创业者可能不再具备创业动力和创业激情，从而选择将创业公司管理权转让给其他管理者，甚至选择将创业公司的股权转让给第三方，从而实现退出。

2. 转变生活方式

创业者可能受多种情怀驱动开展创业活动，当其达成阶段性创业目标后，其可能转而选择对自己更有吸引力的项目，从某一个创业项目退出，转投入其他创业项目或新的生活方式。

阅读资料 10-4：

黄峥退出拼多多

1980 年出生的黄峥是个连续创业者，自小就有当科学家的梦想。黄峥从谷歌辞职后，先创立了欧酷网，主营线上销售手机等电子产品。但公司正如日中天的时候，黄峥却将欧酷网出售，退出的原因是黄峥自认为竞争不过京东。黄峥说："在正确的方向上逐步前进，远比在不正确的方向狂奔要好。我还年轻，我真的没有必要把身家性命当作和他拼的筹码。"

此后，黄峥又创办过其他创业公司，但都没有做长久即选择退出。2015 年，黄峥通过对"社交电商"的深度思考，创办了"商品团购＋社交扩散"模式的综合社交电商公司拼多多。凭借"砍价免费拿""转盘抽奖"之类的小游戏和微信用户带来的裂变效果，拼多多迅速崛起。2018 年，拼多多在美国上市，市值高达 1 600 多亿美元。2021 年，拼多多年活跃用户数量超过淘宝，高达 8.68 亿人，成为中国用户数量最多的电商平台。

2021 年，身价超过了 3 000 亿元人民币的黄峥先后辞去了拼多多 CEO 和董事长职位，并放弃了超级投票权。黄峥还将自己名下 7.74% 的股份转至合伙人集体名下，并捐出巨额资产给慈善基金会。黄峥在拼多多的巅峰时期，在实现了阶段性创业目标后选择转变生活方式，完全退出拼多多，以重拾儿时当科学家的梦想。

3. 被动理性放手

创业活动的失败率极高，若产品或服务的方向错误，或者在市场竞争中落败，选择放手也是创业者的退出方式，并且可能是大多数创业者的理性选择。

创业者为了避免更多的损失，可以制定对创业企业和自身损失最小的退出策略和退出方式，并转向其认为成功率更高、更会令自己满意的创业活动中。当出现以下情况时，理性放手是明智选择。

（1）个人能力不足

创业者心理素质、知识技能、管理能力等综合能力无法驾驭创业项目，且缺乏吸引外部人才的格局、机制和实力时，创业者可以选择理性放手，退出创业项目。

（2）项目方向错误

有些创业项目初期没有问题，但随着经济高速发展和技术快速创新，创业项目的方向就可能不再符合经济规律和科学规律，甚至不再符合法律规定，坚持原方向将造成公司生存困难。若公司因团队、技术、商业模式等自身原因已经无法调整方向，创业者可以选择理性放手，退出创业项目。

（3）市场需求萎缩

创业归根结底是一项基于市场需求的商业活动。当市场需求发生变化，创业活动的产品或服务所占市场份额持续萎缩，不足以支撑创业项目时，创业者可以选择理性放手，退出创业项目。

（4）技术创新失败

技术创新可以给创业公司带来超出市场平均水平的利益，但技术创新不但受制于科学规律、科研水平，还受制于工艺水平、资源环境等。当技术创新碰到难以逾越的实质障碍时，创业者可以选择理性放手，退出创业项目。

4. 公司上市后退出

上市公司是公众公司的一种，是指公开发行股票并在证券交易所上市交易的股份有限公司。创业公司发展到一定程度，其规范治理、财务指标和信息披露等条件若达到交易所发行股票并上市的要求，一般会向交易所和证监会申请发行股票并上市。对于创业公司而言，其成为一家上市的公众公司，创始团队、投资机构及其投资方都可依法通过二级市场交易其股票。公司上市被资本市场特别是投资机构视为一种创业活动退出方式。

10.2.2　创业公司退出原因

除了创业者个人退出导致创业公司退出创业活动外，创业公司还有其自身特定的退出原因。

1. 公司成长需要

公司成长需要是很多创业公司的退出原因，这种退出一般是主动选择的。公司的发展需要吸引优秀人才、匹配各种资源、参与市场竞争。当创业公司在受到掣肘且难以突破的时候，可能会选择嫁接和利用其他更具实力的经济主体的资源，以便公司更好地成长。公司成长需要的退出可能选择被收购、被兼并等方式，从而原创业公司实现退出。

因公司成长需要而退出是运行良好、具有自我价值的创业公司的积极退出方式。创业者可能因此获得良好收益，创业公司也可能在被收购、被兼并后继续运营并获得更大成功。

阅读资料 10-5：

本杰明·乔菲的退出建议

硅谷知名硬件孵化器 HAX 是最活跃的硬件早期投资机构之一，在中国深圳和西安设有办公室。自 2012 年起，HAX 已经投资了数百家硬件初创公司。HAX 的合伙人本杰明·乔菲（Benjamin Joffe）对创业公司退出有着务实的看法。乔菲认为，每家创业公司都通过上市实现退出是不可能的，事实上，多数创业公司的退出方式是被上市公司或者行业中更大的公司"收入囊中"，继续发展。乔菲提出以下建议。

（1）创始人必须对公司发展现状有十分清楚的认知。如果适时的退出是公司往后发展的最佳选择，那就意味着创始人应该尽早行动，寻找目标收购方，并清楚地了解他们在行业中的发展史以及偏好，提早联络并维持伙伴关系。

（2）在（1）的基础上，创始人需要时不时地问一下自己：是否扩充了潜力买家的名单？公司的相关信息和价值是否被那些潜力买家关注？在考虑被收购的同时还有没有其他募集资金的方法？被收购是一种普遍的退出路径，但也绝不止于此：股权众筹有助于提供一些种子期的资金支持；Pre-IPO 融资是一个不错的选择，机器人创业公司 Balyo 就曾在上市前筹集了 4 000 万欧元，以摆脱其中一家投资公司的优先购买权；反向兼并也是一个可行的方法，医疗外骨骼公司 EKSO Bionics 就是以这种方式上市的。

（3）无论用哪种方法，重要的是：不要等到没钱的时候再想该怎么退出。公司是用来让人买的，不是用来卖的。如果公司到了难以持续经营的境地，公司的价值就会下降，甚至无法出手。

2. 难以持续经营

当创业公司难以持续经营之时，不得不被动退出市场。难以持续经营的情形包括现金流断裂、股东争斗、严重的行政处罚或刑事处罚等。在这种情况下，创业活动宣告失败，创业公司可能会被低价出售、解散、清算，或者因没有实际经营而被吊销营业执照，变成僵尸企业。

难以持续经营而退出是创业者、创业公司和投资机构难以接受的退出方式，但也是常见的退出方式，这种退出方式往往伴随着复杂的经济纠纷和司法诉讼。一些创业者被列为失信被执行人，不少消费行为受限，给正常生活带来不便。

10.3 创业退出方式

根据创业公司发展阶段、发展状况、未来前景和创业者主观选择等方面的差异，创业公司有多种退出方式。由于创业活动主要参与者为创业者和投资机构，故从创业者角度和投资机构角度对创业退出方式加以区分。

10.3.1 创业者退出方式

1. 股权转让

股权转让，是公司股东依法将自己的股东权益有偿转让给他人，使他人取得股权的民事法律行为。创业公司的股权持有人可以依据公司章程和法律法规的规定，将所持股权转让给意向第三方，从第三方获取对价，以实现创业退出。股权转让是最常见的，也是最便捷的退出方式之一。

我国公司法中没有狭义的"退股权"，股东出资后，不能直接退股，但可以将股权转让给他人。如果受让方是公司股东，那么可以直接转让；如果是公司股东以外的第三方，则需要公司其他股东过半数同意；在同等条件下，公司其他股东拥有优先购买权。

股权转让通常情况下是自由的，但也有例外情况，包括依法律限制和依约定限制。

（1）依法律限制

《中华人民共和国公司法》规定，股份有限公司的发起人持有的股份，自公司成立之日起一年内不得转让；股份有限公司董事、监事、经理等高级管理人员所持有的本公司的股份，在任职期间每年转让的股份不得超过其所持有本公司股份总数的25%。

（2）依约定限制

为了让创业者专注于创业公司的经营管理活动，投资机构在签署投资协议时，往往会对创业者设定股权转让的限制条款，限制其直接或间接的股权转让行为。此种情况下，创业者若想转让股权，需要与投资机构协商一致。

阅读资料10-6：

出资瑕疵的股权转让风险

《最高人民法院关于适用〈中华人民共和国公司法〉若干问题的规定（三）》规定，有限责任公司的股东未履行或者未全面履行出资义务即转让股权，受让人对此知道或者应当知道，公司请求该股东履行出资义务、受让人对此承担连带责任的，人民法院应予支持；公司债权人向该股东提起诉讼，同时请求前述受让人对此承担连带责任的，人民法院应予支持。

《最高人民法院关于民事执行中变更、追加当事人若干问题的规定》规定，作为被执行人的公司，财产不足以清偿生效法律文书确定的债务，其股东未依法履行出资义务即转让股权，申请执行人申请追加该原股东为被执行人，在未依法出资的范围内承担责任的，人民法院应予支持。

因此，如果股东在尚未实缴出资的情况下对外转让股权，则其出资义务不因此免除，项目公司及其债权人仍有权要求股东承担出资义务、追加其为被执行人。即使股东与受让人就出资义务的承担主体问题进行约定，但该约定仅在股东及受让人内部有效，不能对抗项目公司及其债权人。因此，即使股东股权转让，若受让方不履行完毕出资义务的，股东仍应当承担出资责任。

---

2. 吸收合并

公司合并可以采取吸收合并或者新设合并。一家公司吸收其他公司为吸收合并，被吸收的公司解散；两家以上公司合并设立一家新的公司为新设合并，合并各方解散。创业公司合并退出时一般采用吸收合并方式。

吸收合并，是指两家或两家以上的公司合并成一家公司。经过合并，收购方公司以支付现金、发行股票或其他对价取得另外一家或几家被收购方公司的资产和负债，收购方公司的法人地位继续保留，而另外一家或几家被收购方公司丧失独立法人资格。

公司合并，应当由合并各方签订合并协议，并编制资产负债表及财产清单。公司应当自做出合并决议之日起10日内通知债权人，并于30日内在报纸上公告。债权人自接到通知书之日起30日内，未接到通知书的自公告之日起45日内，可以要求公司清偿债务或者提供相应的担保。公司合并时，合并各方的债权、债务，应当由合并后存续的公司或者新设的公司承继。

创业公司的吸收合并，一般是由体量更大、发展更好的竞争对手或者有产业链协同作用的公司作为吸收合并方，创业公司作为被吸收合并方。创业公司被吸收合并后，其主体消亡，创业者和投资机构都可以实现退出。

3. 自行清算

自行清算，是指公司依据其章程和法律法规的规定，通过法定程序，向公司登记机关申请注销登记的行为。注销登记完成后，公司主体宣告消亡。

（1）清算原因

创业公司清算一般包括以下原因。

① 公司章程规定的存续期间届满或者章程规定的其他解散事由出现。

② 公司股东会决议解散。

③ 公司因合并或者分立需要解散。

④ 公司依法被吊销营业执照、登记证书，被责令关闭或者被撤销。

⑤ 法律规定的其他情形。

（2）自行清算流程

创业公司清算一般要经过以下流程。

① 成立清算组。

② 通知或公告债权人，清算组应当在成立之日起10日内通知债权人，并于60日内在报纸上公告。债权人应当自接到通知书之日起30日内，未接到通知书的自第一次公告之日起45日内，向清算组申报其债权。

③ 登记债权。债权人申报债权，应当说明债权的有关事项，并提供证明材料。清算组应当对债权进行登记。

④ 制订清算方案。财产处理应依下列顺序安排：第一顺序，支付清算费用；第二顺序，支付职工工资、社会保险费用和法定补偿金；第三顺序，缴纳所欠税款；第四顺序，清偿公司债务。按前述顺序清偿后的剩余财产，公司按照股东的股权比例分配。公司财产在未清偿完公司债务前，不得分配给股东。

⑤ 确定并实施清算方案。清算组制订的清算方案，应报股东会或有关主管机关确认。确认后，清算组即可按清算方案执行。

⑥ 清算报告。公司清算结束后，清算组应制作清算报告，其内容大体包括：公司解散原因及日期；清算组的组成；清算的形式；清算的步骤与安排；公司债权债务的确认和处理；清算方案；清算方案的执行情况；清算组成员履行职责情况；其他有必要说明的内容。

⑦ 注销登记并公告。清算结束，应将经股东会或有关主管机关确认的清算报告及确认文件报送公司登记机关，申请注销公司登记，公告公司终止。

4. 强制清算

强制清算是指在清算事由出现后，清算义务人不履行清算义务，而由人民法院依申请指定清算组进行的清算。创业公司若出现清算事由，应当在15日内自行组织清算，但创业公司往往会延迟履行义务或者不履行义务，此时，创业公司有可能被其他债权人或其他股东申请强制清算。

强制清算的清算事由一般包括以下三项。

① 公司解散逾期不成立清算组进行清算的。

② 虽然成立清算组但故意拖延清算的。

③ 违法清算可能严重损害债权人或者股东利益的。

人民法院进行强制清算的，将指定清算组，清算组按本节介绍的"自行清算流程"进行清算。在公司强制清算案件中，人民法院的职责不仅包括指定清算组成员，还包括监督整个清算程序，最后出具裁定终结清算程序。

5. 破产清算

破产清算是指公司宣告破产以后，由清算组接管公司，对破产财产进行清算、评估和处理、分配。

（1）破产原因

创业公司破产原因如下。

① 不能清偿到期债务，并且资产不足以清偿全部债务。

② 不能清偿到期债务，并明显缺乏清偿能力。

（2）破产流程

① 申请和受理。可以向人民法院提出破产申请的主体包括债权人、债务人、清算责任人即股东。

② 指定管理人。人民法院收到破产申请后，将依法决定是否受理破产申请；如果受理破产申请的，应同时指定管理人。人民法院受理破产申请后，债务人对个别债权人的债务清偿无效。

③ 债权申报。人民法院受理破产申请后，应当确定债权人申报债权的期限。债权申报期限自人民法院发布受理破产申请公告之日起计算，最短不得少于30日，最长不得超过3个月。

④ 召开债权人会议。第一次债权人会议由人民法院召集，自债权申报期限届满之日起15日内召开。以后的债权人会议，在人民法院认为必要时，或者管理人、债权人委员会、占债权总额1/4以上的债权人向债权人会议主席提议时召开。债权人会议的职责主要包括核查债权、监督管理人、审查管理人的费用和报酬、通过重整计划或和解协议、通过破产财务的变价方案或分配方案等。

⑤ 重整或和解。如果发生破产重整或破产和解，则不进入破产清算程序。破产重整与破产和解也可能成为创业退出方式。

⑥ 破产宣告。当未发生或者发生后未能执行破产重整或破产和解，也未发生第三人为债务人提供足额担保或为债务人清偿全部到期债务，未发生债务人已清偿全部到期债务的，人民法院将依法宣告破产。

⑦ 破产清算。宣告破产后，管理人应当及时拟订破产财产变价方案，提交债权人会议讨论通过。破产财产的清偿顺序为：第一顺序，优先清偿破产费用和共益债务；第二顺序，破产人所欠职工的工资和医疗、伤残补助、抚恤费用，所欠的应当划入职工个人账户的基本养老保险、基本医疗保险费用，以及法律、行政法规规定应当支付给职工的补偿金；第三顺序，破产人欠缴的除前项规定以外的社会保险费用和破产人所欠税款；第四顺序，普通破产债权。

⑧ 终结破产程序。在破产人无财产可供分配，或者分配已经完结时，管理人应提请人民法院裁定终结破产程序。

⑨ 注销登记。管理人应当自破产程序终结之日起10日内，持人民法院终结破产程序的裁定，向破产人的原登记机关办理注销登记。破产人的保证人和其他连带债务人，在破产程序终结后，对债权人依照破产清算程序未受清偿的债权，依法继续承担清偿责任。

创业公司在进行股权融资时，如果设置了对赌回购条款，创业者一般会对投资机构承诺对创业公司的债务承担无限连带责任，这可能给创业者带来难以清偿的个人债务。

6. 首发上市

首发上市（Initial Public Offering，IPO）是指首次公开发行股票并上市。我国承担首发上市功能的有上海证券交易所、深圳证券交易所和北京证券交易所（以下简称"北交所"）。一些公司也可能选择境外上市，比如到香港联合交易所、纽约证券交易所、纳斯达克证券交易所等上市。各证券交易所对首发上市均设定了较为严格的条件，能达到首发上市条件的创业公司都是相对优质的创业公司。通过首发上市，创业公司可以募集资金用于发展；解禁期满后，创业者和投资机构也可通过减持股票获取超额收益。首发上市是创业者和投资机构最为期待的退出方式之一。

首发上市之后，创业公司变成了上市公司，公司股票获得市场定价。而资本市场对公司良好经营业绩的认可，可使公司通过各种金融手段和二级市场工具，持续从资本市场获得进一步发展的资金。

我国对公司首发上市要求较高，以下二维码对应的表格是我国主板、科创板、创业板和北交所上市的主要条件对照表。

（扫描以下二维码，查阅我国主板、科创板、创业板和北交所上市主要条件对照表）

扫码阅读

我国主板、科创板、创业板和北交所上市主要条件对照表

10.3.2　投资机构退出方式

理论上，创业者的退出方式也是投资机构的退出方式。此外，投资机构因其与创业者在利益上的不完全统一，还存在以下特殊的退出方式。

1. 股权回购

股权回购是指创业公司或创业者根据其与投资机构签署的投资协议，按照约定的条件、流程和价格向投资机构支付对价，获得投资机构所持创业公司的股权的行为。由于创业公司对回购主体的股权回购涉及公司减少注册资本，流程复杂且各股东往往难以达成一致意见，实际操作中，股权回购的回购主体一般是创业公司的创始人团队。

投资机构在创业公司发展得较好的时候，一般不会提出行使回购权；其提出行使回购权时，往往是创业公司陷入困境的时候，并且以创业公司现金流持续恶化为典型情境。对于创始人团队而言，股权回购往往是创业公司和个人的双重灾难，创业者个人往往已经以负债的方式尝试缓解创业公司现金流压力，因此基本已经失去支付回购款对价的能力。投资机构提出的股权回购，往往伴随着民事诉讼、资产查封和资金冻结等法律措施；创业公司和创业者为应对法律措施疲于奔命，往往导致创业公司进入清算程序，或者放弃继续经营而被吊销营业执照，变成僵尸企业，最后导致创业者个人成为失信被执行人。

股权回购基本上是双输的局面，投资机构在创业公司陷入困境之时，应当想方设法协助创业公司，通过资金绥困、寻找并购方等方式协助创业公司持续经营，渡过难关。

2. S 基金受让

S基金（Secondary Fund）是指专门从投资机构手中收购基金份额、投资组合或出资承诺的基金产品。S基金与传统私募股权投资基金的不同之处在于，传统私募股权投资基金直接收购企业股权，交易的对象是企业；而S基金是从投资机构手中收购企业股权或基金份额，交易对象为其他投资机构。一些专业的私募基金管理机构设立新基金，受让存续期即将到期的基金持有的创业公司股权，也起到了S基金的作用。

（1）S基金的作用

① 提供退出通道。有的股权投资基金年限长，基金份额持有人中途有流动性需求需要退出，可以协商作价将基金份额转让给S基金。

② 解决存续问题。股权投资基金的存续年限一般在7至10年,有的股权投资基金退出周期特别长,超过基金存续的年限,但是又不想基金低价变现,这时候可以转让给S基金专门设立的存续基金,不愿意退出的基金份额持有人可以把基金份额平移至存续基金。

（2）S基金在我国的发展

S基金在欧美市场萌芽于20世纪80年代,迄今发展已有40年,但在中国发展较晚。2017年起,我国创投界才开始兴起S基金概念。2020年12月,中国证监会批复同意在北京股权交易中心开展股权投资和创业投资份额转让试点,打通了创业投资通过S基金转让的退出渠道。2021年11月,中国证监会批复同意在上海区域性股权市场开展私募股权和创业投资份额转让试点。自此,S基金开始步入发展快车道,至2022年已经发展至千亿元规模,逐渐成为创业投资机构的重要退出方式之一。

表10-2所示为退出方式对比。从表10-2中可见,一般而言,创业者与投资机构都属于利益共同体,一荣俱荣、一损俱损,仅仅在股权回购方式之下,投资机构才单方受益。而投资机构行使回购权的前提是创业公司和创业者在与投资机构签署投资协议时,设置了回购条款,授予了投资机构要求回购的权利。因此,创业公司和创业者为使投资机构与创业项目深度捆绑,在是否设置回购条款以及如何设置回购触发条件时,应理性思考、谨慎行事。

表 10-2　退出方式对比

序号	方式	主动/被动/中性	创业公司是否存续	创业者/投资机构利益
1	股权转让	主动	是	视股权转让价格确定
2	吸收合并	主动	否	视公司整体作价价格确定
3	自行清算	主动	否	一般都受损
4	强制清算	被动	否	一般都受损
5	破产重整	被动	是	一般都受损
6	破产和解	中性	是	一般都受损
7	破产清算	被动	否	一般都受损
8	首发上市	主动	是	一般都受益,尤其创业者
9	股权回购	被动	是	创业者受损,投资机构受益
10	S基金受让	中性	是	创业者无影响,投资机构不确定

注:以上主动/被动/中性为创业者角度。

课堂阅读

ESG评价体系引导公司努力提升公司对环境、社会和公司治理的正向作用。

广义上来说,ESG也适用于个人。个人需要关注自身行为对环境(E)的影响,做到低碳生活、减少污染、保护环境;关注自身行为是否符合社会(S)伦理规范,做到尊老爱幼、爱岗敬业、与人为善;关注自身行为是否符合自我管理(G)标准,做到遵纪守法、坚持学习、持续精进。用ESG来引导个人行为,可以助力生态文明建设,推动个人、自然与社会的和谐发展。

本章习题

一、单选题

1. 从创业者个人角度，以下不属于创业活动的显性收益的是（　　）。

A. 精神收益　　　　　B. 货币收益　　　　　C. 声誉收益　　　　　D. 专业知识技术

2. 民营经济在市场主体数量中的比例不低于（　　）。

A. 60%　　　　　　　B. 70%　　　　　　　C. 80%　　　　　　　D. 90%

3. 我国首次发行股票并上市的改革方向是（　　）。

A. 注册制　　　　　　B. 核准制　　　　　　C. 审批制　　　　　　D. 审核制

4. 以下不属于创业退出方式的是（　　）。

A. 查封、冻结　　　　B. 破产清算　　　　　C. 股权回购　　　　　D. 首发上市

5. 当公司不能清偿到期债务，并且资产不足以清偿全部债务或者明显缺乏清偿能力时，债权人最可能申请（　　）。

A. 股权转让　　　　　B. 吸收合并　　　　　C. 首发上市　　　　　D. 破产清算

二、多选题

1. 以下属于公司和个人收益中的隐性收益的有（　　）。

A. 专业知识技能　　　B. 自我管理技能　　　C. 积极向上的创业氛围

D. 风险防控技能　　　E. 高新行业不断发展

2. 以下属于创业活动带给政府和社会的收益的有（　　）。

A. 就业岗位　　　　　B. 社会财富　　　　　C. 税收来源

D. 技术创新　　　　　E. 技术创新人才

3. 创业者可能需要理性放手、退出创业活动的情形包括（　　）。

A. 综合能力不足　　　B. 创业方向错误　　　C. 市场需求不足　　　D. 技术创新失败

4. 清算原因包括（　　）。

A. 公司章程规定的营业期限届满或者公司章程规定的其他解散事由出现

B. 经营严重困难，股东之间分歧严重，继续维持会使股东利益受到更大损失

C. 股东会决议解散

D. 公司因合并或者分立需要解散

E. 公司依法被吊销营业执照、登记证书，被责令关闭或者被撤销

5. 以下退出方式中，退出后创业公司将继续存续的有（　　）。

A. 股权转让　　　　　B. 破产重整　　　　　C. 破产和解

D. 破产清算　　　　　E. S基金受让

三、名词解释

1. 精神收益。2. 自我管理技能。3. 创业退出。4. 吸收合并。5. 股权回购。

四、简答及论述题

1. 通过创业，创业者可能获得哪些收益？

2. 我国民营经济所做出的直接贡献有哪些？

3. 请列举三个创业公司的退出原因。

4. 股权转让会受到哪些限制？

5. 简述公司清算的一般流程。

五、案例讨论

一个硅谷巨头的秘密与谎言

1984 年出生的伊丽莎白·安妮·霍姆斯（Elizabeth Anne Holmes）家境优越，母亲是美国国会工作人员，父亲曾在美国国际开发署、美国环境保护署工作。2004 年，霍姆斯从美国斯坦福大学辍学，创办了医疗技术公司 Theranos。

霍姆斯的创业目的是研发一种小型检测仪，只用一滴血就可以进行癌症、艾滋病、糖尿病等上百项不同的医学检测。Theranos 早期发展顺利，到 2010 年年底，该公司已获得累计超过 9 200 万美元的风险投资。Theranos 组建了一个阵容豪华的董事会，成员包括美国前国务卿亨利·基辛格（Henry Kissinger）和乔治·舒尔茨（George Shultz）、前国防部长威廉·佩里（William Perry）等人。霍姆斯刻意模仿苹果公司创始人乔布斯的风格，被称为女"乔布斯"。

Theranos 此后获得了数亿美元的风险投资，到 2015 年市值达到 90 亿美元，霍姆斯也被《时代》杂志评为"2015 年全球最具影响力人物"。

2015 年 10 月，《华尔街日报》记者约翰·卡雷鲁（John Carreyrou）经过详细、周密的调查后发布文章，直指 Theranos 涉嫌欺诈。根据调查，霍姆斯不但隐瞒了 Theranos 项目未能实现创业目的的事实，而且采用了欺诈手段，以维持其成功创业者的形象。

霍姆斯拉拢了诸多名人，持续获得融资，将获得的资金持续用于欺诈。霍姆斯买了"点胶机器人"进行了改装，把几乎毫无用处的原型机装扮成高科技产品，并取名为"爱迪生"。如果有投资人参观，霍姆斯会带着投资人体验整套血检服务，从投资人手指取一滴血放进仪器，然后带着投资人参观实验室和各种仪器；转一圈回来之后，血检结果就出来了。但实际情况是，霍姆斯在公司里建了两个实验室，一个是专门给投资人看的"诺曼底"，另一个是真正做检测的"侏罗纪"。"诺曼底"里面放着各种看起来很高端但没有实际用途的科学仪器。投资人在"诺曼底"抽完血后，工作人员偷偷把血样送到"侏罗纪"做检测。这个实验室里面的仪器都是从西门子等大型公司买来的。但"侏罗纪"实验室是秘密的，投资人和公众并不知道它的存在。

霍姆斯以这种手段欺骗了投资人和公众很多年，并在内部制定了严格的保密措施，直到东窗事发。

2016 年 6 月，福布斯网站将霍姆斯的身家从 2015 年的 45 亿美元下调至零。2018 年 3 月，霍姆斯被美国证券交易监督委员会指控"大规模诈骗"，涉案金额达 7 亿美元。2022 年 11 月 18 日，霍姆斯被判入狱 11 年 3 个月，赔偿 1.21 亿美元给投资者。

思考讨论题

1. 霍姆斯在这次创业中犯了什么错误？
2. 如何防止霍姆斯式的创业欺诈行为的发生？

第 11 章
创业风险防范

开篇引例

"风电第一股"
黯然退市

本章导读

　　创业风险是企业创业过程中失败或者亏损的风险。创业风险具有客观性、持续性和相对变化性，还具有可识别性、可预防性和可控制性。本章介绍了创业过程中经营管理风险和法律风险的一般内容和具体防范措施等。通过对本章的学习，读者可以全面地识别创业风险，掌握防范创业风险的具体方法。

知识结构图

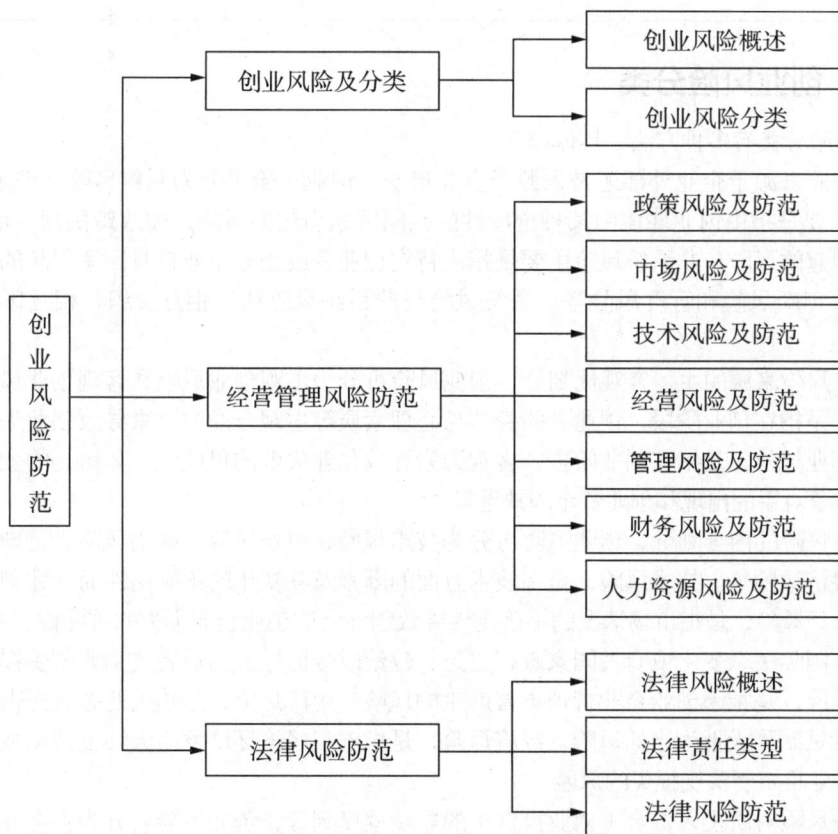

11.1 创业风险及分类

11.1.1 创业风险概述

创业风险是企业创业过程中失败或者亏损的风险，是指由于创业环境的不确定性，创业机会与创业企业的复杂性，以及创业者、创业团队和投资者能力的有限性而导致创业活动偏离预期目标的可能性。

创业风险具有客观性、持续性和相对变化性，同时还具有可识别性、可预防性和可控制性。创业风险与创业收益是对等的，创业者跨越创业风险的鸿沟后，可以获得与风险相匹配的收益。

阅读资料 11-1：

极低的创业成功率

2021 年，我国新增涉税市场主体 1 326 万户，存量市场主体总量超过 1.5 亿户。2021 年，我国 A 股新增上市公司 522 家，至年末 A 股上市公司总数量仅为 4 697 家；2021 年发生的并购案例数量为 12 790 例。如果以登陆资本市场和被并购为创业企业成功退出的标志，那么无论新增比例还是存量比例，创业成功率都不及万分之一。防范创业风险对创业企业和创业者而言，都是创业活动中极为重要的事情。

（数据来源：财政部、A 股上市公司公告）

11.1.2 创业风险分类

创业风险分类有多种方法，具体如下。

（1）按照来源于企业外部还是来源于企业自身，创业风险可分为系统风险与非系统风险。系统风险主要是指由创业环境中某种全局性的共同因素引起的风险，如政策法规、市场变化、市场竞争引起的风险；非系统风险主要是指由特定创业者或创业企业自身因素引起的风险，如决策风险、创新风险和管理风险等。系统风险与非系统风险往往相互交织、相互影响、共同作用。

（2）按风险来源的主、客观性划分，创业风险可分为主观创业风险和客观创业风险。主观创业风险，是指在创业阶段，创业者的身体与心理素质等主观方面的因素导致创业失败的可能性。客观创业风险，是指在创业阶段，客观因素导致创业失败的可能性，如市场的变动、政策的变化、竞争对手的出现和创业资金的缺乏等。

（3）按风险的内容划分，创业风险可分为技术风险、市场风险、政治风险、管理风险、生产风险和经济风险等。技术风险，是指技术方面的因素及其变化的不确定性而导致创业失败的可能性。市场风险，是指市场情况的不确定性导致创业者或创业企业损失的可能性。政治风险，是指战争、国际关系变化或有关国家政权更迭、政策改变而导致创业者或企业蒙受损失的可能性。管理风险，是指因创业企业管理不善产生的风险。生产风险，是指创业企业提供的产品或服务从小批试制到大批生产的风险。经济风险，是指宏观经济环境发生大幅度波动或调整而使创业者或创业投资者蒙受损失的风险。

（4）按风险对所投入资金（创业投资）的影响程度划分，创业风险可分为安全性风险、收益性风险和流动性风险。安全性风险，是指从创业投资的安全性角度来看，不仅预期实际收益有损失的可能，而且专业投资者与创业者自身投入的其他财产也可能蒙受损失，即投资方财产的安全存在危险。收益性风险，是指创业投资的投资方的资本和其他财产不会蒙受损失，但预期实际收益有损失的可能性。流动性风险，是指投资方的资本、其他财产以及预期实际收益不会蒙受损失，但资金有可能不能按期转移或支付，造成资金运营的停滞，使投资方蒙受损失的可能性。

本书主要采用创业风险的内容划分法，同时兼顾主、客观性划分法，考察创业者和创业企业是否因为合法性问题而需要额外承担违约、违法的责任，将法律风险单列出来，以便创业者理解具体风险内容、有效掌握基本防范措施。故而，本书将创业风险划分为经营管理风险和法律风险。

11.2 经营管理风险防范

本书所称的经营管理风险，是指不考虑创业者和创业企业的主观违约性和主观违法性所需要额外承担违约性和惩罚性法律责任的所有创业风险内容。参照我国上市申报企业在招股说明书中所列示的具体内容，本书将经营管理风险总结为政策风险、市场风险、技术风险、经营风险、管理风险、财务风险和人力资源风险七类。

11.2.1 政策风险及防范

创业企业的政策风险主要指由于国家宏观政策的变化或针对具体经济活动的调控而带来的市场需求、市场竞争及市场准入等方面的不确定变化。我国的市场经济制度正在完善之中，一些创新型的新经济可能会从鼓励创新逐步过渡到规范管理；同时，国家在不同时期也会根据宏观环境的变化而改变政策，出台反向性政策和突变性政策，故而与创业企业的经济利益发生冲突。

阅读资料 11-2：

新能源汽车的补贴力度

2010 年，新能源汽车被我国列为七大战略性新兴产业之一。同年 7 月，财政部等四部门联合出台《关于开展私人购买新能源汽车补贴试点的通知》，确定在上海、长春、深圳、杭州、合肥 5 个城市启动私人购买新能源汽车补贴试点工作，标志着我国走上"真金白银"补贴新能源汽车产业发展的探索之路。

2011 年，地方政府相继出台新能源汽车补贴政策。2012 年 6 月，国务院印发《节能与新能源汽车产业发展规划（2012—2020 年）》，明确加大财税政策支持力度。中央财政安排资金，对实施节能与新能源汽车技术创新工程给予适当支持；对公共服务领域示范、私人购买试点给予补贴；示范城市安排一定资金，重点用于支持充电设施建设、建立电池梯级利用和回收体系等。

2014 年是我国新能源汽车发展史上极为关键的一年。国家首次提出"发展新能源汽车是迈向汽车强国的必由之路"。2014 年 7 月，国务院发布《关于加快新能源汽车推广应用的指导意见》，明确给予新能源汽车税收优惠，即免征车辆购置税。同时，还提出了"加快充电设施建设""坚决破除地方保护"等建设性意见。在中央、地方两级政府的大力推动下，2014 年各类新能源汽车销量约 8 万辆，几乎是 2013 年的 4 倍。

随后，新能源汽车推广取得突飞猛进的发展，2015 年销量跃升至 37.9 万辆，2016 年生产 51.7 万辆。但这一期间，出现了个别新能源汽车生产企业意图骗取国家财政补贴的恶劣现象，财政部与工业和信息化部迅速作出部署，通报专项检查结果，个别企业被取消整车生产资质。

2017 年，国家开始提高推荐车型目录门槛并动态调整，2017—2018 年补贴标准在 2016 年基础上降低 20%，2019—2020 年补贴标准在 2016 年基础上降低 40%。2020 年后，补贴政策被完全撤销。

从市场销量来看，2017 年我国新能源汽车销量达到 77.7 万辆，2018 年销量达到 125.6 万辆，2019 年销量达到 120.6 万辆。其中，2019 年补贴力度小，导致市场不如预期。

防范政策风险可采用"分析、预测、调整"3 步走策略。第 1 步是谨慎分析国家政策；第 2 步是根据境内外先进国家和地区的发展经验及我国的国情，正确预测政策走向；第 3 步是在经营管理中，根据预测提前调整策略，正确应对，规避或尽可能降低政策风险对创业企业的影响。

创业者可以重点关注我国国家发展和改革委员会制定和发布的《产业结构调整指导目录》。该目录将产业分为鼓励类、限制类和淘汰类 3 个类别。鼓励类主要是对经济社会发展有重要促进作用，有利于满足人民美好生活需要和推动高质量发展的技术、装备、产品、行业。限制类主要是工艺技术落后，不符合行业准入条件和有关规定，禁止新建扩建和需要督促改造的生产能力、工艺技术、装备及产品。淘汰类主要是不符合有关法律法规规定，不具备安全生产条件，严重浪费资源、污染环境，需要淘汰的落后工艺、技术、装备及产品。不属于鼓励类、限制类和淘汰类，且符合国家有关法律、法规和政策规定的，为允许类。允许类不列入该目录。创业者选择行业时，应该选择鼓励类或者允许类，避免选择限制类和淘汰类。

11.2.2　市场风险及防范

市场风险主要是指创业企业在经济活动中所面临的经营亏损和盈利不确定的可能性。市场风险根据表现形式不同，可分为一般风险和具体风险。一般风险包括宏观经济波动风险、行业周期风险、市场竞争风险、贸易摩擦风险及特殊风险；具体风险包括产品或服务进入市场的风险、市场接受时间和接受程度的风险，以及竞争激烈程度不确定性的风险等。

防范市场风险可采用以下措施。

（1）慎重选择创业项目。可以选择一个行业景气度刚好处于上升阶段早期的项目。因为行业还不景气时，过早创业容易失败；而行业景气度达到顶峰时，将面临白热化竞争，并且整个行业可能掉头下行。

（2）保持持续创新。即便是传统行业，也要持续进行微创新，形成独特产品力和品牌力。

（3）在做好主打产品时，着力品牌下沉或品牌上行，开发推动企业第二曲线发展的产品。

（4）关注宏观经济运行状况，提高市场敏感度，在进行企业变革和重大投入时，顺应行业周期和抓住市场脉搏。

（5）保持定力，保持专注，对于确定有市场前景的产品或服务，不受一时的困难和波动的影响。

11.2.3　技术风险及防范

技术风险主要是指由产品或服务的核心技术引发的一系列风险，包括技术研发风险和技术管理风险。技术研发风险包括技术迭代创新风险、技术和产品被替代风险等；技术管理风险包括技术泄密风险、知识产权侵权风险等。

1. 预防技术研发风险

预防技术研发风险可以采取以下措施。

（1）加强对技术创新方案的可行性论证，减少技术方向选择与技术开发投入的盲目性。

（2）实施领先策略，即在战略上领先竞争对手，持续保持技术创新核心优势。

（3）进行梯次布局，即技术上保持三至四个梯次规划，比如商用一代、储备一代、在研一代、前瞻一代。

2. 预防技术管理风险

预防技术管理风险可以采取以下措施。

（1）积极布局知识产权，申报国内专利和国际专利；对于一些不太方便公开的内容，可列为专有技术作为商业秘密保护起来。

（2）制定完善的保密制度并严格执行，防止技术泄密；规范研发资料管理，防止职务发明变成员工个人发明。

（3）确定互惠互利的开放型专利策略，对难以逾越的技术障碍和自研收益比不高的知识产权，以支付费用、获得授权的方式与其他方合作。

11.2.4　经营风险及防范

经营风险主要是指创业企业在生产经营过程中，供、产、销等各个环节不确定性因素所导致的企业价值下降的可能性。在供应链方面，创业企业面临供应商风险，如供应商集中度高、不具备可持续性、原材料价格波动风险等；在销售方面，创业企业面临客户不够分散、复购率低、销售模式（如代销）风险等；在生产方面，创业企业面临安全生产、产品质量和技术商业化不及预期等风险。

防范经营风险可采用以下措施。

（1）做好资信调查，详尽考察潜在合作伙伴的持续经营能力和履约能力，择优合作。

（2）建立合作生态，无论是与供应商还是与客户，均以相互成就的理念开展商业活动；建立互补、互信、互惠和互利的长期合作。

（3）明确法律关系，做好合同管理和履约过程管理，让商业活动在合同约定的框架内获得法律保护。

（4）居安思危，制定突发事件的备选方案。特别是在供应链方面，在与主要供应商（一供）保持良好合作关系的同时，做好备选供应商（二供、三供）的筛选与接洽工作。

（5）对于紧密型、法人型联营业务的开展需慎之又慎，确实有必要的才开展，并要事先签订合作协议，明确约定各自的权利、义务以及对外需要承担的法律责任。

11.2.5　管理风险及防范

管理风险主要是指在创业过程中，经营管理者管理不善或管理冲突而导致创业失败的可能性。管理风险主要来源于股东结构风险、实际控制人控制不当风险、管理难度逐步提高风险和决策风险等。

防范管理风险可采用以下措施。

（1）在股权设置上，突出实际控制人的控制地位，避免设置可能导致控制权之争的股权结构。

（2）在股东结构上，除非规模企业所倡导的内部创业外，应当突出实际经营管理者的股权比例，使得实际经营管理者取得控制权。

（3）在创业者素质上，创业者与核心管理团队应当保持学习，使得专业知识和领导能力等持续精进，具备带领企业在复杂的市场环境中持续向前的综合能力。

（4）在组织架构上，应当完善企业内部组织机构，确立股东会、董事会、监事会、高级管理人员和各内设部门之间机构完善、分工明确、相互监管和相互配合的组织架构。

（5）在重大决策上，管理者不可盲目自信、武断专行，也不可优柔寡断，而应当尊重专业、尊重市场、尊重科学、尊重规律，实行民主决策与集权管理的统一，以商业原则为优先原则，理性做出决策。

11.2.6　财务风险及防范

财务风险主要是指创业企业偿债能力、盈利能力和营运能力不足而导致企业陷入经营危机或面临持续经营风险的可能性。衡量偿债能力的财务指标包括资产负债率、流动比率、速动比率、现金比率等；衡量盈利能力的财务指标包括销售毛利率、销售净利率、盈余现金保障倍数、总资产收益率、净资产收益率和资本收益率等；衡量营运能力的财务指标包括存货周转率、应收账款周转率、营业周期、流动资产周转率和总资产周转率等。创业企业将面对应收账款回收困难、毛利率波动、存货减值、汇率波动、政府补贴与税收优惠变动等具体风险。

防范财务风险可以采取以下措施。

（1）在偿债能力方面，做好投入产出的总体预测和阶段预测，认真筹划每一轮次的融资估值与融资金额，保持合理的负债比率，提升偿债能力，维持企业的持续运营。

（2）在盈利能力方面，对产品或服务进行周密的市场调研，在市场调研的基础上进行合理定价，既要保证在同类产品或服务中的价格竞争力，也要保证能使企业生存下去的必要的毛利率；同时通过各种销售策略加速提高销售额，以规模换效益，降低边际成本，不断提升净利率。

（3）在营运能力方面，制定合适的信用策略，以快速销售、快速回款为手段，提高营运效率；同时注重原材料、半成品的存货管理，可利用长期合同或金融工具防范价格波动和汇率波动。

创业企业不但要密切关注代表偿债能力的资产负债表、代表盈利能力的利润表和代表营运能力的现金流量表等三张财务报表的具体数据，还要动态分析数据的趋势以及报表背后的具体业务逻辑，并进行适当的经营管理策略调整。

11.2.7　人力资源风险及防范

人力资源风险主要是指创业者、创业团队成员和企业其他重要员工对创业企业经营发展产生负面影响或导致创业企业偏离经营目标的潜在可能性，包括核心技术人员和管理人员流失风险、专业人才需求持续增长而招聘不足的风险等。人力资源风险主要由两个原因造成：一是核心员工的离职流动；二是虽然没有发生核心员工离职流动，但员工内部不合作、不协调，甚至违反忠信勤勉的基本职业道德，做出损公肥私、吃里爬外，为竞争对手输送商业秘密和商业利益的行为。

防范人力资源风险可采取以下措施。

（1）经常强调创业初衷和企业愿景，使得企业全体员工保持同一个目标。

（2）在搭建管理架构和招聘重要岗位时，重视角色的能力互补与合理配置，亦重视人员的诚信和品格。

（3）制定适合企业特征的规章制度，如竞业限制制度和保密制度，并在日常管理中有效执行。

（4）尊重人性和个体需求差异，对不同层次的重要员工实施差别化的激励措施。对于高层以长效的股权激励为主、短效的现金激励为辅；对于重要中层采用股权激励和现金激励并重的激励措施；对于一般员工奖罚分明，以现金激励为重，进行当下激励。

11.3　法律风险防范

　　企业因为法律因素，或者非法律因素以及由于企业在经营管理时缺乏法律依据而给企业带来各种法律后果都是法律风险。风险一旦发生，企业就要承担相应的法律责任，并可能因此产生巨大损失。

11.3.1　法律风险概述

　　企业法律风险是指基于法律规定或合同约定，由于企业外部的法律环境发生变化，或由于企业自身或其他当事人等法律主体，做出了某种行为或没做出某种行为，而给企业带来负面法律后果的可能性。

　　1. 法律风险的特征

　　企业法律风险具有以下特征。

　　（1）发生的有因性。企业法律风险的发生与法律规定或者合同约定有关，这是企业法律风险有别于经营风险的根本特征。这种关联性可以表现为作为，比如售卖不合格产品导致消费者人身安全受到损害的侵权责任；也可以表现为不作为，比如怠于履行合同约定的交付义务导致的违约责任。

　　（2）结果的强制性。企业违反法律规定或者合同约定，侵害了其他企业、单位或者个人的合法权益，需要承担相应的民事责任、行政责任甚至刑事责任等法律责任。法律责任具有强制性，企业和相关个人必须接受。

　　（3）领域的广泛性。企业的所有经营活动都是在法律制度之下开展的，企业法律风险存在于企业从设立到终止的全生命周期中的所有生产、经营和管理活动之中。

　　（4）可预见性和可预防性。企业法律风险是基于法律规定或合同约定而产生的，因此是可以预见的；企业规范自己的行为，使之符合法律规定与合同约定，可以避免法律风险的发生，因此企业法律风险是可以预防的。

　　2. 法律风险的分类

　　法律风险按照不同标准有多种分类方式。

　　（1）按照责任主体的分类。按照承担责任主体，企业法律风险可以分为企业风险和个人风险。由企业自身承担法律责任的，为企业风险；由企业员工承担法律责任的，为个人风险。在某些情况下，企业和员工都需承担法律责任，比如单位犯罪。

阅读资料 11-3：

单位犯罪

　　刑法不仅将自然人规定为行为主体，而且将单位规定为部分犯罪的行为主体。由单位作为行为主体所实施的犯罪，称为单位犯罪。一般来说，单位犯罪，是指公司、企业、事业单位、机关、团体为本单位谋取非法利益或者以单位名义为本单位全体成员或多数成员谋取非法利益，由单位的决策机构按照单位的决策程序决定，由直接责任人员具体实施，且刑法明文规定单位应受刑罚处罚的犯罪。

　　对于单位犯罪，除了处罚单位外，还要对单位直接负责的主管人员和其他直接责任人员定罪量刑，此即双罚制或两罚制。《中华人民共和国刑法》第三十一条前段规定："单位犯罪的，对单位判处罚金，并对其直接负责的主管人员和其他直接责任人员判处刑罚。"其中分为两种情况。

① 对单位判处罚金，对直接负责的主管人员和其他直接责任人员规定的法定刑，与自然人犯罪的法定刑相同（参见《中华人民共和国刑法》第一百五十条）；

② 对单位判处罚金，但对直接负责的主管人员和其他直接责任人员规定了较自然人犯罪轻的法定刑（如《中华人民共和国刑法》第三百八十七条"单位受贿罪"）。

（资料来源：中国法学会"法治百科"）

（2）按照责任来源的分类。按照责任来源不同，企业法律风险可以分为民事风险、行政风险和刑事风险。发生在平等民事主体之间，需要承担民事法律责任的为民事风险；由行政管理机构做出，企业作为行政管理相对人需要承担行政责任的为行政风险；被司法机关追诉、由司法机关判决，需要承担刑事责任的为刑事风险。

① 创业企业民事风险是指发生在创业企业与平等民事主体之间，由于创业企业的某种行为或者不作为，根据法律规定或合同约定，可能需要承担民事责任的风险。创业企业的民事风险主要包括侵权风险与违约风险。

② 创业企业行政风险是指创业企业违反行政法律、法规、规章和其他规范性文件而面临行政处罚的风险。

③ 创业企业刑事风险是指创业企业因违反《中华人民共和国刑法》规定而面临被追究刑事责任的风险。《中华人民共和国刑法》规定：公司、企业、事业单位、机关、团体实施的危害社会的行为，法律规定为单位犯罪的，应当负刑事责任；单位犯罪的，对单位判处罚金，并对其直接负责的主管人员或其他直接责任人员判处刑罚。

11.3.2 法律责任类型

企业的法律责任是指企业作为具备独立法人资格的主体在法律上所承担的民事责任、行政责任和刑事责任。

1. 民事责任

民事责任是指民事主体因违反合同、不履行民事义务，或侵害国家的、集体的财产，或侵害他人的财产权利、人身权利所依法应当承担的民事法律责任。承担民事责任的方式主要有：（1）停止侵害；（2）排除妨碍；（3）消除危险；（4）返还财产；（5）恢复原状；（6）修理、重作、更换；（7）继续履行；（8）赔偿损失；（9）支付违约金；（10）消除影响、恢复名誉；（11）赔礼道歉；等等。

创业企业常见民事责任如表11-1所示。

表 11-1 创业企业常见民事责任

违法性	行为举例	主要民事责任
违约	违反合同约定不履行义务，或者履行义务不符合合同约定	继续履行；赔偿损失；支付违约金；修理、重作、更换
侵权	经营场所安全保障责任	停止侵害；排除妨碍；消除危险；赔偿损失
	产品存在缺陷的产品责任	停止侵害；消除危险；赔偿损失；惩罚性赔偿（故意且造成他人死亡或者健康严重损害）
	环境污染和生态破坏责任	停止侵害；排除妨碍；消除危险；赔偿损失；惩罚性赔偿（故意）
	侵害他人知识产权责任	停止侵害；赔偿损失；惩罚性赔偿（故意）
	高度危险作业责任	停止侵害；排除妨碍；消除危险；赔偿损失
	侵犯企业个人信息责任	停止侵害；赔偿损失；消除影响、恢复名誉；赔礼道歉

除创业企业在违约和侵权时需要承担民事责任外，创业企业员工也存在需要承担民事责任的情况，主要有以下两点。

（1）一般责任。员工因执行工作任务造成他人损害的，由用人单位承担侵权责任。用人单位承担侵权责任后，可以向有故意或者重大过失的员工追偿。

（2）董监高责任。董事、监事和高级管理人员应当遵守法律、行政法规和公司章程，对公司负有忠实义务和勤勉义务。董事、监事和高级管理人员执行公司职务时违反法律、行政法规或者公司章程的规定，给公司造成损失的，应当承担赔偿责任。

阅读资料 11-4：

Roadstar 创始人承担巨额经济责任

2017 年 3 月，深圳星行科技有限公司（以下简称"Roadstar"）成立，创始人是 3 名年轻人。创始人 A 本科毕业于哈尔滨工业大学，美国弗吉尼亚大学博士，曾在英伟达、苹果和百度硅谷任职；创始人 B 本科毕业于清华大学，美国斯坦福大学博士，有谷歌、特斯拉和百度工作经验；创始人 C 本科毕业于清华大学基础科学班，美国得克萨斯大学达拉斯分校博士，曾在百度美国研究院担任自动驾驶事业部感知融合负责人。3 人出色的履历吸引了多家知名投资机构。在 2018 年 5 月完成的 A 轮融资中，Roadstar 融资过亿美元，公司估值达 9 亿美元，是当时自动驾驶领域估值最高的初创公司之一。

然而，3 名创始人虽然都是技术人才，科学才能优异，但缺乏经营管理公司的才能。3 人互相斗气，为争夺管理权展开了激烈的内部斗争。创始人 A 因财务管理不善被免掉总裁职位，由创始人 B 接任；创始人 B 与创始人 C 之间又产生了激烈矛盾，后创始人 A 和创始人 B 联手"开除"首席技术官创始人 C。不仅如此，3 人对商业规则不够重视，未重视投资协议条款。这主要体现为两点：一是报销费用不规范，仲裁结果显示有数百万元的费用实际为个人与工作无关的费用；二是违反投资协议，时任总裁的创始人 A 和财务总监将投资款用于购买信托产品和理财产品。而投资协议禁止购买信托产品和理财产品，违反该条款将触发回购，且创始人需承担连带责任。在此期间，投资者为防止资产流失，要求控制公司公章和网银 U 盾，结果掌握公司印章的创始人 A 阵营与站在投资者阵营的创始人 C 之间发生了争夺公章事件。

投资机构与创始团队经过多轮次的沟通、调解和谈判，均未解决问题。投资机构最后彻底失望，按照投资协议要求 Roadstar 和创始人回购公司股份，并诉诸仲裁。深圳国际仲裁院裁决解除投资协议和合营企业合同，Roadstar 向 14 家投资机构返还投资价款，承担利息损失和律师费用，3 名创始人按照创始人赔偿限制的约定，承担连带责任。

案件进入执行程序，上述款项合计达人民币 67 788.192 万元。由于投资机构及时冻结了部分款项，大部分款项得到了偿还，但仍有约 9 576 万元尚未得到履行，创始人 A、创始人 B 和创始人 C 因此一度被列为限制高消费人员，不得有住星级宾馆、置业、旅游、度假以及乘坐飞机、G 字头动车等消费行为。

（资料来源：中国裁判文书网、天眼查等）

---

2. 行政责任

行政责任包括行政主体的责任、行政人员的责任和行政管理相对人的责任。创业企业属于行政管理相对人，故而此处的行政责任是指创业企业违反行政监管法律法规所需要承担的行政处罚责任。行政处罚包括：（1）警告、通报批评；（2）罚款、没收违法所得、没收非法财物；（3）暂扣许可证件、降低资质等级、吊销许可证件；（4）限制开展生产经营活动、责令停产停业、责令关闭、限制从业；（5）行政拘留；（6）法律、行政法规规定的其他行政处罚。

警告、罚款、没收违法所得、责令停产停业，将影响企业的营收、利润和声誉；暂扣或者吊销许可证将影响企业的持续经营，事关企业的生死。罚款对企业的影响也非同小可。2015年2月，美国高通公司被我国国家发展和改革委员会判定滥用市场支配地位，违反了《中华人民共和国反垄断法》，处以60.88亿元的罚款。2017年3月，律师出身的自然人鲜某因操纵市场被中国证监会处以合计罚没34.7亿元的行政处罚；同时，鲜某也被罚终身禁入证券市场。

创业企业常见行政责任行为举例如表11-2所示。

表11-2　创业企业常见行政责任行为举例

主要行政责任	行为举例
警告	用人单位制定的劳动规章制度违反法律、法规规定的，应给予警告，并责令限期改正
罚款	纳税人偷税的，由税务机关追缴其不缴或者少缴的税款、滞纳金，并处不缴或者少缴的税款百分之五十以上五倍以下的罚款；构成犯罪的，依法追究刑事责任
没收违法所得、没收非法财物	承担资产评估、验资或者验证的机构提供虚假材料的，由公司登记机关没收违法所得，处以违法所得一倍以上五倍以下的罚款，并可以由有关主管部门依法责令该机构停业、吊销直接责任人员的资格证书，吊销营业执照
责令停产停业	企业事业单位和其他生产经营者超过污染物排放标准或者超过重点污染物排放总量控制指标排放污染物的，县级以上人民政府环境保护主管部门可以责令其采取限制生产、停产整治等措施；情节严重的，报经有批准权的人民政府批准，责令停业、关闭
暂扣或者吊销许可证、暂扣或者吊销执照	承担资产评估、验资或者验证的机构提供虚假材料的，由公司登记机关没收违法所得，处以违法所得一倍以上五倍以下的罚款，并可以由有关主管部门依法责令该机构停业、吊销直接责任人员的资格证书，吊销营业执照；对提交虚假材料或者采取其他欺诈手段隐瞒重要事实的公司，处以五万元以上五十万元以下的罚款；情节严重的，撤销公司登记或者吊销营业执照
行政拘留	违反国家规定，制造、买卖、储存、运输、邮寄、携带、使用、提供、处置爆炸性、放射性、腐蚀性物质或者传染病病原体等危险物质的，处十日以上十五日以下拘留；情节较轻的，处五日以上十日以下拘留

创业企业被行政处罚，除法律法规载明的影响外，还会对企业的声誉、形象、核心竞争力造成负面影响。如果行政处罚过多、过重，或被列入经营异常名录或者严重违法企业名单，在项目招投标、银行贷款、政府采购、国有土地出让、授予企业荣誉称号等方面都可能受到限制或被禁止。

阅读资料 11-5：

钟薛高连续两次被行政处罚

钟薛高食品（上海）有限公司（以下简称"钟薛高"）于2018年3月成立，是一家新崛起的中式雪糕品牌，其以标志性专利瓦片外形雪糕切入，迅速在冰品市场站稳了脚跟。年轻消费者常将其与哈根达斯雪糕对比。2018年成立至今，钟薛高获得多家知名投资机构的多轮投资，现已发展成为有一定影响力的本土雪糕品牌。

在发展早期，钟薛高曾经有过虚假宣传。2018年9月，钟薛高宣传酿红提雪糕"只选用吐鲁番盆地核心葡萄种植区特级红提"，但事实上其红葡萄干的等级为散装／一级；

其宣传老树北抹茶雪糕"只选用日本薮北茶，纯属手工研磨"，但事实上其抹茶粉采用了鸠坑、龙井、薮北等多种品牌的茶叶；等等。为此，上海市黄浦区市场监督管理局对其进行了罚款，并要求其改正。

钟薛高没有深刻吸取教训。2019 年 3 月，钟薛高在天猫页面的产品描述中，混淆了特牛乳（配方不加水）和轻牛乳（配方含水）两款产品的描述，再次误导消费者。对此，上海市嘉定区市场监督管理局指出了其错误并进行了相应的行政处罚。钟薛高在收到处罚通知后，缴纳罚款并马上做出了整改。

事过两年后，2021 年 6 月，钟薛高两次因为虚假宣传被行政处罚的事件在社交平台上再次引发讨论，其品牌形象受到影响。对此，钟薛高发布了长长的道歉信，称"过去犯的错虽然可以改正，但无法抹去。曾经在创业初期受到的两次行政处罚，如同警钟，不断提醒我们要更谨慎、更准确、更负责任地与用户沟通"。

（资料来源：国家企业信用信息公示系统、天眼查、钟薛高官网）

3. 刑事责任

刑事责任包括主刑和附加刑两种刑事责任。主刑包括：（1）管制；（2）拘役；（3）有期徒刑；（4）无期徒刑；（5）死刑。主刑是对犯罪主体适用的主要刑罚，它只能独立适用，不能附加适用。附加刑包括：（1）罚金；（2）剥夺政治权利；（3）没收财产；（4）驱逐出境。其中驱逐出境仅适用于外国人。附加刑既可以独立适用又可以附加适用。

创业企业单位犯罪高发于贪污贿赂领域，特别是单位行贿罪，此外还高发于破坏社会主义市场经济秩序领域，包括：（1）涉及产品的生产、销售伪劣商品罪等；（2）涉及金融管理秩序的高利转贷罪、非法吸收公众存款罪、伪造变造金融票证罪等；（3）涉及知识产权的假冒注册商标罪、侵犯著作权罪、侵犯商业秘密罪等；（4）涉及税收征管的虚开增值税专用发票或者用于骗取出口退税、抵扣税款的其他发票罪、逃税罪等；（5）涉及市场秩序的损害商业信誉、商品声誉罪，非法经营罪等。

创业者也容易因为物质欲望、权力欲望或管理失当等因素触犯刑事法律，以至于身陷囹圄。

创业者常见刑事责任如表 11-3 所示。

表 11-3　创业者常见刑事责任

序号	主要表现	罪名	刑事责任
1	公司、企业或者其他单位的人员，利用职务上的便利，将本单位财物非法占为己有，数额较大	职务侵占罪	视数额大小，可处拘役、有期徒刑、无期徒刑，并处罚金
2	公司、企业或者其他单位的工作人员，利用职务上的便利，挪用本单位资金归个人使用或者借贷给他人，数额较大、超过 3 个月未还，或者虽未超过 3 个月，但数额较大、进行营利活动，或者进行非法活动	挪用资金罪	视数额大小，可处拘役、有期徒刑
3	为谋取不正当利益，给予国家工作人员以财物；在经济往来中，违反国家规定，给予国家工作人员以财物、回扣、手续费	行贿罪	视情节严重程度，可处拘役、有期徒刑、无期徒刑，并处罚金或没收财产
4	公司、企业或者其他单位的工作人员利用职务上的便利，索取他人财物或者非法收受他人财物，为他人谋取利益，数额较大	非国家工作人员受贿罪	视数额大小，可处拘役、有期徒刑、无期徒刑，并处罚金

续表

序号	主要表现	罪名	刑事责任
5	在生产、作业中违反有关安全管理的规定，因而发生重大伤亡事故或者造成其他严重后果的行为	重大责任事故罪	视情节恶劣程度，可处拘役、7年以下有期徒刑
6	安全生产设施或者安全生产条件不符合国家规定，因而发生重大伤亡事故或者造成其他严重后果	重大劳动安全事故罪	视情节恶劣程度，可处拘役、7年以下有期徒刑

（扫描以下二维码，查阅创业活动中"两罚制"常见刑事责任。二维码表格中的犯罪如果被认定为单位犯罪，既处罚单位，也处罚自然人）

扫码阅读

创业活动中
"两罚制"常
见刑事责任

单位犯罪不容小觑，罚金金额也可能不低。2014年9月，葛兰史素克（中国）投资有限公司被长沙市中级人民法院认定构成单位行贿罪，判处罚金30亿元人民币。

首发股票并上市的审核机构对单位犯罪几乎是零容忍。《首次公开发行股票并上市管理办法》第二十五条规定，发行人不得有"涉嫌犯罪被司法机关立案侦查，尚未有明确结论意见"的情形。创业企业若构成单位犯罪，其资本化进程将受到严重影响。

阅读资料 11-6：

雀巢"合规抗辩"不构成单位犯罪

2011年至2013年9月，雀巢（中国）投资有限公司（以下简称"雀巢公司"）西北区婴儿营养部市场经理郑某和兰州分公司婴儿营养部甘肃区域经理杨某，为了抢占市场份额、推销雀巢奶粉，授意4名员工通过拉关系、支付好处费等手段，多次从兰州市多家医院医务人员处非法获得孕产妇的姓名、手机号等个人信息超12万条。

6名雀巢公司员工均犯侵犯公民个人信息罪，被追究刑事责任。其中郑某被判处有期徒刑1年6个月，缓刑2年，罚金4 000元；杨某被判处有期徒刑1年6个月，缓刑2年，罚金4 000元。其后，6人上诉，辩解其行为系受雀巢公司安排的行为，系单位犯罪，以期减轻个人刑事责任。

雀巢公司不认同员工自辩的"单位犯罪"。雀巢公司的辩解理由为：（1）雀巢公司已经建立了较为完善的合规制度，不允许员工以推销0～12个月月龄的婴儿配方奶粉为目的，直接或间接地与孕产妇、哺乳妈妈或公众接触；（2）不允许员工未经正当程序及公司批准而主动收集公民个人信息；（3）上述内容已经载入员工培训教材，并对员工进行了培训和相关测试，员工已经知悉相关内容。因此，员工通过非法手段获取孕产妇的姓名、手机号等个人信息是其个人行为，不是单位行为。

通过上述辩解和举证，雀巢公司有效地与员工个人行为进行了切割，并得到了终审法院的认可。2017年5月31日，兰州市中级人民法院经过不开庭审理后认为："单位犯罪是为本单位谋取非法利益之目的，在客观上实施了由本单位集体决定或者由负责人决定的行为。雀巢公司手册、员工行为规范等证据证实，雀巢公司禁止员工从事侵犯公民个人信息的违法犯罪行为，各上诉人违反公司管理规定，为提升个人业绩而实施的犯罪为个人行为。"兰州市中级人民法院驳回了郑某、杨某等人的上诉，维持原判。

（资料来源：中国裁判文书网）

11.3.3　法律风险防范

创业企业面临的法律风险种类繁多，贯穿企业从设立到终止全生命周期，包括但不限于投融资法律风险、合同行为法律风险、知识产权法律风险、人力资源法律风险等民事法律风险，税收、消防、环保、海关、网络安全与数据合规等行政监管的行政法律风险，以及作为单位的企业和作为个人的董事、监事和高级管理人员等员工的刑事法律风险等。

创业企业防范法律风险是一项系统工程，需要从意识、认知、制度、流程和日常行为等方面全面完善并具体落实。创业企业需要自上而下地认识到"事前预防是关键、事中控制是重点、事后补救是辅助"，树立"要想防控法律风险，关键在于事先预防"的理念，并采取切实有效的具体措施。

阅读资料 11-7：

企业生命周期理论

企业生命周期理论是指企业的发展与成长的动态轨迹，包括发展、成长、成熟、衰退四个阶段。经历这四个阶段后，企业通常会面临消亡、稳定以及转向 3 种结局。企业生命周期理论的研究目的在于试图为企业找到能够与其特点相适应、相对较优的模式来保持企业的发展能力。

企业生命周期理论由美国最有影响力的管理学家之一、美国加州大学洛杉矶分校教授伊查克·爱迪思（Ichak Adizes）创立。伊查克·爱迪思用 20 多年的时间研究企业如何发展、老化和衰亡，撰写了《企业生命周期》一书，把企业生命周期分为 10 个阶段，即：孕育期、婴儿期、学步期、青春期、壮年期前期、壮年期后期（稳定期）、贵族期、官僚初期、官僚期、死亡期，如图 11-1 所示。

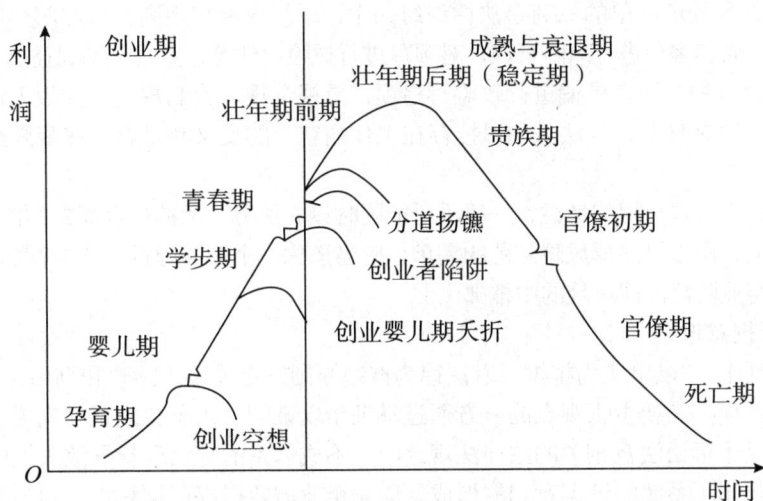

图 11-1　企业生命周期

> 爱迪思准确生动地概括了企业不同阶段的特征，并提出了相应的对策，揭示了企业生命周期的基本规律，也揭示了企业生存过程中基本发展与制约的关系。

1. 树立合规意识

企业合规是指企业行为符合法律法规、内部规章制度和商业道德的要求。合规管理是指企业通过制定合规管理制度，按照法律、法规、规章和其他规范性文件以及行业标准和通行标准的要求，统一制定并持续修改内部规范，监督内部规范的执行，以实现增强内部控制，对违规行为进行持续监测、识别和预警，防范、控制和化解合规风险的一整套管理活动和机制。有效的合规管理有助于企业应对不确定性、风险和机会，有助于保护和增加股东价值，降低经济损失和声誉损失的可能性。

按照对合规风险管理范围大小的不同，合规可以分为小合规与大合规。小合规一般是指企业内部具体合规制度和规范化制度的制定、实施和监督，以及对企业内部的举报的处理。小合规是内向性的，主要涉及反商业贿赂、反垄断、反不正当竞争和劳动争议等，范围较为狭窄。大合规泛指与企业生产运营相关的业务、财务、行政管理和人力资源管理等全方位的合规风险管理。大合规不仅针对企业内部具体合规制度和规范化制度，还包括所有适用的法律法规（包括外国法律法规）、国际准则、行业规范和职业道德要求等。

创业企业需要从创始团队层面树立大合规的强烈意识，通过企业的规章制度和日常经营管理，把"合规在当下"的意识传达给全体员工。

2. 完善规章制度

企业规章制度是企业用于规范全体成员及企业所有经济活动的标准和规定，它是企业内部经济责任制的具体化。企业规章制度对本企业具有普遍性和强制性，所有员工、部门都必须遵守。企业规章制度涉及企业经营和管理的所有方面，包括经营管理制度、组织机构管理制度、财务管理制度、会计管理制度、人事管理制度、生产管理制度、设备管理制度、质量管理制度、采购管理制度、销售管理制度、知识产权管理制度及员工手册等。

创业企业需要根据企业发展状况，在合规意识的指导下，不断建立和完善企业规章制度，使企业规章制度合法合规、内容完备，并具备逻辑性和可执行性。

3. 搭建专业部门

法务部门、风控部门与合规部门是大型企业的标准配置。法务部门偏重法律事务，以审核日常法律文件和处理简单的民商事法律纠纷为主，重视权利和规则；风控部门偏重于业务层面，包括对供应商和客户进行风险管理、对项目进行风险评估等，重视预期利益的安全取得；合规部门更为综合，相对而言更偏重行政监管事项，重视合规风险的规避。合规工作需要落实到企业运营的各个具体环节，与法务和风控存在工作内容上的交叉和融合，在规则适用上具有共适性。

创业企业出于成本负担的考虑，一般不可能同时设立法务、风控与合规3个部门。但是，在组织管理架构上，出于对法律风险防范的需求，应当搭建一个能够履行上述3个部门职责的专业部门，以作为企业防范法律风险的中枢部门。

4. 提高证据意识

在司法活动中，"以事实为根据、以法律为准绳原则"是民事、行政和刑事3大诉讼法的基本原则之一，而事实需要主张观点的一方通过举证予以证明。由于我国目前尚无证据法，证据的相关规定散见于诉讼法及相关的法律法规之中，不成体系的立法现状导致人们的证据意识比较薄弱，从而影响了系统的证据意识的形成。创业企业需要提高证据意识，包括提高收集证据的意识、保存证据的意识和运用证据的意识。

证据的种类很多，书面文件是常见、容易收集和保存的证据。书面文件是用文字形式记录的文件，其载体包括纸张、传真、电子合同和电子邮件等。创业企业要从形式和内容两方面重视书面文件。形式上，要注重书面文件的签章合法有效并谨慎保管；内容上，要注重书面文件的遣词造句准确无误，内容全面且合法有效。比如，"定金"与"订金"虽然表面看只有一字之差，但存在重大法律差别。在买卖协议中，"订金"一般是指预付款，没有其他特殊法律意义；而"定金"是债权的担保，给付定金的一方不履行协议时，收取定金的一方可以没收定金，而收取定金的一方若不履行协议，就要向给付定金的一方双倍返还定金。

阅读资料 11-8：

证据的种类

《中华人民共和国民事诉讼法》规定，证据包括：（1）当事人的陈述；（2）书证；（3）物证；（4）视听资料；（5）电子数据；（6）证人证言；（7）鉴定意见；（8）勘验笔录。证据必须查证属实，才能作为认定事实的根据。

《中华人民共和国行政诉讼法》规定，证据包括：（1）书证；（2）物证；（3）视听资料；（4）电子数据；（5）证人证言；（6）当事人的陈述；（7）鉴定意见；（8）勘验笔录、现场笔录。以上证据经法庭审查属实，才能作为认定案件事实的根据。

《中华人民共和国刑事诉讼法》规定，可以用于证明案件事实的材料，都是证据。证据包括：（1）物证；（2）书证；（3）证人证言；（4）被害人陈述；（5）犯罪嫌疑人、被告人供述和辩解；（6）鉴定意见；（7）勘验、检查、辨认、侦查实验等笔录；（8）视听资料、电子数据。证据必须经过查证属实，才能作为定案的根据。

从以上内容可知，虽然 3 部诉讼法对证据的种类的表述，在排序和描述方式上并不完全一致，但其本质是相同的。

---

5. 理解程序价值

在经济合同中，为维护市场交易安全和防止权利睡眠，立法上可能会设置程序条款。

比如《中华人民共和国民法典》规定，当事人在以下情形之下可以解除合同：（1）因不可抗力致使不能实现合同目的；（2）在履行期限届满前，当事人一方明确表示或者表明不履行主要债务；（3）当事人一方迟延履行主要债务，经催告后在合理期限内仍未履行；（4）当事人一方迟延履行债务或者有其他违约行为致使不能实现合同目的。

如果发生第（3）种情况，当事人一方迟延履行主要债务，另一方如果有意解除合同，则必须走两步流程：第一步，当事人向迟延履行方催告，并要求迟延履行方在合理期限内履行主要债务；第二步，迟延履行方在经催告后的合理期限内仍未履行的，另一方当事人应当通知对方解除合同，并且在通知到达对方时才能解除合同。

此时，主张解除合同的一方就应当保留 4 份书面证据：（1）催告迟延履行方履行主要债务的证据；（2）催告送达至迟延履行方的送达证据；（3）主张解除合同的证据；（4）解除合同送达至迟延履行方的送达证据。只有在这四份证据均完整时，在产生讼争时才算完成举证义务。

《中华人民共和国民法典》还规定：法律规定或者当事人约定解除权行使期限，期限届满当事人不行使的，该权利消灭。法律没有规定或者当事人没有约定解除权行使期限，自解除权人知道或者应当知道解除事由之日起一年内不行使，或者经对方催告后在合理期限内不行使的，该权利消灭。

可见，程序具有重要价值，它可能决定一份法律协议的性质是有效、撤销还是解除。程序价值在有关时效、期限、期间的规定中体现得更为明确，如诉讼时效、上诉期等。如果延误采取法律措施，权利有可能失去法律保护。

6. 充分利用外脑

企业的外脑包括财务顾问、律师、会计师、人力资源咨询师、知识产权代理人等专业人士，还包括非执行董事（外部董事或独立董事）等。创始人能力再强、创业团队成员再互补，也不可能掌握企业经营管理和风险防范的全部知识，并且一知半解会让人盲目自信和疏忽大意，容易造成重大失误。因此，创业公司需要就投融资、法务和财务等事宜分别向各专业人士进行咨询和寻求帮助，所付出的成本列入企业运营所必须支付的成本。即便是在创业初期，聘请律师担任法律顾问、聘请会计师承担审计工作，也是创业公司的通行做法。

7. 争取股东支持

股东所持创业公司股权，创业公司的所有权益由全体股东享有，所有债务由股东以其认缴的出资额为限承担。股东是企业的所有者，也是企业的利益共同体。企业无论是选择管理者，还是制定重大规章制度，或是做出重大经营决策或管理决定，抑或是碰到经营困难或重大法律风险，都需要积极争取股东的支持，让股东建言献策和提供帮助。

如果创业企业进行过外部融资，吸引了专业投资机构担任股东，则这些专业投资机构较普通股东拥有更多的经营管理和风险处置的经验，也拥有更多社会资源，能够为企业提供更多帮助。

8. 寻求监管指导

行政监管机构与创业企业是行政组织和管理相对人之间的关系。行政监管机构不仅具有阶级性、社会性、权威性、法制性和系统性特征，还具有服务性特征。近年来，我国政府大力提倡打造服务型政府，越来越强调和重视行政管理的服务性。

企业在面对各种合规与法律风险时，无论是事前预防、事中应对还是事后补救，都应当放下对监管机构的戒备，转而寻求行政监管机构的指导。特别是涉及行政监管事项时，行政监管机构的指导能让企业少走弯路，高效而直接地化解风险和解决问题。

阅读资料 11-9：

某"带货"主播偷逃税款逾 6 亿元，为何没被判刑

2021 年 12 月，国家税务总局浙江省税务局发布对某"带货"主播偷逃税案件的处理公告。根据公告内容，该"带货"主播在 2019 年至 2020 年期间，通过隐匿个人收入、虚构业务转换收入性质虚假申报等方式偷逃税款 6.43 亿元，其他少缴税款 0.6 亿元。国家税务总局杭州市税务稽查局对该"带货"主播追缴税款、加收滞纳金并处罚款，共计 13.41 亿元。某"带货"主播偷逃税行为及罚款情况如表 11-4 所示。

表 11-4 某"带货"主播偷逃税行为及罚款情况

违法事实	涉嫌金额（亿元）	罚款金额（亿元）	罚款倍率
隐匿收入偷税但主动补缴	5	3	0.6
主动报告少缴	0.31	0.19	0.6
虚构业务转换收入偷税少缴	1.16	1.16	1
隐匿收入偷税但未主动补缴	0.27	1.09	4
合计	6.74	5.44	—

　　该"带货"主播偷逃税款金额巨大，比例也占应纳税额 10% 以上，但并未被追究刑事责任。其主要原因有两点。一是该"带货"主播对待监管的良好态度，在税务调查过程中积极配合并主动补缴税款 5 亿元，同时主动报告税务机关尚未掌握的涉税违法行为；二是刑法规定了构成犯罪的"阻却事由"，即经税务机关依法下达追缴通知后，补缴应纳税款，缴纳滞纳金，已受行政处罚的，不予追究刑事责任；但是，五年内因逃避缴纳税款受过刑事处罚或者被税务机关给予两次以上行政处罚的除外。该"带货"主播首次被行政处罚，积极配合监管，接受行政处罚并积极履行，故而依法未被追究刑事责任。

（资料来源：国家税务总局官网）

课堂阅读

　　法治是市场经济的基础，市场经济只有依靠法治才能有序运行。法治保障市场经济正常运行所必需的经济自由、主体平等和竞争秩序，只有在法治的有效保障下，创业企业才能安全、高效地发展。创业者要认同并支持中国特色社会主义法制体系，自觉遵法、学法、守法和用法，深刻理解守法经营是对企业自身最有效的保护；而任何违反法律的短视行为，都将被法律予以惩处。

本章习题

一、单选题

1. 以下属于创业风险中的系统性风险的是（　　）。

A. 决策风险　　　　B. 创新风险　　　　C. 管理风险　　　　D. 政策法规

2. 财务报表不包括（　　）。

A. 资产负债表　　　B. 现金流量表　　　C. 订单统计表　　　D. 利润表

3. 以下不属于违约行为的民事责任的是（　　）。

A. 继续履行　　　　B. 赔偿损失　　　　C. 支付违约金　　　D. 排除妨碍

4. 以下属于行政责任的是（　　）。

A. 罚款　　　　　　B. 停止侵害　　　　C. 继续履行　　　　D. 支付违约金

5. 近年来，我国政府越来越强调和重视行政监管的（　　）。

A. 权威性　　　　　B. 法制性　　　　　C. 阶级性　　　　　D. 服务性

二、多选题

1. 创业风险的来源包括（　　）。

A. 创业资源的稀缺性　　　　　　　　　B. 创业能力的有限性

C. 创业机会的复杂性　　　　　　　　　D. 创业环境的不确定性

2. 以下属于衡量盈利能力的财务指标的有（　　）。

A. 资产负债率　　　　　　　　　　　　B. 销售毛利率

C. 净资产收益率　　　　　　　　　　　D. 盈余现金保障倍数

3. 以下属于企业法律风险的特征的有（　　）。

A. 发生的有因性 　　　　　　　　　　B. 结果的强制性

C. 领域的广泛性 　　　　　　　　　　D. 可预见性和可预防性

4. 以下属于刑事责任的主刑的有（　　）。

A. 管制、拘役 　　　　　　　　　　　B. 有期徒刑、无期徒刑、死刑

C. 罚金、没收财产 　　　　　　　　　D. 剥夺政治权利、驱逐出境

5. 以下可以成为企业外脑的有（　　）。

A. 非执行董事 　　B. 执业律师 　　C. 会计师 　　D. 保荐代表人

6. 创业者做出重大决策时，应当（　　）。

A. 尊重专业 　　B. 尊重市场 　　C. 尊重科学 　　D. 尊重规律

三、名词解释

1. 市场风险。2. 企业法律风险。3. 单位犯罪。4. 企业生命周期。5. 大合规。

四、简答及论述题

1. 我国《产业结构调整指导目录》如何对产业进行分类？

2. 如何防范技术风险？

3. 如何防范管理风险？

4. "定金"与"订金"有何差别？

5. 一般而言，解除合同需要保留哪些书面证据？

五、案例讨论

真功夫创始人 A 涉刑事犯罪

真功夫餐饮管理有限公司（以下简称"真功夫"）于 1997 年发轫于广东省东莞市长安镇 107 国道旁的一家小型快餐店。后来，真功夫与华南理工大学联合开发出中餐烹饪标准化设备"计算机程控蒸汽设备"，解决了中式快餐业速度慢和非标化两大难题。技术问题解决后，真功夫在各大城市的购物中心、火车站、高铁站和机场等人流密集区域攻城略地，一度成为中国影响力最大、营业额最高的中式快餐连锁企业。

真功夫的创始人有两位，分别是创始人 A 和创始人 B，并由创始人 A 担任董事长和总裁。真功夫融资前的股权结构如表 11-5 所示，是一种绝对平均型的股权结构。

表 11-5　真功夫融资前的股权结构

序号	股东名称	股权比例
1	创始人 A	50%
2	创始人 B	50%
合计		100%

2006 年，创始人 A 与妻子协议离婚。根据离婚协议，真功夫的股权全部归创始人 A 所有，妻子获得其他财产。但离婚后不久，前妻认为创始人 A 在财产分割上欺骗了自己，二人的纠纷上升为家族纠纷，开始争夺真功夫的控制权。创始人 A 和创始人 B 为实现上市目的，早期曾经决定改善股权结构。公司引进了两家投资机构。2007 年 10 月，今日资本（中国）有限公司（以下简称"今日资本"）和中山市联动投资有限公司（以下简称"中山联动"）分别投资真功夫 1.5 亿元人民币，分别持有真功夫 3% 的股份。真功夫的估值达到了 50 亿元人民币。真功夫融资后的股权结构如表 11-6 所示。

表 11-6　真功夫融资后的股权结构

序号	股东名称	融资后控制人	股权比例
1	创始人 A		41.74%
2	创始人 B		41.74%
3	东莞市双种子饮食有限公司 （合计持有 10.52%）	创始人 A	5.26%
		创始人 B	5.26%
4	中山联动		3%
5	今日资本		3%
合计			100%

真功夫融资后，股权结构并没有得到实际改善，只是由外部投资机构进行了估值定价，并未解决实际控制权问题，创始人 A 和创始人 B 控制的股权占比为 47%：47%（分别为 41.74%+5.26%），仍然是绝对平均型的股权结构。创始人 A 和创始人 B 两名股东一边筹划上市，一边也在各自谋划取得真功夫的控股权。两家的争夺战逐步升级，最后上升为刑事案件。

2011 年 4 月，创始人 A 被广州市公安局羁押。2013 年 12 月，广州市天河区法院认定创始人 A 职务侵占和挪用资金两项罪名成立，因职务侵占罪被判处有期徒刑 10 年，并处没收财产人民币 100 万元；因挪用资金罪被判处有期徒刑 6 年。数罪并罚，决定执行有期徒刑 14 年，并处没收财产人民币 100 万元。二审法院对创始人 A 的上诉维持原判。

刑事法槌虽然已经敲定，但真功夫的控制权之争并未落幕，问题并未得到解决。相反，围绕实际控制权之争的多个民事司法诉讼才刚刚开始，真功夫被动陷入了漫长的司法程序。其间，创始人 A 持有真功夫的股权被拍卖，41.74% 的股权评估价为 6.486 亿元，公司估值下降至 15.5 亿元，并遭流拍。这家本该在 2014 年之前就登陆资本市场的中式餐饮连锁龙头企业，并有可能在中国比肩麦当劳的民族品牌企业，发展至此，令人不胜唏嘘。

（资料来源：中国裁判文书网）

思考讨论题

1. 真功夫的股权设置有何问题？
2. 结合本案例，谈谈你对企业家的认识。

第 12 章
创业常见误区

开篇引例

生鲜电商
Webvan 的衰败

本章导读

　　创业项目失败率很高，除市场环境变化、行业竞争加剧等因素外，创业者的主观失误和客观行为也是重要的核心因素。本章介绍创业前期、创业中期和创业后期常见的一些创业误区，为创业者扫雷排雷，提高创业公司的存活率。本书只是基于出现概率将这些误区划入创业的不同时期，实际上它们可能会出现在创业的各个阶段。

知识结构图

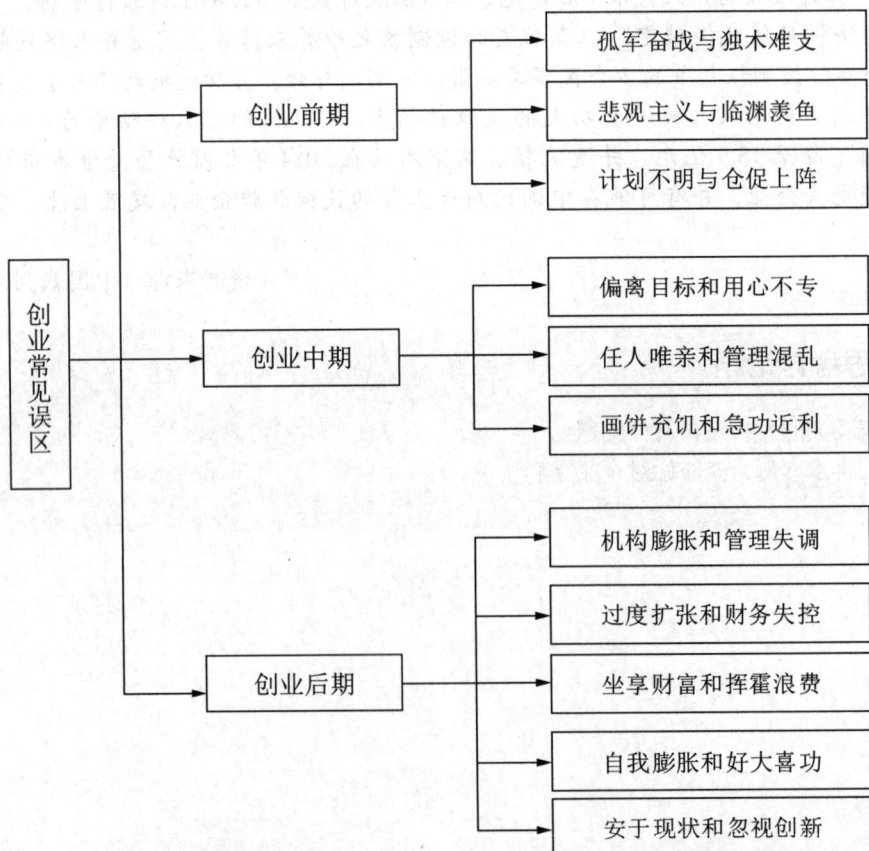

12.1　创业前期

《青年创业城市活力报告（2021）》显示，2011年至2020年，我国共新增超过 4 400万家创业公司，平均每7秒就有1家创业公司成立。与此同时，同样有难以计数的创业公司退出市场，而其中大部分倒在了创业前期。创业前期，由于思想、人才、信息等各方面经验的不足，创业者容易陷入各种各样的误区，其中具有代表性的有孤军奋战、悲观主义、计划不明等问题。本节从这些角度切入，帮助新手创业者尽量避开创业前期的陷阱。

12.1.1　孤军奋战与独木难支

"一人智谋短，众人计谋长。"如今，人与人之间的联系越来越紧密，公司与公司之间的相互依赖性也越来越强。许多事情不是凭着一个人的努力就可以完成的，创业者要同客户、政府部门、合作伙伴打交道，因此需要有一个良好的社会网络以及有能力的团队。成功学学者戴尔·卡耐基说："一个人的成功，只有15％来自专业上的技能，另外的85％则来自人际关系上的成功。"这种来自同事、团队、合作伙伴等方面的支持与互动，对创业者的成功起着非常关键的作用，孤军奋战只会令创业者疲于应付。创业者最初创业的时候就要逐渐开始建立良好的人际关系，慢慢地扩大自己的社交范围，待强有力的团队和社会网络建立起来以后，就会发现做起事情来如鱼得水、游刃有余。

12.1.2　悲观主义与临渊羡鱼

"悲观者正确，乐观者成功。"大多数创业者对创业感到恐惧是因为对自己产生了怀疑。在创业的过程中，难免遇到挫折和困难，如果创业者是一个悲观主义者，遇到暂时难以解决的问题就灰心丧气，再无当初的激情和雄心壮志，那么整个团队都会被一种悲观的情绪笼罩。当一个团队处于被危机压倒的状态中时，失败是在所难免的。

事实上，不仅仅是创业，每个人的人生都会遇到各种各样的困难与挑战。正是面对挑战时的反应把人分为了不同的类型：有的人被悲观情绪笼罩，从此失去了动力；而有的人能在困难中保持积极、乐观前行，克服一个又一个的困难。

创业者不应该头脑发热、过分乐观，但一个过分悲观的人同样难成大事。"临渊羡鱼，不如退而结网"，许多人都只看到成功者的幸运，却不知道一切成功都是从"苦"中得来的，创业尤其如此。

阅读资料 12-1：

克服专业的恐惧

32 岁的杨某某怀着"创造一种融合中美文化的新流派电影"的梦想，准备单枪匹马在加利福尼亚州创立双锋娱乐（Double Edge Entertainment）制片公司。然而，已有的同类制片公司一直令杨某某感到很害怕：这些公司个个神通广大、财大气粗。如果这种恐惧不能消除，她只有放弃梦想。

她开始认真思考自己是否有独特优势，结果信心倍增。在艺术造诣上，对于中国电影和美国电影的各种风格及流派，她都十分熟悉且有深刻的内在理解；在把握商业机会上，她时时穿梭于中美，清楚从何处能准确地找到目标客户。正是通过不断地告诉自己这两点，她建立起了强大的信心。

于是她坚定信念开始行动，并且在行业圈内网罗了一批背景及信念与她相似的专业人士做兼职顾问。她拥有了独立的制片室和专业的团队，并且小小的制片公司达到了数百万美元的销售额，拥有了分布中美两地的稳定客户群。

杨某某在一次采访中告诉那些正在创业或准备创业的青年："使自己围绕在行业中最专业的人群中，以帮助你的生意取得成功。永远不要因他们的专业程度而感到被威胁，而是要从中学习并且像在一个团队里一样和他们坦诚合作。"

12.1.3 计划不明与仓促上阵

"凡事预则立，不预则废"，机遇从来都是垂青有准备的人。创业是一条创新之路、一条冒险之路，因此创业者每走一步都要深谋远虑与随机应变。如果空有一番雄心，而无明确且符合实际的计划，那么创业之路是很难走远的。

计划不明意味着一切行动都是盲目的。管理学中有一个公式：成绩 = 目标 + 效率。目标就代表着明确的计划，西方学者认为"做正确的事情（Do the right things）"比"正确地做事情（Do the things right）"更重要，后者只代表完成任务的效率，而前者才是达成目标的关键。计划不明与仓促上阵主要表现在以下几个方面。

1. 跟风进入自己不熟悉的行业

"不熟不做"是商场的法则，虽然行业之间存在一定的共通性而并非不可跨越，但每个行业都有其独特的规则和规律。所谓"隔行如隔山"，如果对一个行业一窍不通，只是跟着市场风向选择行业，会显著增加创业的风险性，无法进行深入细致的管理，成为别人的垫脚石。创业者在选择具体的行业时要摸清目标行业的核心规则，择机而入，而不能抱着投机心态盲目跟风。

创业者应该从自己较为熟悉的行业做起，通过调研对行业的资金周转率、应收账款情况、固定资产和流动资产投资额、投资效益、最大成本分布等有一个完整清晰的认知，对可能遇到的问题和风险都做好一定准备，这样才能少走弯路、节省时间，实现更为长远的发展。

2. 对产品市场及竞争对手缺乏认知

创业之所以能够成功，在很大程度上依赖于市场，没有市场需求也就没有创业，而缺乏市场需求正是大部分创业失败的重要原因。在创业之前错误地估计市场，可能会导致整个公司的失败。在将产品带进市场之前，研究市场的需求、替代品价格是非常有必要的。市场中的一些产品，尽管是一种创新，而且也能满足顾客需求，但因为高昂的价格而无人问津。这正是创业者对产品市场及竞争对手缺乏认知的后果。

当创业者决定进入某个市场的时候，首先要考虑该市场的实际状况，以及现有的、潜在的竞争对手的情况。部分创业者对竞争状况不能做出合理判断，不能正确地评估公司的竞争力，不了解竞争对手是谁，没有比较自身与竞争对手的优势与劣势，甚至有些人会认为竞争对手不值得去研究。市场的变化是一瞬间的事情，即使一家公司进入看似竞争不大的新市场，也有可能会立刻面临价格竞争。因此，创业者要创业就必须对市场情况进行综合考察，确定现有的消费规模能否支撑为该市场服务的公司。

3. 忽视与投资相关的环境

成功的创业讲究"天时、地利、人和"，可以把"地利"理解为选择创业公司的所在地，这是一门不可小觑的学问。做任何事情都不能低估环境的影响，商业活动尤其如此。创业者必须调查和投资相关的环境是否有利，不仅要关注与项目相关的地理位置、自然环境和基础设施建设等硬环境，还要关注地方政策、科技环境和法律环境等软环境。

关于如何选择合适的投资环境，有以下几点建议。（1）根据客观事实选择，综合地形、道路、气候、风俗、政策、文化等因素评定区域的优、劣势，如考虑房屋租金、社区环境、与目标客户群的地理关系、与供应商的地理关系等。（2）根据支出比重大的因素选择。不同创业项目的重要支出因素不同，对投资环境的要求也不同，创业者要先确立项目中占比较大的因素，再有的放矢地选择投资环境。例如，以劳动力支出为最大比重的企业，就选择劳动力密集、价格低廉的环境；以运输支出为最大比重的企业，就选择交通便利、路况良好的环境；以原材料支出为最大比重的企业，就选择原材料产地或价格相对较低的环境。（3）根据实际比较选择。投资环境不是一成不变的，而是处于动态发展中的，今天看来有利的投资环境，也许一个月后就转为不利的投资环境了，因此，创业者需要用长远的目光来审视投资环境。

4. 低估创业起步阶段所需要的时间

一家公司从无到有、从小到大，有时候需要一个较长的时期。这一时期，公司只有投入，而没有任何盈利。公司在起步阶段必须完成大量的工作：寻找厂房、装修门面、安装设备、购入存货、接待顾客；同时，还要办理各种证件和手续，要和许多行政管理部门打交道。创业初期，很可能鲜有客户光顾、访问，创业者应该对这一点有足够的心理准备和现实准备。一方面，创业团队应该做好吃苦耐劳的准备，尽力减少不必要的开销，为研发与营销腾出资金；另一方面，创业团队应该有充足的人手与资金准备，帮助企业顺利地渡过起步阶段的各种困难。

阅读资料 12-2：

"十年磨一剑"的新药研发

2018 年，电影《我不是药神》爆红中国，触动了很多病患家庭。电影所涉治疗慢性粒细胞白血病的神药即"格列卫"，其治疗及药物研发史跨越百年，花费无数，凝聚了多个国家几代肿瘤学家、药学家、临床医生的共同智慧。从 1992 年编号为 STI751 的抑制剂，到 2001 年美国药监局快速批准格列卫上市，花了差不多 10 年时间。

但近年霸占全球畅销药榜首的却不是格列卫，而是"阿达木单抗"，中文名为"修美乐"。修美乐于 2003 年首次在美国上市，可用于类风湿关节炎、强直性脊柱炎、银屑病和克罗恩病等的治疗，其价格昂贵，国内的普通患者根本买不到或用不起。为让中国患者用得起该药，中国多家创业公司对该药进行仿制研发，百奥泰生物制药股份有限公司（以下简称"百奥泰"）是其中之一。

百奥泰成立于 2003 年，致力于开发新一代创新药和生物类似药，用于治疗肿瘤、自身免疫性疾病、心血管疾病以及其他危及人类生命或健康的重大疾病。百奥泰成立后，开启了漫长的研发之路。经过 10 余年的艰苦研发，2019 年 11 月，国家药监局同意批准百奥泰研制的阿达木单抗上市销售，商品名为"格乐立"。而在 2003 年至 2019 年格乐立获批之前，百奥泰没有药品销售营收，其 16 年 10 余亿元的研发，全靠创始股东和风险投资机构的资金投入。2020 年 2 月，百奥泰成功在科创板上市。

12.2　创业中期

创业中期是公司渡过起步阶段，逐渐开始扭亏为盈的阶段。这一阶段失败的原因也有很多，大部分问题还是出在创业者自身，如选择失误、管理不善、缺乏市场意识等，刚刚摆脱困境的创业者往往在不知不觉中进入这些误区。

12.2.1 偏离目标和用心不专

"有志者立长志，无志者常立志。"人的精力有限，不能频繁更换自己的目标，但可以调整目标，然后坚定不移地朝着目标前进。偏离目标和用心不专主要有以下三种情况。

1. 花心病

一般的小公司当有了一定实力时，就不再专注于主业，而是意图找能挣更多钱的项目。这种行为表面看没有问题，但发展思路与企业经营能力和企业实力不符，往往以失败告终。

2. 多动症

举例来说，一家生产白酒的公司觉得生产碳酸饮料能挣钱，就经营该项目。其后来发现果汁饮料是未来的发展趋势，又改生产柠檬茶。从始至终，该公司的产品都没有系列化，而是变来变去，不仅变没了企业形象、品牌形象，还失去了核心竞争力。

3. 虚胖症

和花心病相似，虚胖症是指公司形成多业并举的态势。看似成功，实则主业、辅业不分，亏本的多，挣钱的少，基本就是拆了东墙补西墙。

12.2.2 任人唯亲和管理混乱

建立团队或许容易，但是管理好团队并非易事。"重情义、轻管理"是创业者容易陷入的一大误区。一方面，任人唯亲会使管理者偏听偏信，难以做出客观正确的判断；另一方面，根据关系远近而非贡献大小分配利益会造成公司人才流失，显失公平公正。

虽然不提倡朋友式、家族式的管理模式，但是在创业初期，由于条件限制加上公司稳定发展的需要，选择亲朋好友更加放心且节省资金，甚至在相当长一段时间内，朋友式、家族式的管理模式是创业者的首选。

然而，创业者本身必须有一个清醒的认知——重情重义和科学管理是两码事。在公司人才队伍日渐壮大后，创业者就需要摒弃朋友式、家族式的管理模式，建立长效的管理机制。

（1）要建立规范的制度体系，避免社会关系对工作关系的干扰。创业期公司员工之间多半有亲属关系或地缘关系，相互之间有着千丝万缕的社会关系，这些社会关系在一定程度上影响着公司内正常的工作关系。创业者若没有制度意识，以人情代替制度，必然造成管理上的疏忽和漏洞，也会导致亲戚朋友间因意见分歧产生不合。

（2）要建立科学的人才选拔、培养机制和薪酬制度，任人要唯贤不唯亲，要敢于授权和放权，重视人才、挖掘人才、培养人才，这样才能找对人、用对人、留住人。当然，如果亲近之人有能力突出的，创业者也不必一味避嫌，不搞特殊化，公平公正地对待即可。

阅读资料 12-3：

用人不当导致公司溃败

某国际化大公司高管辞职后自己成立公司，生产产品出口，在行业内小有名气。随着业务的不断发展，公司员工队伍开始壮大，产能开始大幅提升。

但是，两件事情导致了公司的溃败。一般而言，这种从大公司出来的高管创业者，其客户会相对集中，因此服务好每一个客户就变得非常重要。随着公司业务的扩张，公司招聘了新的业务员。某业务员在进入公司两个月后，就被任命负责某客户订单的处理。

该客户最近几年的业务也在快速发展，并开始下大订单。业务经理没有及时察觉，也没有重视。其中几个大订单的处理都有问题，因而直接影响了后续信用证的收款。生产线上的员工有许多是新加入的，业务不那么熟练，但是因为交货压力，被生产经理提前要求上岗。由于中层管理人员的疏忽、质量管理体系的不完善，新员工无法把握产品质量标准，生产出了不少次品，并且没有及时发现，次品流入了大货里面。

两件事情掺杂在一起，结果被多位客户投诉和索赔，致使公司的声誉严重受损。公司在短时间内很难挽回老客户，也难以拓展新的客户，大订单的收款也因信用证的问题出现问题，导致公司资金链断裂，最终不得不申请破产。

如果新员工入职有严格规范的培训，上岗前有严格规范的考核，人事上有很好的协调，那么以上问题应该可以避免，或者即使出现问题也不会那么严重。这体现了人事管理的重要性，因为公司管理机制的完善都建立在人事管理的基础之上。

12.2.3　画饼充饥和急功近利

大多数创业公司的本质是营利性的，即使有再多超然物外的愿景、心系天下的抱负，也不能脱离现实、远离物质支持。注重利润并非意味着唯利是图、放弃原则，而是更为智慧的长久经营之策。有时候，"画饼"是一种适当的激励，但是只有真正"造饼"出来才是动力来源。

正是因为利润是创业公司的主要驱动力，所以许多创业者陷入急功近利的误区。创业的成功之路更像一场马拉松而不是百米冲刺，短暂领先者不一定就能成为冠军，甚至都可能跑不完全程。在创业这条遥远的征途上，基础的积累将会起到决定性的作用，如果自觉先天不足而又毅然踏上征程，那要格外注意随时给自己补充营养，不能够过于浮躁、急功近利。事实上，很多成功的企业家都是从短期利润做起的，有了做短期利润的经验，才有可能去涉足长期利润，而更重要的是，长期利润在总量上一定要超过短期利润的总数。从这个意义上说，循序渐进的获利通道对于创业者来说至关重要。

12.3　创业后期

12.3.1　机构膨胀和管理失调

机构迅速膨胀是公司快速发展的必然结果，而机构膨胀也使公司管理面临挑战，主要表现在以下三个方面。

1. 行政管理问题

随着公司快速发展，业务范围扩大、经营地点变多、人员大幅扩增，这就使得管理跨度变大、管理层次增加、管理结构变得复杂，管理难度也就大大增加。管理难度增加不是简单的线性关系，而是级数关系。如此一来，原来的管理作用被大大地削弱，管理思想和精神也就很难被贯彻到底。即使被贯彻到底，也许已经完全走了样。如果企业管理出现问题，员工人心涣散、效率低下，那么竞争力减弱在所难免。

2. 文化管理问题

随着机构扩张，公司人员急剧增加，内部结构日益复杂，各种文化和价值观也随之而入。是公司文化同化了他们，还是他们引起公司文化的变形，要看双方力量的对比。公司文化由此面临着严峻的考验和巨大的挑战。

3．人才管理问题

公司发展过快，人才储备就会显现出严重不足，主要表现在严重缺乏受过本公司文化熏陶的、公司快速发展所需的人才，尤其是中高级管理人才。因为公司在起步阶段，无法储备大量高素质的管理人才。即使有心去做，但由于公司本身缺乏足够的吸引力，同时公司财力也不允许，所以难以实现。在这种背景下，公司所需的大量管理人才如果硬是从公司内部提拔，可能使公司的整体管理水平下降；而如果从外部引进，就会面临公司文化和管理方式的巨大冲突。

12.3.2　过度扩张和财务失控

过度扩张是快速发展的公司普遍存在的现象，过度扩张容易导致财务失控。一些管理者常常无法分辨手上的资金究竟是自己的、银行的，还是供应商的，看到钱就径自拿去投资，但事实上持有的现金还需要对应付账款或其他短期负债负责。除此之外，很多公司奉行一个原则：能借到钱或融到资，就扩大投资；发展顺利，就再扩张。然而，只要有一个环节不顺，如现金流量出问题，公司就像多米诺骨牌一样垮掉。一根稻草可以压死一头骆驼，巨人大厦的倾覆就是一个有力的佐证。

阅读资料 12-4：

瑞幸咖啡财务造假始末

总部位于厦门的瑞幸咖啡（Luckin Coffee）（以下简称"瑞幸"）是我国发展速度最为迅猛的咖啡品牌之一。瑞幸从 2017 年 10 月卖出第一杯咖啡，到 2018 年 12 月第 2 000 家门店开业，仅仅用了 14 个月的时间，而星巴克用了近 20 年时间才在中国开出 2 000 多家门店。2019 年 5 月，瑞幸在美国纳斯达克上市，距离其成立仅仅用了不到 20 个月的时间。

瑞幸的大规模扩张需要资金支持和市场信心。为了稳定和提升市值、持续顺利融资、回报风险投资机构、获取消费者信心，瑞幸在大量补贴用户的同时，走上了财务假造之路，进行大规模销售数量和销售收入造假。

2020 年年初，美国一家做空机构发了一份做空报告，指责瑞幸财务造假等一系列问题。同年 4 月，瑞幸公开承认虚假交易达 22 亿元人民币。不久后，瑞幸因其造假行为不得不从纳斯达克退市，而中国、美国监管部门也介入造假调查。

2021 年 2 月，瑞幸宣布在纽约申请破产保护，并表示正在与利益相关方就公司债务重组进行谈判。2022 年 2 月，瑞幸表示已经履行了 1.8 亿美元的民事处罚，该处罚是此前披露的与美国证券交易委员会达成的和解协议所产生的处罚。

管理者无论何时都应该牢记"现金为王"，这里的"现金"是指公司的库存现金、银行存款及现金等价物。现金流量是指公司在一定会计期间按照现金收付实现制，通过一定经济活动而产生的现金流入、现金流出及其总量情况的总称。公司在不同发展阶段的现金流量特征也不同，管理者应该根据具体情况选择合适的现金流量管理方案。对于大多数公司而言，收入是间隔性的，而支出是流水性的，若忽视现金流量存在的隐患，就会给公司生存带来致命影响。

进入创业后期的公司可以从以下几个方面做好现金流量风险的防范。（1）管理层需要具备现金流量管理意识并给予足够重视，从公司战略的高度来审视现金流量管理活动。（2）建立现金流入流出管理制度，通过制定定期的管理报告、预算与预算控制报告来获取反馈，做出相应调整。（3）成立专门的组织机构，加强现金流量的监督管理，对现金流量实时控制。从项目开始就进行策划、定位，然后从总量、分项进行控制，除了财务部门，审核部门也要进行成本把关。（4）建立以现金流量管理为核心的信息管理系统，将公司的物流、信息流、资金流等统一在一起，使管理者可以准确及时地获取各种财务、管理信息。

12.3.3　坐享财富和挥霍浪费

坐享财富和挥霍浪费是创业后期人性弱点的典型表现，其具体体现在以下方面。

1. 惰性

创业者在取得一定成绩、公司平稳发展时，很容易产生惰性，一是坐享财富，二是自满、不思进取。自满的氛围会在整个公司中传播，导致公司员工贪图安逸、计较名利得失、妄自尊大、奋斗精神减弱等，失去了前进动力、创新精神。公司失去了创新力，也就等于失去了继续发展的动力。

2. 挥霍浪费

在创业初期，大多数创业者都能做到开源节流、艰苦勤俭。可是当成功创业之后，公司有了资源、资金，创业者对有些方面的支出便不加管控；而且有些创业者以为苦尽甘来，甚至认为"不花不值得""不花白不花"，肆无忌惮地挥霍资金。

其具体表现如下。①贪图享受。经常出入豪华酒楼、宾馆等高消费娱乐场所，吃喝玩乐，一掷千金，有的甚至堕落到从事赌博、嫖娼等违法犯罪活动。这消磨了创业者的意志和精力，很可能导致事业夭折。②讲究排场。购买豪华轿车、高档通信器材，用巨款购买或装修住宅、办公楼等。③盲目投资。对一些缺乏科学、严格考察论证的项目盲目投入巨资，结果打了水漂。

"成由勤俭败由奢"，创业成功了，生活水平应当随之提高，但要反对脱离公司实际发展水平的过高消费，反对奢侈浪费。

12.3.4　自我膨胀和好大喜功

成功带来的亢奋是公司快速发展阶段出现危机的催化剂，主要表现在以下几个方面。

1. 目空一切

不断获得的成功，加之周围人的颂扬和媒体的渲染，容易使创业者变得自以为是，认为自己做什么都行，什么热门就要去做什么。

2. 成功的负担

创业者习惯用过去成功的方法做未来的事情，以为这样就不担风险。做好了，自然不用说；做坏了，别人也说不出什么。如果用新方法去做，做好了还行；做不好，麻烦就大了。因此，这种观念严重影响了创新。往往当用过去成功的方法使公司陷入困境时，创业者才想起创新，或者说不得不创新。还有一些公司靠拥有一个好产品风光一时，不能居安思危，等市场格局一变，好产品过时了，其也就退出市场了。

3. 个人英雄主义

因为前期获得的成功，创业者的个人价值被社会公众认可，其能力也被高度肯定，自然其个人自信心也快速提升。若创业者不能正确看待个人，自我膨胀，渐渐丢掉创业时期的谨慎心理，直接后果就是听不进反对意见，甚至根本不允许反对声音存在。个人英雄主义的另一面就是认为自己无所不能。在某一行业偶然成功，创业者就轻易闯入另一个陌生的行业，以为只要凭自己的智慧同样可以成功。且不说隔行如隔山，就算是相似行业，如果细微差异没有把握好，结局也会相差千里。

4. 经验主义

人们都喜欢总结成功的经验，多次成功会使成功者形成固定的思维方式，当其遇到类似或表面类似的情况时，会习惯性地使用过去成功的方式。公司都有自己成文和不成文的规矩，而这些规矩因为过去使用成功而在公司内部有着稳固的基础。但当外界环境发生变化时，这些规矩就有可能成为一种新的障碍。

大多数创业者思想开放、敢作敢为，这种个性使他们在创业初期的商业浪潮中获得了成功。但随着公司规模的扩大和实力的增强，个人追求财富欲望的膨胀，再加上市场环境日渐规范和竞争更加激烈，他们的个性开始显示出脱离实际的倾向。企业也逐渐受个人经验影响。

12.3.5　安于现状和忽视创新

创业后期获取一定利润后，一些创业者便沉迷于眼前利益、安于现状而忽视创新甚至不敢创新。然而，商业竞争就如逆水行舟，不进则退，如果说强化内部基础管理是防止公司倒退的支撑点，那么追求创新就是拉动公司向前的动力。一个公司不发展、不创新、不进步，就必然面临着被市场淘汰的危机。任正非一直坚持"依靠科技进步和创新力量"，从华为成立之日起，任正非就非常看重创新。创新虽然艰难，但它是唯一的生存之路，是成功的必经之路。

有创业者认为，创新是低成本战略的最大威胁，殊不知降低成本有效的办法就是不断创新。例如，海尔将市面上已有的湿度感应器整合到洗衣机产品中，创新出集烘干和洗衣功能于一体的"衣干即停"洗衣机，在没有大幅提升产品成本的前提下，实现了销量和利润的提升。

有创新就有风险，但绝不能因此就不敢创新，一味追逐利润，终将会失去更多利润。"流水不腐，户枢不蠹，动也"，一个公司只有在不停地运动和革新中，才能奋勇争先、永葆活力。

课堂阅读

创业过程中容易陷入的误区，多产生自创业者个人决策或管理的失误，解决这些问题的根本措施是提升创业者个人素养。当今时代背景下，创新创业教育与思想品德教育的紧密融合，有助于推进高等院校培养具有创业精神的大学生。大学生树立了优秀的人生观、价值观和世界观，也就具备了脚踏实地、团结奋进、吃苦耐劳等素质，能避免轻易掉入创业误区。

本章习题

一、单选题

1. 下列不属于创业前期常见的误区是（　　　）。

A. 孤军奋战　　　　　B. 悲观主义　　　　　　C. 仓促上阵　　　　　D. 急功近利

2. 下列说法错误的是（　　　）。

A. 创业离不开好的团队，任何孤军奋战的想法都是不能实现的

B. 创业前期创业者应该最大限度降低预期，时刻做最坏的打算

C. 学者认为"正确地做事情"比"做正确的事情"更加重要

D. 做创业准备时可以忽略行业投资环境，因为那是中后期才需要做的工作

3. 下列不是创业中期用心不专的体现的是（　　　）。

A. 花心病　　　　　　B. 多动症　　　　　　　C. 虚胖症　　　　　　D. 管理混乱

4. 下列有关创业中期的说法正确的是（　　　）。

A. 创业中期创业者更需要采取家族式的管理模式以保证对公司的控制权

B. 创业中期创业者需要完全地脚踏实地，舍弃一切远期目标

C.　创业中期创业者应该保持工作重心在主业上

D.　公司扩张后需要建立更长效的管理制度，人情与能力并行

5.　下列有关创业后期说法正确的是（　　）。

A.　创业者在前期取得成功后，应该在后期继续坚持过去的决策

B.　取得创业成果后，为了保持稳定的利润，公司最好选择安于现状

C.　过度扩张会严重影响公司现金流量，造成严重的损失

D.　创业后期创业者应该摒弃个人英雄主义，完全忽略个人想法

二、多选题

1.　下列有关创业前期误区说法正确的有（　　）。

A.　戴尔·卡耐基认为一个人的成功虽然大部分依赖于个人能力，但也部分依赖于人际关系

B.　创业者在创业初期应该更多看到成功创业者表面的"甜"，保持积极乐观的创业态度

C.　在创业前期，创业者应该尽力扩充自己的人际关系，避免掉入孤军奋战的误区

D.　在选择创业行业时，创业者应该尽力选择自己熟悉的领域并提前调查行业竞争力等背景条件

2.　下列有关行业投资环境的说法正确的有（　　）。

A.　投资环境包括自然环境、基础设施等硬环境以及地方政策、文化包容性等软环境

B.　选择的投资环境应该与创业支出的比重相适应

C.　投资者选择投资环境时可以遵从经验主义，选择成功案例多的地区进行创业

D.　合适的投资环境是公司成功的关键

3.　下列有关创业中期的说法正确的有（　　）。

A.　公司经过一定阶段的发展后，容易掉入偏离主业的误区

B.　创业中期的公司需要对前期战略进行反思与改革

C.　公司应该把握好"画饼"和"造饼"间的平衡，不可一味画饼，也不可急功近利

D.　公司多业并举是创业中期实力的体现

4.　下列属于创业后期机构膨胀带来的主要管理问题的是（　　）。

A.　人才管理问题　　　B.　资金管理问题　　　C.　行政管理问题　　　D.　文化管理问题

5.　公司为避免创业后期过度扩张的问题可以（　　）。

A.　良好的现金流量管理意识　　　　　　B.　定期报告现金流入流出状况

C.　建立以现金流量为核心的信息管理系统　　D.　利用融资手段弥补资金空缺

三、简答及论述题

1.　列举三个创业前期常见的误区。

2.　简述创业前期准备工作的主要内容。

3.　简述过度扩张对公司的危害以及如何避免。

4.　结合本章内容，谈谈创业者应该如何避免掉入创业误区。

四、案例讨论

<h2 style="text-align:center">泡沫背后的陷阱</h2>

　　2022 年 3 月，一个名为"快乐育儿"的微信公众号发表了一篇名为《一名女创业者的自述：卖了 4 套房创业 12 年，如今负债 1 亿元无家可归》的文章，引起了网络轰动。这位"快乐育儿"的创始人（以下简称"创业者 A"）在 12 年创业路程上，也没有避免走入创业误区。

　　根据创业者 A 的自述，她在 2009 年卖了第一套房开始创业，打造了一个口碑不错的早教机构；在 2011 年卖了第二套房，雄心勃勃地拓展第二家、第三家早教机构；在 2016 年卖了第三套房，用来拓展更多的早教机构。此后，她还获得知名机构的风险投资，迎来了人生的风光时刻。

但到 2020 年之后，创业者 A 的创业项目因受到环境影响，营收陡然下降，数十家早教机构面临租金、员工工资等资金压力。在公司举步维艰的这段时间，创业者 A 没有审时度势，不但没有及时收缩，反而基于对环境因素和市场因素的草率判断，继续扩张规模，加开新店。不久，公司现金链断裂，难以支撑正常的业务，而客户也纷纷要求退费，"快乐育儿"陷入困境。

每一个创业者都可能会经历成功与失败的阶段。创业是美好的，是富有挑战的，同时也是残酷的，是危险的。创业者或那些想要踏上创业之路的人，需要了解各种各样的创业误区，谨慎做出每一个决定。

思考讨论题

1. 创业者 A 在本次创业中，陷入了哪些误区？
2. 如何进行理性创业？

第13章
综合案例：半导体行业的兴衰

开篇引例

摩尔定律的
提出

本章导读

　　本章以半导体行业的关键人物和关键事件为主线，着重介绍了英特尔的创立和发展历程，主要包括创业准备与商业模式、创业融资与股权设置、决策机制与经营管理、风险防范与风险应对、互补企业与竞争对手、创业收益和创业退出等内容。通过对本章的学习，读者可以全面地了解各项创业管理事项在创业项目中如何有机结合及具体运用。

知识结构图

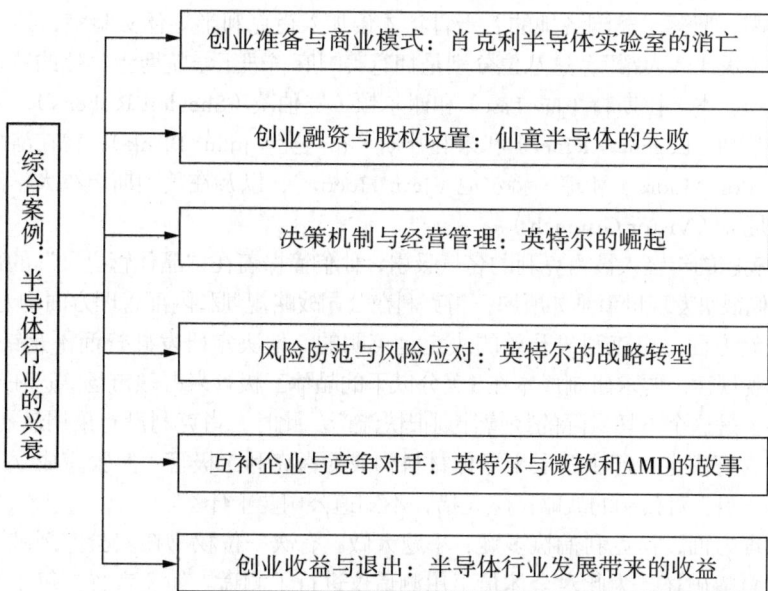

- 创业准备与商业模式：肖克利半导体实验室的消亡
- 创业融资与股权设置：仙童半导体的失败
- 决策机制与经营管理：英特尔的崛起
- 风险防范与风险应对：英特尔的战略转型
- 互补企业与竞争对手：英特尔与微软和AMD的故事
- 创业收益与退出：半导体行业发展带来的收益

综合案例：半导体行业的兴衰

13.1　创业准备与商业模式：肖克利半导体实验室的消亡

在这个传奇创业故事中，第一个出场的重要人物是诺贝尔奖获得者、"晶体管之父"威廉·肖克利（William Shockley）。肖克利于1910年出生于英国，1913年随父移居美国，在美国加州理工学院物理系毕业后入读麻省理工学院深造，并获得物理学博士学位，毕业后在导师菲利普·莫尔斯（Philip Morse）的推荐下加入贝尔实验室工作。

第二次世界大战后，贝尔实验室成立了固体物理研究小组，尝试制造一种能替代真空管的半导体器件。肖克利任组长，组员包括固体物理学专家约翰·巴丁（John Bardeen）和物理学家沃尔特·布拉顿（Walter Brattain）等专家。1947年12月，三人发明了用以替代真空管的晶体三极管。1949年，肖克利在一个科学论坛广播节目中说："我认为晶体三极管可以应用到计算机上，它将是这些装置的理想基本元器件。"1950年，肖克利的研究小组制成了第一只结型晶体三极管。结型晶体三极管使后来晶体三极管和集成电路的大规模生产成为可能。晶体管的发明被学术界称为"20世纪最伟大的发明"，这让肖克利获得了1956年的诺贝尔物理学奖，也为集成电路的发明和半导体行业的发展奠定了基础。

肖克利在研究晶体三极管的同时，不断打压排挤巴丁和布拉顿。后来，布拉顿去了其他研究组；巴丁离开了贝尔实验室，在美国伊利诺伊大学任物理系教授，后因超导理论再次获得诺贝尔物理学奖。因二人的离去，肖克利的研究陷入停滞。肖克利决定离开贝尔实验室，回加利福尼亚州创业。在"硅谷之父"、时任美国斯坦福大学工程学院院长弗雷德里克·特曼（Frederick Terman）教授的力邀下，1956年年初，肖克利在圣克拉拉创立了肖克利半导体实验室。

对于人才招聘，肖克利首先想到的是贝尔实验室的同事。但基于肖克利此前对待同事的态度，没有老同事愿意加入。肖克利另辟蹊径，将招聘广告以代码形式刊登在学术期刊上。经过极具特色的招聘，散落于美国各地的若干青年才俊加入肖克利半导体实验室，其中有八位后来被肖克利称为"叛徒八人帮"，这八位分别是拥有美国麻省理工学院博士学位的罗伯特·诺伊斯（Robert Noyce）、杰·拉斯特（Jay Last）和谢尔顿·罗伯茨（Sheldon Roberts），来自纽约的工程师尤金·克莱纳（Eugene Kleiner）和朱利叶斯·布兰克（Julius Blank），曾在洛杉矶工作的戈登·摩尔（Gordon Moore）和琼·赫尔尼（Jean Hoerni），以及在美国斯坦福大学做研究的博士维克多·格里尼克（Victor Grinnich）。

八位踌躇满志的年轻人被肖克利的名气吸引，他们憧憬着在"晶体管之父"的带领下干出一番伟业。但他们很快发现世事难如所愿，肖克利在公司战略规划和内部管理方面均无正确的思路。

在公司战略方面，肖克利最开始的决定是英明的，他决定研发硅管而不是锗管，但很快，肖克利不顾客观规律，要求研制成本在5美分以下的晶体三极管来占领市场。这在当时是不可能完成的任务，于是这个不切实际的经营计划很快流产。此时，肖克利没有采用最初的英明决定，而是凭自己的喜好决定生产由四层半导体材料构成的肖克利二极管。实验室成立一年多后，拿不出一件产品，员工对公司的战略茫然无措，不知道公司要干什么。

在内部管理方面，肖克利偏执多疑、小题大做。有次一位秘书在实验室划破了手，肖克利认为有人在蓄意搞破坏，为此对全体员工用测谎仪进行了测谎。他还宣称，每十个人里就有一个精神病人，因此公司里至少有两个精神病人。他对员工越来越不信任，只要员工提出不同意见，他就认为其是精神病人，甚至要求他们去做心理测试及测谎。

这种状况一直没有得到任何改善。肖克利半导体实验室里，没有长期战略和人力资源来支持研究计划。公司成立两年后，只推出一种具有整流作用的晶体二极管，而不是有放大作用的、代表未来的晶体三极管。八位年轻人失望至极，决定离开肖克利。他们开始想找一家能容纳他们八人共同工作的公司，后来在一位风险投资家的建议之下，他们创建了仙童半导体。肖克利气愤之极，称他们为"叛徒八人帮"。

这个称呼在不久之后就成了一种美誉。因为"叛徒八人帮"成就了一个硅谷传奇、一个高科技传奇。这种反叛精神成了科技领域全新的创业精神，影响着美国硅谷乃至全球的科技创业者。

而肖克利并未从中吸取教训。在"叛徒八人帮"离开后，肖克利雇用了一名专职监察员，密切监视员工的举动，并亲自审查员工的工作记录。于是人才进一步流失，肖克利的公司越来越没落。1960年，肖克利半导体实验室被卖给克莱维特实验室，1965年又被卖给美国电话电报公司。1968年，肖克利半导体实验室被永远关闭。

【创业管理评析】

肖克利技术出众，名满天下，可以得天下人才而用之。但肖克利半导体实验室的创业实践为何却一败涂地？原因有很多，但主要的原因还是以下两个。

第一个原因是公司战略摇摆不定，商业模式不清晰。肖克利半导体实验室缺乏对商业模式全面、深度的思考。在探索商业模式中，创业者首先要了解目标客户（客户细分）、确定他们的需求（价值主张）、计划如何接触他们（渠道通路）、接触后如何建立和维护关系（客户关系）、怎么创收（收入来源）、凭借什么实现创收（核心资源）、要做哪些关键事项（关键业务）、碰到困难能向谁寻求资源（重要伙伴），并根据前述综合成本进行定价（成本结构），以保障合理利润。但肖克利半导体实验室对此考虑甚少，公司战略也一变再变。在违背成本结构规律，生产不出成本在5美分以下的晶体三极管后，其将战略重心转向了二极管。这种摇摆的战略，让员工大失所望。

第二个原因是肖克利作为一名创业者，没有做好充分的创业准备，以至于浪费了难得的创业条件。本来肖克利已经获得了良好的创业资源，技术、资金、人才、人脉一应俱全，如果走正确的道路，很可能创造一个商业奇迹。但肖克利本人偏执多疑、刚愎自用、随性而为，同时知识结构不均衡，还不知晓用人之道。肖克利虽然获得了诺贝尔物理学奖，是技术大拿，但他在管理、财务和心理学等方面的知识匮乏，无法承担领导一家创业公司的重任。

根据"风险投资之父"阿瑟·洛克（Arthur Rock）等人的总结，具备以下六个标准的创业者是合适的创业者。

（1）诚信。诚信是基本，但往往被忽视或假定已有。诚信不仅意味着财务上的诚实，还包括承担责任、承认错误、面对事实的勇气。

（2）动机。这是关键标准。创业者想要创立可以创立的最大、最好的公司，而不是仓促行事、愚蠢冒险。

（3）市场导向。完全以市场为导向，关心人们想要购买并且会很快大量购买的东西。以此为起点，而不是以自己想要的产品的构想为起点。

（4）技能和经验。必须具备在所选领域进行创造的技术能力，还应该具有大规模管理的经验。

（5）财务能力。对财务在公司中所扮演的角色有深刻的认识。掌握关于成本的准确信息，知道对产品进行适当定价，掌握对潜在合同进行的投标业务。

（6）领导力。具有很强的领导力。

对比肖克利的表现，他除了第4点可圈可点以外，另外5点均乏善可陈。或许正是因为肖克利没有为创业做好充分准备，肖克利半导体实验室一败涂地的结局，从创立伊始就已经注定。

13.2 创业融资与股权设置：仙童半导体的失败

除"叛徒八人帮"外，在这个传奇创业故事中，另外一个重要的人物也已经出场，他就是阿瑟·洛克。洛克于1926年出生于纽约，一直在美国东海岸生活。他于1948年在美国雪城大学获得政治学和金融学学士学位，后就读于美国哈佛大学商学院。1951年MBA毕业后，洛克加入位于纽约的海登斯通证券公司担任证券分析师，并因在高科技领域的专业知识而闻名。

1957年夏，"叛徒八人帮"中的克莱纳给他在纽约做股票投资的父亲写信求助，而这封信辗转传到了洛克手里。洛克敏锐地意识到这几位年轻人非同小可，于是他与同事飞到西海岸，先与除诺伊斯外的七位年轻人见了面。克莱纳介绍了肖克利半导体实验室用硅晶体和杂质扩散技术生产晶体三极管的项目，他们有信心能在三个月内从无到有生产出硅晶体三极管。这群年轻人希望找到一家公司共同工作，但洛克鼓励他们组建一家新的公司，而非找个新的雇主。在见到相对成熟、颇具领导力的诺伊斯后，洛克更加坚定了其决心。

洛克开始帮助八人融资。他们编制了一份10页纸的商业计划书，并提出了80万美元的融资需求。洛克最终在总部位于纽约的仙童摄影器材公司的创始人谢尔曼·菲尔柴尔德（Sherman Fairchild）手里获得了资金。菲尔柴尔德给了他们150万美元，帮助他们创办了仙童半导体。仙童半导体创办时的股权结构如表13-1所示。

表13-1　仙童半导体创办时的股权结构

股东	股份数额	股份比例
海登斯通证券公司	225	16.98%
罗伯特·诺伊斯	100	7.55%
戈登·摩尔	100	7.55%
尤金·克莱纳	100	7.55%
杰·拉斯特	100	7.55%
谢尔顿·罗伯茨	100	7.55%
朱利叶斯·布兰克	100	7.55%
琼·赫尔尼	100	7.55%
维克多·格里尼克	100	7.55%
预留股	300	22.64%
合计	1 325	100%[①]

同时，洛克与菲尔柴尔德给仙童半导体设置了仙童摄影器材公司的收购权，如表13-2所示。

表13-2　仙童摄影器材公司的收购权

情形分类	回购情形	回购价款
情形一	新公司在未来三年中任何一年的净利润超过30万美元，仙童摄影器材公司有权在三年后回购全部股份	300万美元

① 因涉及四舍五入，对数据做了一定处理，特此说明。

情形分类	回购情形	回购价款
情形二	不管新公司未来盈利情况如何，仙童摄影器材公司有权在未来 3 ～ 8 年内回购全部股份	500 万美元

表13-2的条款在现在看来似乎并不公平。但在当时，风险投资尚未真正形成气候，而资金投入者控制公司是投资者与创业者之间的常态。加上诺伊斯、摩尔、克莱纳等八位年轻人急于摆脱肖克利的控制，所以他们很快签署了协议，这也为仙童半导体人才的流失和最终的没落埋下了祸根。

仙童半导体的第一个订单来自IBM。当时，IBM在为美国空军设计导航计算机，但找不到合适的硅管，得州仪器的硅管也未能通过IBM的测试。IBM是世界上最大的计算机公司之一，仙童半导体是刚成立的小公司，拿到该订单的机会渺茫。作为IBM股东的菲尔柴尔德出面请求IBM给仙童半导体一个机会。仙童半导体于1958年2月拿到了IBM第一个100个硅管、总值1.5万美元的订单。八人相互配合，半年后，第一批双扩散NPN型硅管交到了IBM手里。接下来，政府和公司的购买晶体管的订单犹如雪花般飞来，仙童半导体进入高速发展期。

双扩散硅管的成功使仙童半导体迅速崛起，但令仙童半导体成为巨头并留名历史的并不是硅管，而是集成电路，又称芯片。这一发明被誉为20世纪工业史上最伟大的发明之一，重塑了现代人的生活。

1958年，赫尔尼发明了平面工艺，解决了晶体三极管的绝缘和连续问题。1959年年初，诺伊斯通过思考后，在实验笔记上写道："把多种元件做在单一硅片上，同时用平面工艺将它们连接起来，这样可以大幅降低电路和尺寸、功耗及成本。"1959年8月，仙童半导体在一个国际电子会展上展示了他们的首款集成电路：用四个晶体三极管在硅片上做出的触发电路。这表明仙童半导体进入了集成电路领域，诺伊斯也被称为"集成电路之父"。

仙童半导体于1957年开业，1959年销售额突破300万美元，利润超过30万美元。按照表13-2的约定，仙童摄影器材公司收购了仙童半导体，诺伊斯、摩尔等八人，每人仅获得25万美元。

经过连续多年几何级的增长，仙童半导体于1966年成长为第一大半导体公司。1967年，仙童半导体的营业额接近2亿美元，这在当时是个天文数字。但自从股份被低价回购后，"叛徒八人帮"与菲尔柴尔德的合作"蜜月期"宣告结束，仙童半导体的人才陆续出走。1961年初，拉特斯、赫尔尼和罗伯茨离开了仙童半导体，创办了阿梅尔科公司。1962年年初，克莱纳离开仙童半导体，走上了风险投资之路，后来创办了知名的凯鹏华盈。1967年年底，诺伊斯也决定和摩尔一起离开。

自此，仙童半导体彻底开始走下坡路。几经周折，仙童半导体以1.4亿美元的价格落入曾任仙童半导体总经理的斯波克的国家半导体手里，仙童半导体的品牌一度停止使用。1996年，国家半导体把原仙童半导体总部迁往缅因，恢复了老招牌，并于次年再次出售。仙童半导体早已没落，但这群来自仙童半导体的创业者涅槃重生，创办了许多半导体公司，其中最具代表性的是英特尔公司。

【创业管理评析】

仙童半导体在早期获得了巨大的成功，一度成长为排名第一的半导体公司。中后期的仙童半导体尽管仍在生产和销售半导体元器件，但已经没有人将它与曾经创造过奇迹的仙童半导体视为同一主体了。仙童半导体没落的原因很多，核心的诱因是它的股权设置和收购条款不合理。

（1）表13-1显示的仙童半导体创办时的股权设置不合理。仙童半导体共设置了1 325股，其中八名创始人每人分得100股，每人的股份比例为7.55%，合计为60.4%；单一大股东为海登斯通证券公司，其持有16.98%的股份。投资者菲尔柴尔德投资了150万元，却不持股；虽然不持股，但具有最高管理权的总经理人选却由菲尔柴尔德挑选。这就造成了拥有公司所有权的人无法自行挑选最高管理者，与现代公司治理机制背道而驰。另外，在八名创始人内部，均分的7.55%的股份无法突出任何一个人，单凭股份比例无法挑选出公司带头人。

（2）表13-2显示的收购条款不合理。按照收购条款，无论仙童半导体取得何种成绩，仙童摄影器材公司都有权以300万或500万美元的公司整体估值收购创始人的全部股份，而事实上仙童摄影器材公司见到有利可图，便很快依照收购条款收购了八名创始人的全部股份。这种收购条款让创业者无法享受创业应该享有的收益，从而在事实上贬损了创业者的价值，打击了创业者的积极性。所以在收购完成后，包括八名创始人在内的诸多业务精英纷纷离开了仙童半导体。

在现代风险投资协议条款中，就回购事宜衍生出了拖售权和回购权。拖售权是指在公司达到某个约定条件后，投资者若想将公司整体出售，则公司创始人必须配合，将公司整体出售。这一变化系投资者为锁定投资收益而设定的。回购权是指在公司触发某些约定条款后，创业者需要将投资者所持股份按所投入的资金成本加约定收益的对价予以回购，而投资者退出投资。这一变化系投资者为了规避风险而设定。无论是拖售权还是回购权，对于创业者而言，其负面意义大于正面意义，在融资协议谈判时宜小心谨慎地对待。

当然，仙童半导体的上述目前看来极不合理的条款有其历史原因，不可过分苛责设计投资架构的洛克和菲尔柴尔德。这次风险投资的意义是重大的，由技术与风险投资结合的创业方式由此开端。此后，投资机构也逐步认识到过度压榨创业者只会带来双输的结局。通过投资机构的反省及创业者与投资机构的博弈，风险投资机构与创业公司所持股份比例发生了变化，形成了风险投资参与投资的公司由创业者持有大部分股份的雏形。

13.3　决策机制与经营管理：英特尔的崛起

1968年7月，已经从仙童半导体离职的诺伊斯与摩尔成立了NM（诺伊斯-摩尔）电子公司，之后更名为英特尔（Intel）。诺伊斯和摩尔想用硅制造计算机存储器设备，这是他们在仙童半导体一直努力研发的领域，但那时该领域并未实现商业化。

洛克再次投资了他们。汲取仙童半导体的教训，在设计新公司的股权结构时，两人每人以每股1美元的价格认购了24.5万股新公司的股票，各自持有45%的股权。英特尔成立时的股权比例如表13-3所示。

表13-3　英特尔成立时的股权比例

股东	股权比例
罗伯特·诺伊斯	45%
戈登·摩尔	45%
阿瑟·洛克	10%

公司设立后，诺伊斯和洛克使用了150万美元的贷款用以解决经营性现金流问题。为获得进一步融资，诺伊斯和洛克写了一份简短的商业计划书，洛克开始筹集250万美元的可转换债券，转换价格为每股5美元，这一价格是原始出资每股1美元的5倍。洛克在两天内便筹集到了资金，投资者包括原仙童半导体的其他六位创始人，洛克本人也投资了30万美元。

仙童半导体的教训让三人深度思考决策机制和经营管理策略。于是，英特尔组建了一个在当时来说相当特别的董事会。董事会成员最开始为六名，除三名创办人外，还包括三名外部董事，分别来自科学数据系统公司、领导数据技术公司、投资商洛克菲勒家族的代表。此后，英特尔保持了一半以上外部董事的传统。由于外部董事比重高，并且在各自领域都是专业人士，他们懂技术、懂经营，能够容忍早期损失，对诺伊斯和摩尔信任有加，故而在董事会的运作上，授权清晰，高效而有活力。

公司成立时，42岁的洛克担任董事长，40岁的诺伊斯担任总裁，39岁的摩尔担任执行副总裁。洛克不具体管理公司，主要负责公司的融资事宜，并协助制定公司发展战略。很快，原仙童半导体员工、摩尔的得力助手、32岁的安迪·格鲁夫（Andrew Grove）加入了英特尔。自此，英特尔的"三驾马车"诺伊斯、摩尔与格鲁夫再次走到了一起。性格迥异、能力互补的三人朝着共同的目标迈进，成了创业路上的亲密战友。

诺伊斯于1927年12月出生于艾奥瓦州，自小深受美国中西部小镇独立精神的影响，并对大自然有极强的好奇心。他在12岁的时候与哥哥参照《知识全书》制作了一架滑翔机，驾驶飞机从谷仓屋顶一飞而下。诺伊斯学业有成，于1953年获得美国麻省理工学院博士学位。在一家小型创业公司工作两年后，诺伊斯接到了肖克利的电话，加入了肖克利半导体实验室。此后，诺伊斯参与了晶体三极管的研发，发明了集成电路。其间，他经历了肖克利半导体实验室的"噩梦"、仙童半导体的无奈，最终创建了英特尔。

诺伊斯在仙童半导体工作时，是反肖克利的；创办英特尔后，是反仙童的。他注重技术，提倡民主、开放、平等的文化。他开创了没有墙壁的隔间办公室格局，像普通雇员一样佩戴工作证。他性格随和，在工作中让人倍感轻松和自然。他同摩尔倡议以公司股权吸引人才。诺伊斯及英特尔的影响力使得向员工发放股权成为高科技公司的普遍做法。诺伊斯是英特尔的"头脑"。

20世纪70年代，诺伊斯逐渐淡出公司的日常经营，成为一名半导体工业代言人的活动家。这一时期，摩尔和格鲁夫开始主导英特尔的经营管理。

摩尔于1929年1月生于旧金山，父母文化程度不高，家境普通。摩尔11岁时，因为邻居小朋友的一个化学装置玩具而接触了化学，并为此着迷。1950年，摩尔毕业于美国加利福尼亚大学伯克利分校化学系；1954年，摩尔获得美国加州理工学院物理化学博士学位。在美国约翰霍普金斯大学做了两年博士后，摩尔也接到了肖克利的电话，加入了肖克利半导体实验室，与诺伊斯成了同事。摩尔对技术演变有极为深刻的理解，不但敏锐地发现和提出了摩尔定律，在英特尔时也负责技术方向，践行了摩尔定律。摩尔性格温和，经常充当超脱的诺伊斯与偏执的格鲁夫之间的"润滑剂"。摩尔是英特尔的"心脏"。

格鲁夫于1936年9月生于匈牙利布达佩斯的一个犹太人家庭。1944年3月，德军占领布达佩斯，格鲁夫和母亲艰难地活了下来。格鲁夫先是做了记者，但不久后转向了科学。格鲁夫在20岁那年来到纽约，入读纽约市立大学化学工程系，并于1963年取得美国加利福尼亚大学伯克利分校博士学位。毕业后他加入了仙童半导体，成为研发主管摩尔手下的主要研发人员。在加入英特尔后，格鲁夫负责研发和生产。担当重任后，格鲁夫开始展现出他认准目标后不屈不挠、坚持到底的个性、甚至变得偏执。格鲁夫雷厉风行、果敢，与诺伊斯的民主平等、摩尔的温和谦逊形成了鲜明的对比。格鲁夫是英特尔的"四肢"。

格鲁夫对摩尔很尊敬，摩尔同样对诺伊斯很尊敬，但格鲁夫对诺伊斯民主、随意的管理方式却不以为然。每当格鲁夫与诺伊斯发生管理理念上的冲突时，摩尔就在中间起到协调和润滑的作用。作为"头脑"的诺伊斯，作为"四肢"的格鲁夫，在作为"心脏"的摩尔的黏合之下，合力将英特尔推上了半导体公司头把交椅。

诺伊斯把英特尔做成了一家大公司，摩尔把英特尔做成了一家高科技公司，而格鲁夫把英特尔做成了一家高效率的公司。英特尔最终发展成为一家具有高效率的高科技大公司。

【创业管理评析】

英特尔获得成功，除了诺伊斯、摩尔和格鲁夫等个人因素外，早期确定的股权架构、决策机制与经营管理的相关设计也起到重大作用。

（1）创始人的股权架构设计相对合理。公司设立时，诺伊斯与摩尔各取得45%的股权，实际经营管理者取得了公司的实际控制权。在进行可转债融资时，转股价格为每股5美元，是原始价格的5倍，体现出了对经营管理公司的创始人的溢价，也避免了公司的控制权落入投资者之手。作为共同创始人的洛克在可转债中没有设置特殊条款，尽管他总出资额高于诺伊斯和摩尔，但他的股份比例却低于二人。自此，技术与风险投资结合共同创业形成了良好的股权设置惯例。美中不足的是诺伊斯与摩尔的股权比例相等，若发生不可解决的争议，则可能使公司陷入僵局，如果股权相对集中于某个人会是更好的做法。当然，这种设置可能与诺伊斯民主、平等的理念相关。

（2）公司治理架构设计相对合理。在董事会的设计上，一半以上的董事由外部的专业人士和投资者委派代表联合担任，很好地利用了外脑，同时规避了投资者话语权过大的局面。在高管层中，洛克实际为投资者，他担任名义上的董事长，但并不担任总裁，不管具体事务，只负责外部融资等战略事宜；公司的经营管理权实际上归属于诺伊斯，由摩尔协助，经营管理层的权力、责任和利益在此得到良好统一。

（3）英特尔还设置了10%的股权给后来的创业合伙人和核心员工。这一做法让后来加入的重要人才如格鲁夫充分享受到了相当于公司创始人的利益和管理者的溢价。此后，硅谷的其他高科技创业公司也学习英特尔，向核心员工发放股权，更好地激发了创业公司员工的主动性、积极性和创造力。这种做法的影响力早已经跨越国界，在中国的高科技创业公司对员工进行股权激励也成了惯例。

（4）合伙人互补同样重要。尽管诺伊斯、摩尔和格鲁夫最早走的都是技术路线，但三人的人生阅历和工作经验不同、性格不同，各自有擅长的领域，并且形成了良性互补。诺伊斯的战略，摩尔的远见，格鲁夫的执行，三者缺一不可。缺少任何一人，英特尔的发展之路可能都会是另外一个故事。

（5）创始人的经验和教训是成就英特尔的重要基石。诺伊斯和摩尔在战略摇摆不定、忽视市场的肖克利半导体实验室工作过，在轻怠创业者、管理僵化并不断向大股东输血的仙童半导体也工作过。诺伊斯和摩尔从中获得了宝贵的经验和深刻的教训，在创办英特尔时，诺伊斯和摩尔在文化上提倡反肖克利、反仙童的做法，并不断优化管理结构和管理理念，以避免重蹈覆辙。

13.4 风险防范与风险应对：英特尔的战略转型

"叛徒八人帮"创办仙童半导体时，是一个拓荒者的形象，等到1968年英特尔成立时，市场已经群雄并起，摩托罗拉、国家半导体、得州仪器和仙童半导体处于领先地位。诺伊斯和摩尔决定凭领先的技术，研制高利润产品。他们对技术趋势和市场前景进行了仔细评估，决定选择新兴的半导体存储器为发展方向。

当时主流的存储器是磁芯存储器，而半导体存储器更为简化、读写速度更快、容量更大，优势非常明显。英特尔在场效应管（MOS）技术和双极技术路线上各成立了一个研发小组，并行研发。先是双极小组推出了第一款64比特的3101存储器，不久MOS小组也推出了256比特的1101存储器。1970年，英特尔推出了性价比高的动态随机存储器（DRAM）1103与磁芯存储器相竞争。

由于动态随机存储器1103系统设计较为复杂，为迅速获取客户并占领市场，英特尔根据芯片特点，为用户提供存储器设计样板，让用户根据样板用其芯片设计制造适合自己计算机的存储器。同时，英特尔持续研发存储器系统，优化存储器芯片。1972年，1103芯片成为全球销量最大的芯片。通过四年的发展，英特尔从一家初创公司成为半导体行业的知名公司。

树欲静而风不止。英特尔面对的不仅有国内的追赶者，还有以国家为单位的竞争者。20世纪70年代，日本建立了"官、产、学、研"的一体化产业发展制度，重点追赶方向就是半导体。1974年，日本推出"超大规模集成电路（VLSI）计划"，组织了日立、NEC、富士通、三菱、东芝五大公司筹集了720亿日元（相当于今天的数百亿美元）设立VLSI技术研究所，开始了针对DRAM的攻坚战。第一研究室设在日立株式会社，负责研制电子束扫描装置和微缩投影紫外曝光装置；第二研究室设在富士通株式会社，负责研制可变尺寸矩形电子束扫描装置；第三研究室设在东芝株式会社，负责研制EB扫描装置与制版复印装置；第四研究室设在日本电气综合研究所，负责硅材料的技术研发；第五实验室设在三菱株式会社，负责开发集成电路投影曝光装置；第六实验室设在NEC株式会社，负责集成电路产品的封装设计、测试和评估研究。

日本的VLSI计划取得了显著成果。1980年，在美国惠普公司的招标采购中，日本NEC、日立和富士通击败了美国三巨头英特尔、德州仪器和莫斯泰克。1982年，日本成为全球最大的DRAM生产国。1985年，日本NEC成为全球半导体销售额最大的厂商。随之而来的是英特尔陷入了亏损，不得不关闭七座工厂并裁员7 200余人。一度占有DRAM市场80%份额的英特尔岌岌可危，他们该如何面对风险？

英特尔永远不会单条腿走路。就像在存储器的研发中同时在场效应管技术和双极技术路线并行研发一样，在研制存储器的同时，他们还开始对中央处理器（CPU）进行了前瞻性的研发。

1968年，31岁的特德·霍夫（Ted Hoff）被诺伊斯招聘进入英特尔，成为英特尔第12位员工。在这个阶段，英特尔的重点业务是存储芯片。英特尔接到了一个订单，客户要求以每套50美元的价格采购6万套计算机芯片。按照当时的技术，每套芯片包含运算、存储、打印输出和键盘控制各一块芯片，而当时的每台计算机的售价要几百美元。霍夫分析后认为按传统方式承做这个业务，公司只会亏损。他认为应该简化设计，通过设计一款单一的多功能芯片来替代，只需修改存储器中的指令，就能让处理器实现不同功能，这就是中央处理器的设计原型。霍夫把自己的设想告诉客户，客户不同意，坚持自己原来的方案。摩尔对该业务不感兴趣，他认为如果不划算，就推掉这个客户。

霍夫找到诺伊斯说了自己的想法。诺伊斯很早就在构思微处理器的设想，他早在几年前就预言过"一个计算机的功能会集成在一块芯片上"。诺伊斯支持了霍夫的想法，并为他匹配了资源。霍夫创新了芯片的结构设计，设计出了CPU。1971年1月，第一个真正可以运转的CPU4004诞生。霍夫等人持续优化CPU的设计，1973年8月，采用MOS技术的8080微处理器被推出，一位计算机爱好者以8080微处理器为核心装配出了第一台个人计算机。计算机从百万美元、需要专家来操作和维修的大宗商品变为普通商品，开始走入个人家庭。

在20世纪70年代初，英特尔的不少高层并不支持霍夫的发明，格鲁夫声称"CPU没有任何意义，我为存储器的量产而生，也会为其而死"。好在有诺伊斯的支持，霍夫的研制才得以继续。时间来到1985年，诺伊斯已经退居二线，面对日本公司的强大竞争压力，当初并不支持CPU的格鲁夫说服了摩尔和董事会放弃存储器，转而全力发展CPU。格鲁夫说："假如我们被英特尔辞退，下一任管理者来到英特尔后，会做什么决定？"摩尔说："会放弃存储器，全力发展CPU。"格鲁夫说："那么，就由我们来做这个决定吧。"这是一个相当于放弃亲生孩子一样的极为艰难的决定，但正是这个决定，开启了英特尔的下一个传奇。

诺伊斯并未闲着，他在另一个高度应对日本半导体公司的凌厉攻势。诺伊斯联合仙童半导体、超威半导体、国家半导体和摩托罗拉半导体的总裁成立了半导体行业协会（SIA），其宗旨是"减缓日本政府对其半导体行业提供的支持，加快美国政府对本国半导体行业的支持"。诺伊斯凭借其影响力不断游说美国政府，最终产生了实际效果。1978年，美国资本所得税税率由49%下降到28%，促进了风险资本投资总额的大幅上升；1986年，美国、日本两国签署了《美日半导体协议》，协议要求日本开放半导体市场，并保证五年内让国外公司获得20%的市场份额；要求日本政府控制芯片倾销，采用公正的市场价格。几个月后，美国因为日本违反协议，决定对从日本进口的价值3亿美元的芯片征收100%的惩罚性关税，这是"二战"以来美国第一次对盟友实施惩罚措施。此后，日本的芯片产业结束了大幅扩张的态势，而美国的半导体行业稳住了阵脚。

美国以国家意志扶持本土半导体公司的手段一直延续至今。2022年2月，美国众议院通过了长达3 000页的《2022年美国竞争法案》，旨在促进美国半导体制造业的大规模投资，包括520亿美元用于半导体行业的拨款与补贴，以及450亿美元用于加强高科技产品的供应链。英特尔表示投资1 000亿美元，新建八家制造工厂，以提高芯片产能，重振英特尔在芯片制造领域的领先地位。

【创业管理评析】

英特尔在变幻莫测的市场竞争中遭受了挫折，但通过艰难的转型恢复了领先地位，其之所以恢复了领先地位，关键在于在战略管理、项目管理和风险应对等方面的正确决策。

（1）在战略管理方面，英特尔没有下单注。他们在开发存储器时，并行布局了场效应管技术和双极技术两条路线，内部竞争，择优发展；他们在研制存储器的同时，着眼长远，坚持CPU的研发，到1985年放弃存储器时，他们对CPU的研制已经持续了17年。

（2）在项目管理方面，英特尔适当匹配了资源，保证了CPU研发进度。根据市场状况和技术发展进程，英特尔以存储器为主业；在CPU领域，虽然短期内不可能有产出，但英特尔设立了专门的研究组，并匹配了技术精湛的团队，使得CPU项目的研发顺利开展。

（3）在风险应对方面，英特尔分别从内部和外部着手。内部方面，格鲁夫与摩尔放弃了存储器，重点着力发展CPU。格鲁夫在管理英特尔时，时时都活在能否生存的忧虑里，他总结了10倍速变化的六个要素，分别是竞争（比如日本企业）、技术（比如CPU）、用户（比如个人计算机使用者）、供应商（比如第二供应商的超越）、互补企业（比如微软）和营运规则（比如政府监管政策），他认为这六个要素中任何一个要素都可能产生10倍速的变化，进而在某个阶段成为企业生存与否的决定性因素。外部方面，诺伊斯长期为美国半导体行业的发展游说和呼吁，进而通过国家意志改变了国际规则，压制了日本半导体行业的发展，为美国半导体行业争取了发展空间。

（4）重视中层员工的意见。华为"让听见炮火的员工指挥战斗"就是这个意思，因为中层员工比公司领导更贴近客户和市场，比基层员工更具丰富的知识和经验。在一家公司里，中层员工是最能感受技术趋势与市场趋势的人员，霍夫便是这样的一名员工。对于霍夫的意见，摩尔不在乎，格鲁夫反对，但诺伊斯重视霍夫的意见并为其匹配资源，这才为英特尔储备了第二发展曲线的技术和产品。同时，这也体现了拥有互补型的合伙人何其重要。

英特尔风险防范和风险应对也给了我国半导体行业发展以启示。重大、关键的技术领域，既是企业与企业之间的竞争，也是国家与国家之间的竞争。国家要通过制度建设、资金投入、技术转化和人才支持等方面全力为本土企业创造条件，重点突破是一方面，建立协同的产业链是同等重要的另一方面。

阅读资料 13-1：

第二曲线（The Second Curve）

"第二曲线"由美国未来学院院长扬·莫里森（Lan Morrison）在其 1996 年出版的畅销书《第二曲线》中提出。莫里森在书中总结了世界许多知名企业成长发展的规律，提出了第二曲线理论。他认为，所谓第一曲线即企业在熟悉的环境中开展传统业务所经历的企业生命周期，而第二曲线则是企业面对未来的新技术、新消费者、新市场所进行的一场彻底的、不可逆转的变革并由此而展开的一次全新的企业生命周期。第二曲线的基本事实就是变化。这种变化包括许多方面：社会、市场、个人和企业。

第二曲线理论具有以下特点。

（1）每一行业都必须面临第二曲线，因为这是外部变化引起的，并非企业本身能够控制的。对于企业，第二曲线来自三大力量：新技术、新消费者和新的有待开发的市场。

（2）两条曲线在事物的发展过程中总是相对应的，组织或个人发展的过程就是两条曲线不断交替发展的过程。第一曲线往往代表着传统的、现实的发展状态（或者目标、模式），第二曲线往往代表着组织或个人未来的发展状态（或者目标、模式）。一个具有历史传统的企业只有经得起巨变，才能成功地从第一曲线跨入第二曲线。经过一段时期，时空改变了，第二曲线又变成第一曲线，于是企业又要开创新的第二曲线。在两个曲线的世界里变化是正常的。

（3）两条曲线之间总是有矛盾冲突的，但作为一个企业的关键人物（决策者），永远不要停止寻求更好的策略，关键人物应该永远抱有这样的信念，尽管现在所采取的策略不错，也应该相信，还有更好的策略。

（4）在第二曲线阶段，企业取得成功的主要原因就是领会变化。实施第二曲线策略，实际上是面向未来的，而未来是不确定的。因此，关键人物要充满希望和自信，积极寻找时机。

（5）两条曲线之间是有较大跨度的，所以企业发展目标的跨越往往是突变的，是一种质的变革。与此同时，两条曲线转换的过程中，决策者要冒着较大风险，企业往往要经历经营业绩的下滑期。

13.5　互补企业与竞争对手：英特尔与微软和 AMD 的故事

1. 互补企业微软

20 世纪 70 年代，英特尔的 8080 微处理器推出后，有两个年轻人花 376 美元购买了一块用于编程，并于1975年成功开发出了BASIC编译软件。这两个年轻人是比尔·盖茨（Bill Gates）和保罗·艾伦（Paul Allen）。自此，微软与英特尔结下不解之缘。盖茨于1955年10月生于华盛顿州西雅图市，是一位天才少年。1977年，22岁的盖茨从美国哈佛大学辍学，专注于微软公司的运营。

1980年夏，IBM为他们正在秘密研制的个人计算机（PC）寻找一款适用的操作系统。当时IBM的目标是加里·基尔代尔（Gary Kildall）开发的CP/M操作系统，但基尔代尔与IBM的谈判没有成功。盖茨抓住了这个机会，找到了一家仿制基尔代尔CP/M操作系统但源代码不同的软件公司，以7.5万美元买下了这款产品，并更名为MS-DOS。操作系统交付后，销量很好，两年后微软已向50家个人计算机硬件制造商授权使用MS-DOS系统。1983年11月，微软的视窗操作系统（Windows）首次亮相。1985年11月，Windows 1.0正式亮相。也是在这一年，英特尔放弃存储器，全面转型微处理器。

IBM在研制个人计算机时，为了尽快推出产品，使用了英特尔的8086芯片。1982年，英特尔推出了与8086完全兼容的第二代个人计算机处理器80286芯片，并用在了IBM的PC上。英特尔的CPU声名大噪。1985年英特尔发布80386芯片，康柏推出了世界上第一台IBM-PC兼容机，并先于IBM使用英特尔的80386这一款被IBM认为不够成熟的CPU，取得了巨大的商业成功。康柏打破了IBM对个人计算机的垄断。此后，为了兼容，英特尔的CPU成了主流计算机制造厂商的首选。

自此，个人计算机两大核心玩家，生产CPU的英特尔和提供视窗操作系统的微软在历史的激流中走到了一起，成为合作至今的互补企业。计算机从厂商垂直制造走到了个人组装——只要购买CPU和操作系统，再配合其他配件，就能生产出计算机。人们称个人计算机为英特尔-微软体系（Win-tel），英特尔与微软一起影响个人计算机的发展进程，两家企业一并成长为商业巨头。

2. 竞争对手 AMD

1969年，同样出身于仙童半导体的杰里·桑德斯（Jerry Sanders）创办了超威半导体（AMD），后在CPU领域一直是英特尔强大的竞争对手。桑德斯不是诺伊斯和摩尔那样的知名科学家，在公司成立之初很难融到资，靠老同事诺伊斯的个人信用担保，才让超威起步。

AMD成立后定位于半导体产品的第二供应商。在英特尔争取成为IBM的合作方时，IBM出于风险考虑，要求英特尔找到第二供应商，以保障产品供应。出于商业考虑，英特尔与AMD签订了五年技术合作协议，全面授权AMD生产x86系列处理器。

英特尔知道以自己的技术培养一位竞争对手，将给自己带来威胁，便决定期满后不再授权。1987年合同期限届满前，英特尔单方毁约，AMD立即起诉英特尔违约，而英特尔反诉AMD侵权。这场持续了八年的官司直到1995年才以AMD胜诉而告终，AMD赢得了x86架构的永远授权，但错过了CPU发展的黄金时期。于英特尔而言，AMD是一个值得尊重的韧性超强的竞争对手，在CPU领域持续研发并发力研制其他产品，追赶并试图超越英特尔。

2000年，英特尔推出的奔腾4处理器不尽如人意，其NetBurst微架构的高频、长流水线的设计使得频率提高，但效率相对低下，产品性能甚至出现了退步。AMD抓住机会，于2003年推出基于K8微架构的64位处理器"速龙"并获得市场好评。2017年，在英特尔的阴影里拼搏了近50年的AMD迎来了收获期，他们推出的Ryzen处理器，凭借更高的性能、兼容性以及更低的价格，受到市场追捧，实现了绝地反击。2018年，AMD在桌面CPU的出货量与英特尔平分秋色。英特尔不得不采取降价措施，加快推出高端产品，并于2018年聘请了AMD公司Zen微构架的原首席架构师吉姆·凯勒加盟。

2022年2月14日，经过多国反垄断机构审查，AMD宣布完成对美国可编程芯片厂商赛灵思（Xilinx）的收购，总耗资约498亿美元。英特尔不仅是AMD在CPU领域的老对手，也是赛灵思在FPGA领域最大的竞争对手，这次收购让AMD与英特尔的竞争更加激烈。2022年7月29日，英特尔的股票市值首次被AMD超越，这是在AMD与英特尔半个多世纪以来的竞争中，没人能预料到的。

3.　"Intel Inside"

1993 年，英特尔推出奔腾处理器。格鲁夫决定为这一款新 CPU 注册新商标，并发起了为英特尔商标和产品树立品牌知名度的宣传计划。"Intel Inside"广告横空出世，但它的对象不是直接客户——个人计算机厂商，而是间接客户——计算机的终端用户。因为个人计算机厂商直接从英特尔购买 CPU，自然知道自己购买的是什么；但普通消费者必须从 PC 外壳上才能确认所购产品是 PC 中的权威产品，而 CPU 品类则是 PC 权威产品的标志。英特尔通过影响终端用户，影响了主机厂商，进而深度绑定了这些主机厂商。

英特尔的品牌计划带来了良好效果。在很多行业，供应商并不处于优势地位，而是属于被选择的乙方。但对于 PC 主机厂商而言，英特尔已经不是一家常规意义上的供应商，而是一家给主机厂商带来商机的企业。如果不使用英特尔的 CPU，终端用户可能会投出不信任票，转而选择装配英特尔 CPU 的其他 PC，这就是"Intel Inside"这句广告词的魅力所在，也是英特尔软实力的精髓所在。

【创业管理评析】

英特尔保持领先优势，与互补企业的协同、竞争对手的追赶及企业强大的软实力密不可分。

（1）与微软这家互补企业的协同发展。英特尔生产个人计算机的 CPU 这一关键硬件，微软则提供简便易学的视窗操作系统这一关键软件，打破了 IBM 的垄断，共同定义了个人计算机。英特尔的硬件与微软的软件成了个人计算机的标准配置，占领了全世界大部分市场。创业企业要感谢与珍惜协同作战的互补企业。

（2）AMD 数十年的努力追赶和直接竞争，让英特尔持续研发、持续创新、持续推出新产品，丝毫不敢沉迷于往日的业绩。事实上，只要英特尔稍不注意，在产品上有所闪失，竞争对手便可能从身后赶超。比如新款 IBM 个人计算机 ThinkPad-T14 使用的就是 AMD 的 Ryzen 芯片。英特尔为其产品力下降付出了沉重代价，同时也被激励着想方设法去保持领先地位。从这一点来说，创业企业也要感谢与珍惜强大的竞争对手，是竞争对手的追赶让自己变得更加强大、更加优秀。

（3）打造企业软实力也非常重要。英特尔的"Intel Inside"品牌广告把英特尔的产品力宣传了出去。英特尔从计算机的上游配套供应厂商，跨越产品障碍，直抵终端用户，使个人消费者将其作为选择终端消费品的标准之一。许多现代互联网企业也学习了这种方法，比如京东的"买 3C 上京东"就让京东树立了 3C 正品平台的形象，更好地聚集了 3C 厂家和 3C 消费者[①]。

总而言之，一家企业的成功来源于方方面面的综合结果。英特尔拥有诺伊斯、摩尔和格鲁夫互补型管理者，商业模式清晰且技术持续领先，在股权构架、决策机制与经营管理理念的设计上适应企业发展需要，在战略管理、项目管理和风险应对等方面基本未犯错误，并且与互补企业长期并进，同时为防止竞争对手超越自己也不得不持续精进，最后成长为品牌影响力极大的行业巨头。

13.6　创业收益与退出：半导体行业发展带来的收益

英特尔发展至今，已经成为一家没有实际控制人的上市公众公司。其第一大股东先锋基金

---

① 3C 产品是指计算机类（Computer）、通信类（Communication）、消费类（Consumer）电子产品。

（The Vanguard Group）仅持有不到10%的股份。目前，公司11名董事会成员中，只有一名执行董事，另外10名均为独立董事。2021年12月31日，英特尔市值约2 000亿美元，折合人民币约1.3万亿元。英特尔的年收入折合人民币超过5 000亿元，为全球提供了超过12万个工作岗位；业务构成包括PC业务、数据中心、物联网、非易失性存储器和软件业务等。

诺伊斯、摩尔和格鲁夫获得了巨大的声誉与财富。罗纳德·威尔逊·里根（Ronald Wilson Reagan）总统于1987年授予诺伊斯国家科技勋章，诺伊斯同时受聘美国科学院、美国工程院、美国艺术和科学院三院士。诺伊斯被认为是半导体工业的象征，被誉为"集成电路之父"。1990年6月3日，诺伊斯因心脏病去世，享年62岁。美国总统以个人名义表达了哀悼之情，24位国会议员在国会议事录上写下他们的追忆，国防部长称他为"国宝"。世界各地的报纸发出唁电，称他对第三次工业革命和改变整个20世纪功不可没。

摩尔于1990年被布什总统授予"国家技术奖"，于2001年退休，并退出英特尔董事会。在2021年，摩尔以121亿美元位列"2021福布斯全球富豪榜"第182名，并入选《福布斯》公布的美国25位最慷慨的捐赠者名单。仅在2001—2005年，摩尔便捐赠了超过70亿美元用于慈善和公益，主要用于环境保护和高等教育。

格鲁夫于2004年卸任英特尔董事长，转而成为英特尔的顾问。格鲁夫是优秀的创业者和职业经理人，他在1987年至1997年担任英特尔首席运营官期间，每年给投资者的回报率高于44%。格鲁夫获取了大量财富和无数荣誉，于1998年当选《时代周刊》年度世界风云人物。他创作的《只有偏执狂才能生存》成为每位职业经理人必读的经典之作。格鲁夫于2016年3月21日去世，享年79岁。

在这个传奇的创业故事中，群星云集。洛克创造了"风险投资"一词，被誉为"风险投资之父"，连续投资了仙童半导体、英特尔和苹果。克莱纳创办了凯鹏华盈，投资了天腾和基因泰克，随后还投资了康柏、太阳微系统、网景等公司。曾在仙童半导体负责销售的唐·瓦伦丁（Don Valentine）创办了红杉资本，在早期投资了苹果，并协助苹果找到了销售负责人。红杉资本连续投资了甲骨文、思科、英伟达、雅虎、PayPal、领英等公司。2005年，红杉资本进入中国，投资了京东、大疆、华大基因、依图科技、蔚来汽车等一众优秀企业。

于整个社会而言，以仙童半导体和英特尔为代表的创业项目带来了无法估量的社会效益，一直在塑造和重构人们的生活。现代人的亲密伴侣——手机，现代人工作的标配——计算机，现代人的"坐骑"——汽车、飞机和轮船，以及5G时代的移动通信，无不是依赖于半导体行业，特别是集成电路产品。

即便是企业运营失败的肖克利，给整个社会带来的收益也是巨大的。集成电路的基石便起源于其1947年发明的晶体三极管。时至今日，网络通信设备、存储芯片、CPU、人工智能芯片为数据世界与真实世界进行有效耦合的"元宇宙"提供了条件，我们生活的世界正在被创业者持续改变。

【创业管理评析】

诺伊斯、摩尔和格鲁夫的创业给个人和社会都带来了巨大收益。就个人而言，三人都从创业中获得了巨额物质财富，也从中获得了良好的声誉。这些都是显性收益。隐性方面，三人通过创业实现了技术与商业的结合，实现了各自幼时关于科学的梦想；在创业中，三人形成了不同的人格，并通过各种形式影响了后来者。

就社会而言，伟大的创业带来的收益无法估量。他们创造了新的工作岗位；他们创造了新的产品并改善了用户的使用体验；他们在持续改进产品的过程中推动了科技进步；他们带动了产业链的发展，并进而可能改变整个行业；他们推动了社会进步。即便是消费领域的普通创业，也同样是经济社会有效运转的组成部分，构成了衣、食、住、行、娱等日常生活。

　　创业退出并非一个轻松的话题。我们一般将企业成功 IPO 作为创业成功退出的标志，因为成为公众公司后，公司即不再私有，权力、责任和利益都将由公众共同承担。并购获益是创业成功退出的次选，但商业规律决定了大多数创业企业可能走不到这一步。未成功退出的创业者虽然遭受了个人物质和个人声誉的损失，但于社会而言并非失败者。

　　就如肖克利，他的企业没有做成功，但诺伊斯等人从肖克利身上学到了半导体专业知识，同样也学到了企业管理的失败教训。没有肖克利，就不会有仙童半导体，也不会有英特尔。肖克利是半导体行业繁荣发展不可或缺的基石。我们仰慕成功者的光辉，但正是成功的创业、失败的创业和正在进行的创业，共同建造了我们现在的生活。

课堂阅读

　　第二次世界大战后，日本与美国结为盟友。日本于 20 世纪 70 年代推出的"超大规模集成电路（VLSI）计划"大获成功，占领了全球动态随机存储器（DRAM）的大部分市场份额。不久美国政府针对日本集成电路企业采取措施。美国与日本签署了《美日半导体协议》，不但要求日本开放半导体市场，保证国外企业的市场份额；还要求日本政府控制芯片销售价格。美国还一度对日本进口芯片征收 100% 的惩罚性关税。美国政府通过国家意志压制日本集成电路企业，同时出台扶持政策鼓励本国集成电路企业快速发展，意图保持美国在半导体领域的行业领先优势。

　　以全球视野和历史角度看美国，美国始终以"美国优先"为重，始终要保持科技领先优势。美国无论是对盟友日本，还是对其他国家，无论是共和党上台，还是民主党执政，"美国优先"理念不曾改变。科学原理没有国界，但科学应用有国界，科学工作者有国别，中国的创业者应了解国际政治格局，秉持"国家利益"理念，将创业行为融入国家之间的科技竞争之中，为中国的科技实力贡献力量。

本章习题

一、名词解释

1. 摩尔定律　　2. 拖售权　　3. 第二曲线

二、简答及论述题

1. "风险投资之父"阿瑟·洛克认为创业者需要具备哪些品质？
2. 英特尔的创业给个人和社会分别带来了哪些收益？

三、案例讨论

Huawei Inside

　　华为一再重申，华为不造车，但会与长安汽车、北汽集团和广汽集团等车企以 Huawei Inside（HI）的方式合作打造子品牌。2022 年 5 月 7 日，华为与北汽集团合作的 Huawei Inside 首款量产车极狐阿尔法 S 量产上市，售价 39.79 万元至 42.99 万元。

　　华为在其官网刊文《Huawei inside 新定位解读》表示，"Huawei inside"是"被集成"战略的升级，在坚持"被集成"战略、发挥渠道和伙伴在交易界面和服务界面作用的同时，深入理解聚焦行业客户的业务场景，通过主动地拓展，实现华为产品与各环节伙伴密切协作，最终面向客户创造价值。

（1）随着云计算、大数据、物联网等新技术层出不穷，单纯的"被集成"已经不能满足要求，华为和生态伙伴都需要提升能力。华为将帮助伙伴实现更高的追求，一起打造标准，定义规则。华为将提供更好的支持，在方案孵化、智能营销、方案复制、伙伴激励等方面加大投入。

（2）从"被集成"升级到"Huawei Inside"，伙伴在交易界面没有变化。华为把领先的ICT技术贡献给产业，使伙伴能构建面向客户的商业解决方案，联手伙伴服务好客户，为客户创造更大的价值。

（3）从"被集成"升级到"Huawei Inside"，华为坚持不做应用软件没有变化。华为提供融合了全新ICT技术的数字平台，伙伴基于这个数字平台开发应用软件。华为在全球持续投资Openlab，目前已经建立了14个Openlab，伙伴可以与华为一起结合当地的需求，进行联合创新，做方案的验证。

（4）从华为角度来看，"Huawei Inside"是在"被集成"战略基础上，通过更深入理解客户的需求，和伙伴、客户一起联合创新，牵引自身打造更有竞争力的产品和数字平台，提供更易集成、易安装、易维护、易服务的产品和方案，给客户创造更大价值，更好地为客户解决问题。同时发挥产业化和标准化的优势，联合伙伴把解决方案标准化，规模复制，并进一步共同定义形成产业标准。

（5）从伙伴支持角度来看，"Huawei Inside"包含Huawei技术Inside和能力Inside。Huawei技术Inside是华为把产品技术设计进伙伴面向客户的商业解决方案中，联合创新，助力客户数字化转型；Huawei能力Inside是华为培养使用华为技术的伙伴能力团队，能让伙伴更好地使用华为技术服务客户。

（资料来源：易车网、华为官网）

思考讨论题

1. "Huawei Inside"的理念来源于哪儿？其核心特点是什么？
2. 结合《Huawei inside新定位解读》，请你谈谈企业如何处理与上下游企业的关系。

参考文献

[1] 胡华成，丁磊. 商业计划书编写实战 [M]. 2版. 北京：清华大学出版社，2020.

[2] 张进财. 打动投资人 [M]. 北京：清华大学出版社，2019.

[3] 谭鹏程. 创业者手册 [M]. 北京：法律出版社，2020.

[4] 贺尊. 创业学概论 [M]. 2版. 北京：中国人民大学出版社，2015.

[5] 程敏. 项目管理 [M]. 北京：北京大学出版社，2013.

[6] 饶扬德，刘万元，邓辅玉. 创业学 [M]. 北京：中国人民大学出版社，2016.

[7] 王天力，周立华. 创业学 [M]. 北京：清华大学出版社，2013.

[8] 刘平，李坚，钟育秀. 创业学：理论与实践 [M]. 3版. 北京：清华大学出版社，2016.

[9] 李肖鸣. 大学生创业基础 [M]. 4版. 北京：清华大学出版社，2018.

[10] 左仁淑. 创业学教程：理论与实务 [M]. 北京：电子工业出版社，2014.

[11] 阳飞扬. 从零开始学创业大全集 [M]. 北京：中国华侨出版社，2011.

[12] 张卉妍. 北大管理课 [M]. 2版. 北京：北京联合出版公司，2018.

[13] 蒋平，刘梅. 财务管理 [M]. 上海：立信会计出版社，2019.

[14] 华东师范大学企业合规研究中心. 企业合规讲义 [M]. 北京：中国法制出版社，2018.

[15] 钱纲. 硅谷简史 [M]. 北京：机械工业出版社，2018.

[16] 谢志峰，陈大明. 芯事 [M]. 上海：上海科学技术出版社，2018.

[17] 冯锦锋，郭启航. 芯路 [M]. 北京：机械工业出版社，2020.

[18] 龚咏泉，郭勤贵. 风险投资简史 [M]. 北京：机械工业出版社，2021.

[19] 程东升，刘丽丽. 华为三十年 [M]. 贵阳：贵州人民出版社，2016.

[20] 吴晓波. 腾讯传 [M]. 杭州：浙江大学出版社，2017.

[21] 田所雅之. 创业学 [M]. 陈朕疆，译. 上海：东方出版中心，2019.

[22] 罗斯. 创业清单 [M]. 桂曙光，魏亦萌，译. 北京：中国人民大学出版社，2017.

[23] 波特. 竞争战略 [M]. 陈丽芳，译. 北京：中信出版社，2014.

[24] 爱德蒙斯. 蛋糕经济学 [M]. 闻佳，译. 北京：中国人民大学出版社，2022.

[25] 卡雷鲁. 坏血 [M]. 成起宏，译. 北京：北京联合出版公司，2019.

[26] 爱迪思. 企业生命周期 [M]. 王玥，译. 北京：中国人民大学出版社，2017.

[27] 马隆. 三位一体 [M]. 黄亚昌，译. 杭州：浙江人民出版社，2015.

[28] 尼古拉斯. 风投 [M]. 田轩，译. 北京：中信出版社，2020.

[29] 蒂尔，马斯特斯. 从0到1：开启商业与未来的秘密 [M]. 高玉芳，译. 北京：中信出版社，2015.

[30] 德鲁克. 管理的实践 [M]. 齐若兰，译. 北京：机械工业出版社，2018.

[31] 德鲁克. 管理：使命、责任、实践 [M]. 陈驯，译. 北京：机械工业出版社，2019.

[32] 格鲁夫. 只有偏执狂才能生存 [M]. 3版. 安然，张万伟，译. 北京：中信出版社，2014.

[33] 佩蒂特，费理斯. 企业并购价值评估从入门到精通 [M]. 李淼，译. 北京：人民邮电出版社，2015.

[34] 史密斯，史密斯，布利斯. 创业融资：战略、估值与交易结构 [M]. 沈艺峰，覃家琦，肖珉，译. 北京：北京大学出版社，2017.

[35] 卡弗. 风险投资估值方法与案例 [M]. 陈渢，译. 北京：机械工业出版社，2016.

[36] 克里斯坦森. 创新者的窘境 [M]. 胡建桥，译. 北京：中信出版社，2020.

[37] 克里斯坦森，雷纳. 创新者的解答 [M]. 李瑜偲，林伟，郑欢，译. 北京：中信出版社，2020.

[38] 戴尔，葛瑞格森，克里斯坦森. 创新者的基因 [M]. 2版. 曾佳宁，译. 北京：中信出版社，2020.

[39] 西蒙. 隐形冠军：未来全球化的先锋 [M]. 张帆，吴君，刘惠宇，等译. 北京：机械工业出版社，2015.

[40] W. 钱·金，莫博涅. 蓝海战略 [M]. 吉宓，译. 北京：商务印书馆，2005.